Sandra Ann Fortner
Andrea Rottloff

Auf den Spuren der
Kaiserin Helena

ALAN SUTTON

Sutton Verlag

Sandra Ann Fortner
Andrea Rottloff

Auf den Spuren der
Kaiserin Helena
Römische Aristokratinnen pilgern ins Heilige Land

Die Autorinnen

Sandra Ann Fortner wurde 1966 in Augsburg geboren. Nach einem Studium der Provinzialrömischen Archäologie, der Klassischen Archäologie und Alten Geschichte an der Ludwig-Maximilians-Universität in München arbeitet sie seit 1995 als Assistentin beim Bethsaida Excavations Project (Israel) sowie als freie Dozentin an den Volkshochschulen Augsburg und München. Ihre im Entstehen begriffene Dissertation thematisiert „Die hellenistische und römische Periode in Betsaida-Julias anhand der Keramik- und Kleinfunde".

Andrea Rottloff, 1961 in Augsburg geboren, hat Provinzialrömische Archäologie, Klassische Archäologie und Alte Geschichte in München und Freiburg i. Br. studiert. Spezialisiert auf das Thema „Römische Gläser", nimmt sie Lehraufträge an der LMU München wahr und arbeitet als freiberufliche Archäologin, Autorin und Dozentin. Daneben wirkt Andrea Rottloff am Bethsaida Excavations Project (Israel) mit, wo sie sich mit den Glas- und Schmuckfunden befaßt.

Das Titelbild zeigt Kaiserin Helena bei der Auffindung des Kreuzes Christi. Die Bildvorlage entstammt den Beständen des Archivio e Biblioteca Capitolare di Vercelli (Ms. CLXV fol. 1^r).

Impressum
Sutton Verlag GmbH
Gustav-Adolf-Straße 3
99084 Erfurt
www.suttonverlag.de
1. Auflage 2000
© Sandra Ann Fortner/Andrea Rottloff, 2000
Satz und Herstellung: Brit Felmberg, Erfurt
Lektorat: Martin Döring, Erfurt
ISBN 3-89702-239-7

Inhaltsverzeichnis

Prolog	7
1. Christen und Heiden in der Spätantike	10
2. Reiche Witwen und fromme Asketinnen Frauen in ihrer Lebenswelt	50
3. Die Pilgerinnen auf ihrem Weg	80
4. Reiserouten ins Heilige Land Von Römerstraßen und Wüstenpfaden	156
5. Heilige Stätten und eilige Pilger Die bevorzugten Pilgerziele im Ostmittelmeerraum	168
Ausblick: Pilgerinnen in Mittelalter und Neuzeit	174
Anhang	181
Anmerkungen	183
Bibliographie	205
Bildnachweis	222

Prolog

Manche Leserin und mancher Leser wird sich vielleicht fragen: Wie kommen die Autorinnen dieses Buches eigentlich zu ihrem Thema? Warum gerade spätantike Pilgerinnen und Pilger? Warum befassen sich zwei Archäologinnen heute mit dieser scheinbar sehr althistorisch-trockenen Materie? Man könnte vermuten: Es ist ein Versuch, auf der großen Welle von Literatur zum „Heiligen Jahr 2000" mitzuschwimmen. Nein – der Zeitpunkt der Veröffentlichung ist wirklich Zufall. Es ist vielmehr die allgemeine Faszination für die Lebensgeschichten antiker Frauen einerseits sowie das schiere Interesse daran, warum Frauen etwas so Aufwendiges auf sich genommen haben wie eine Pilgerreise, noch dazu in den verkehrstechnisch noch nicht so „fortschrittlichen" Zeiten der Antike: Was veranlaßte die Pilgerinnen und Pilger damals zu ihrer Reise, was erwarteten und erhofften sie sich? Was erwartete sie (statt dessen?) im sogenannten „Heiligen Land" Palästina („the land called holy") und auf den langen Strecken dorthin?

Und warum gerade Frauen? Antike Pilgerinnen? Dieses Thema rief bei den meisten, denen wir von unseren Plänen zu diesem Buch berichteten, Verwunderung oder Erstaunen hervor – „Gibt es sowas überhaupt?", war die Standardfrage. Nur wenige konnten damit etwas anfangen, und davon waren die allermeisten Frauen. Nur von einem einzigen Mann (übrigens einem Professor der Geologie) bekamen wir die Antwort: „Das klingt aber interessant, das könnte spannend werden." Sicherlich ist unsere spezielle Themenwahl auch etwas von der Zeitströmung angesteckt, Frauenthemen sind bekanntlich „in". Aber das ist erst in zweiter Linie wichtig – als Frauen ist es für uns selbstverständlich, bei der historisch-archäologischen Arbeit zuerst die Vertreterinnen des eigenen Geschlechts in ihrer Lebenswelt zu sehen und die „Frauen ins Zentrum zu stellen"[1]. Und wenn dann bei der Arbeit deutlich wird, daß gerade die Frauen in der auch heute noch weitgehend männlich dominierten Forschung über die Spätantike und das Frühe Christentum bisher zu kurz gekommen sind und zu Unrecht vergessen wurden, dann gibt das Anlaß zu einer neuen Zusammenschau der historischen und archäologischen Quellen, die auf den folgenden Seiten geboten werden soll. Besonders von der bislang erst selten angewandten

Kombination von Geschichte und Archäologie erhoffen wir uns, ein besseres Bild vom Leben der antiken Pilgerinnen zeichnen zu können als nur durch nochmalige Auswertung der Hieronymus-Briefe und anderer Quellen[2].

Beim Durchblättern der Literaturliste werden die geneigten Leserinnen und Leser feststellen, daß fast nur englischsprachige Titel verwendet wurden[3]. Das liegt nun nicht nur (aber auch) an einer besonderen anglophilen Vorliebe seitens der Autorinnen, sondern schlichtweg daran, daß unser spezielles Thema in der deutschsprachigen althistorisch-archäologischen Forschung bisher so gut wie nicht auftaucht, und wenn, dann nur in der Übersetzung fremdsprachiger Titel oder aber als rein theologische Arbeiten ohne den so wichtigen sozialhistorischen Hintergrund. Einzig die hervorragende Dissertation von Griet Petersen-Szemerédy, „Zwischen Weltstadt und Wüste: Römische Asketinnen in der Spätantike", befaßt sich auch mit dem „Background" der Frauen, wenn auch auf der Basis einer „feministischen Theologie"[4]. Insbesondere den Kreis der *mulierculae*, der aristokratischen Asketinnen um den Kirchenvater Hieronymus, der hier eine größere Rolle spielt als ursprünglich angenommen, untersucht Christa Krumeich im Rahmen ihrer Dissertation „Hieronymus und die christlichen *feminae clarissimae*". In der rein theologischen Forschung spielen Frauen dann eine größere Rolle, als beispielhaft können die Monographien zu Makrina und Marcella von Ruth Albrecht, „Das Leben der heiligen Makrina auf dem Hintergrund der Thekla-Traditionen", und Silvia Letsch-Brunner, „Marcella – Discipula et Magistra. Auf den Spuren einer römischen Christin des 4. Jahrhunderts", gelten.

Selbst die durchaus zahlreiche Literatur zum Pilgerwesen und zu einzelnen Pilgern befaßt sich, wie zu erwarten, fast ausschließlich mit Männern, besonders wenn es um das Mittelalter geht, was allerdings auch daran liegt, daß Frauen zu dieser Zeit so gut wie nicht mehr über ihre Pilgerfahrt berichten. Auch bei Herbert Donner, „Pilgerfahrt ins Heilige Land. Die ältesten Berichte christlicher Palästinapilger", stehen selbstverständlich die Männer im Vordergrund, und das Kapitel über Paula und Eustochium heißt natürlich „St. Hieronymus, Paula und Eustochium". Allerdings wird hier erstmals der Pilgerbericht der reiselustigen Egeria einer breiteren Leserschaft im deutschen Sprachraum zugänglich gemacht. Unerschöpflich viele

Einzelaspekte zum spätantiken Pilgerwesen beleuchtet der im wahrsten Sinne monumentale Bericht des 12. Internationalen Kongresses für Christliche Archäologie 1995 (abgekürzt zitiert als „Kongreß Bonn 1995"), der in zwei großformatigen Bänden auf 1.308 Seiten Antworten auf (fast) alle Fragen der Wissenschaft bietet – jedoch befaßt sich von den über 130 Beiträgen laut deren Titel kein einziger mit einer weiblichen Pilgerin. Als grundlegende Arbeit für mittelalterliche und frühneuzeitliche Pilger kann Ursula Ganz-Blättlers „Andacht und Abenteuer" gelten, wo sie „Die Stellung der Frau im Pilgerbericht" immerhin auf neun Seiten behandelt (allerdings erst als vorletztes Kapitel).

Und warum ausgerechnet Palästina? Dieses Land ist seit den Anfängen das Pilgerziel schlechthin, nicht zu vergleichen mit Rom oder Märtyrergräbern in den Provinzen. Über Palästina wurde und wird zudem soviel geschrieben, diskutiert und geforscht, daß es einfach naheliegend war, darüber erneut etwas zu schreiben. Auch die beiden Autorinnen bekennen sich dazu, vom „Jerusalem-Syndrom" befallen zu sein, was bedeutet, daß – wann immer man im Heiligen Land ist –, man nicht wieder weg möchte. Genauso ging es schon vielen der Pilgerinnen und Pilger, die in den vergangenen 2.000 Jahren den mehr oder weniger gefahrvollen Weg in den Ostmittelmeerraum auf sich genommen haben um „das Heilige Land zu sehen". Ihren Spuren wollen wir folgen.

1. Christen und Heiden in der Spätantike

Die politischen Verhältnisse

Zunächst muß man fragen: Was ist „Spätantike" überhaupt, wann beginnt und wann endet sie? Dazu gibt es verschiedene Definitionen, manche Wissenschaftler rechnen bereits das dritte nachchristliche Jahrhundert dazu, andere lassen diese Epoche mit der Herrschaft Diocletians 284 n. Chr. beginnen, wieder andere erst mit dem Sieg des Christentums unter Constantin zu Anfang des vierten Jahrhunderts. Betrachtet man die allgemeinen politischen Verhältnisse, so erscheint die mittlere der genannten Varianten die wahrscheinlichste: Nach einer in allen Lebensbereichen spürbaren Krise ist es ein neuer Herrscher, Diocletian, der mit der Einführung des Herrschaftssystems der Tetrarchie und einer umfassenden Reorganisation bestehender Strukturen das marode Staatssystem reformiert und so die römische Welt grundlegend verändert. Dagegen ist das Ende der Spätantike weniger leicht zu fassen, manche sehen es bereits in der faktischen Teilung des römischen Reiches in ein West- und Ostreich unter den Söhnen des Theodosius I. im Jahr 395[1]. Doch im Gegensatz zum Beginn der Spätantike, der als eindeutiger Einschnitt im geschichtlichen Ablauf erkennbar ist, tritt deren Ende nicht überall gleichzeitig ein, und man muß jetzt nach Regionen oder sogar einzelnen Provinzen unterscheiden – während nördlich der Alpen die römische Herrschaft in der ersten Hälfte des fünften Jahrhunderts von den einfallenden Alamannen und Franken beendet wird, bleibt der westliche Mittelmeerraum auch weiterhin „römisch", wenn auch unter veränderten Bedingungen. Erst 476 stirbt der letzte weströmische Kaiser Romulus Augustulus („das Augustuslein"), und dann beginnt auch hier eine neue Zeit. Im östlichen Teilreich gibt es dagegen fast keinen erkennbaren Umbruch, die byzantinischen Kaiser regieren ohne Unterbrechung bis in die Zeit hinein, die bei uns das „Hohe Mittelalter" genannt wird.

Der Spätantike vorangegangen ist die große Reichskrise des dritten Jahrhunderts, in der innere und äußere Bedrohungen des römischen Reiches kulminieren: Im Inneren bekriegen sich fast ständig Kaiser und Gegenkaiser, die einander in schneller Reihe folgen, was zu bürgerkriegsähnlichen Zuständen führt. Von außen kommen die Einfälle der germanischen Völkerschaften hinzu, die ab dem dritten Jahrhundert eine ständige Gefahr für Reich und Bevölkerung bedeuten, für das Gebiet nördlich der Alpen besonders gut festzumachen an den zahlreichen Alamannen- und Frankeneinfällen[2]. Ausgelöst von diesen unruhigen Zeiten gibt es eine wachsende Inflation und einen spürbaren Rückgang in allen Bereichen der Wirtschaft – Handel, Handwerk und Landwirtschaft stagnieren oder verfallen. Dazu kommen die sozialen Spannungen: Reiche werden immer reicher, Arme immer ärmer, die Schere zwischen beiden Bevölkerungsgruppen klafft weiter auf denn je. Die Bürokratie nimmt währenddessen überhand, sie ist fast der einzige Zweig des öffentlichen Lebens, der einen Aufschwung zu verzeichnen hat.

Eine Folge dieser allgemeinen Krise ist eine verstärkte Hinwendung der Menschen zur Religion, im zweiten und dritten Jahrhundert besonders zu den orientalischen Mysterienkulten[3], aber auch schon zum Christentum. Vor allem in Nordafrika lassen sich zu dieser Zeit, als es noch in regelmäßigen Abständen zu Christenverfolgungen kommt, viele Märtyrer nachweisen, deren Passion – wie etwa die unten noch zu beschreibende Leidensgeschichte der Perpetua – überliefert ist.

Im Jahr 284 folgen dann die politischen Reformen des Diocletian, eines Offiziers niederer Herkunft aus Dalmatien, die mit einer völligen Veränderung des bisherigen Herrschaftsmodells einhergehen: Diocletian teilt sich das *Imperium* zunächst mit einem, später drei Mitkaisern, denen jeweils ein Teil des Reiches untersteht. Dieses System nennt man Tetrarchie (griech. für Viererherrschaft). Das wichtigste Element dabei ist folgendes: Die Kaiserherrschaft ist nicht auf dynastischen Gesichtspunkten aufgebaut, denn die vier Kaiser sind nicht miteinander verwandt, sondern sie stammen nur alle aus derselben Region und sind altgediente Soldaten. Sie werden in der Folgezeit allerdings durch sogenannte dynastische oder politische Eheschließungen – der *Caesar* muß eine Tochter des *Augustus* heiraten – aneinander gebunden. Vorgesehen ist, daß die übergeordneten Kaiser, die *Augusti*, nach 20 Amtsjahren abdanken und die vormaligen *Caesares* zu ihren Nachfolgern werden. Doch schon 305/6

Das römische Reich in der Spätantike.

ist das an sich durchaus sinnvolle System nach dreimaligem Kaiserwechsel nicht mehr zu halten, es folgt wieder die dynastische Erbfolge (Sohn auf Vater) wie zuvor. Die Reichteilung in vier Präfekturen bleibt aber weiterhin bestehen und führt schließlich zur endgültigen Teilung des römischen Reiches unter den Söhnen des Theodosius.

Wichtigste Neuerung ist eine Aufteilung der Provinzen in vier Kompetenzbereiche unter dem Befehl eines der Kaiser, nämlich in den Orient von Thrakien über Syrien bis Ägypten (Hauptstadt *Nicomedia*), Illyricum mit Griechenland und Pannonien (*Sirmium, Tessalonica*), Italien, Raetien, Spanien und Africa (Mailand, *Aquileia*) sowie Gallien und Britannien (Trier, York). Die Territorien der einzelnen Provinzen werden gegenüber den früheren verkleinert, um die Verwaltung zu vereinfachen und in Krisensituationen schneller eingreifen zu können. Es kommt auch zu einer Verstärkung des Heeres, dennoch sind auch jetzt nur circa 1% der Bevölkerung unter Waffen, also nicht viel mehr als früher. Trotzdem wird die Spätantike oft als reine Militärherrschaft interpretiert. Um die steigende Inflation einzudämmen, reformiert Diocletian das Münz- und Steuersystem und führt neue Münzwerte wie den Follis ein. Er erläßt das sogenannte Maximalpreisedikt[4], das in allen Städten öffentlich ausgehängt wird und die Höchstpreise für Lebensmittel und Dinge des täglichen Bedarfs, aber auch für Dienstleistungen benennt. Dieses Edikt, in vielen Abschriften erhalten, ist eine einzigartige Quelle zur Wirtschaftsgeschichte der spätrömischen Zeit. Die diocletianische Epoche erringt jedoch auch auf andere Weise traurige Berühmtheit: Im Jahr 303 gibt der Kaiser den Befehl, die Christen „zum Glauben der Väter zurückzuführen", und verlangt von ihnen, den heidnischen Göttern zu opfern. Als sie sich weigern, kommt es zu einer Vielzahl von Prozessen und Hinrichtungen, besonders in den östlichen Reichsteilen und in Nordafrika. Die zahllosen Märtyrerviten aus diesen Tagen legen davon beredtes Zeugnis ab.

Auf die vergleichsweise kurzlebigen späteren Tetrarchien folgt die Herrschaft des Mannes, der durch die Annahme des Christentums die Geschichte des Abendlandes wohl am weitgehendsten beeinflußt hat: Constantin, genannt der Große[5]. Er wird von den Soldaten seines Vaters Constantius Chlorus nach dessen Tod zum neuen Herrscher ausgerufen, was dem tetrarchischen System völlig widerspricht. Obwohl es sich also eigentlich um eine Usurpation handelt, wird der Anspruch Constantins anerkannt, und er wird für einige Zeit Mitregent in den Tetrarchien. Nachdem sich bald keiner der Herrscher mehr mit dem Caesarenrang zufrieden gibt, regieren in der letzten Tetrarchie vier gleichberechtigte *Augusti*. 311 stirbt Galerius, kurz nach dem Erlaß eines Edikts, daß dem Christentum zumindest Duldung zusichert; die Christenverfolgungen, die teilweise seit 303 ungebrochen angedauert haben, werden ausgesetzt.

312 kommt es zur ersten, für die Alleinherrschaft Constantins entscheidenden Schlacht. An der Milvischen Brücke bei Rom kann er den Usurpator Maxentius besiegen. Wie er später selbst verbreiten läßt, hatte er vor der Schlacht eine Vision, die ihm auftrug, das Christogramm, also das Zeichen Christi, an Helmen und Feldzeichen anbringen zu lassen, um so seinen Sieg zu garantieren. Dabei ist ihm momentan der Christengott so recht wie jeder andere, die persönliche Hinwendung zu diesem Glauben erfolgt erst später, und zunächst handelte es sich dabei eher um eine christliche Interpretation des bei römischen Soldaten weitverbreiteten Sonnenkultes. 313 erläßt er zusammen mit Licinius, der inzwischen durch die Heirat mit seiner Tochter Constantia auch sein Schwiegersohn geworden ist, das sogenannte Toleranzedikt von Mailand. Es sichert den Christen Religionsfreiheit zu und verspricht den Verfolgten Entschädigung. 316 kommt es zum Bürgerkrieg mit Licinius, der

sich mit Constantin nicht über etwaige Mitkaiser einigen kann. Diese Spannungen dauern schließlich bis 324 an, als Constantin seinen Gegner endgültig bei Adrianopel besiegt. Im darauffolgenden Jahr läßt er ihn trotz der Bitten seiner Tochter hinrichten, weil er eine erneute Usurpation fürchtet. Nun sind nur noch Constantin und seine Söhne im Besitz der Macht im römischen Reich, seine Dynastie herrscht schließlich von 306 bis 361.

Seine Hinwendung zum Christentum illustriert Constantin vor allem in seinen Kirchenbauten, die er im ganzen Reich errichtet, etwa in Trier oder Rom, aber besonders auch in Jerusalem, wovon noch die Rede sein wird. Zwar war er selbst nie in Jerusalem, wie der Bericht des Eusebius glauben machen könnte[6], doch seine enge Verbindung zum „Heiligen Land" ist unbestritten, da er es zum Beweis des Sieges des Christentums über das Heidentum mit einem regelrechten Bauprogramm überzieht.

Als er 337 stirbt, erben seine drei Söhne Constantin II., Constantius II. und Constans das Reich zu gleichen Teilen, den vierten Reichsteil bekommt ein Neffe, Dalmatius[7]. Diese Regelung wird allerdings von Constantius II. nicht anerkannt, und auch zwischen den Brüdern herrschen Machtstreitigkeiten. Constantius II. läßt noch im Jahr 337 eine Reihe von Thronanwärtern wie Dalmatius und den Halbbruder Constantins, Iulius Constantius, beseitigen. Allein dessen zwei Söhne Gallus und Iulian entgehen als kleine Kinder dem Blutbad. Die folgenden Jahre sind geprägt von andauernden Kämpfen der verfeindeten Brüder untereinander, aber auch von Usurpationen und Einfällen fremder Völker. Schließlich ist nur noch Constantius II. übrig, der als einzigen überlebenden Verwandten Iulian zu seinem *Caesar* im Westen ernennt. Constantius ist gläubiger Christ, er erläßt zahlreiche Maßnahmen gegen die Heiden, die noch immer eine bedeutende Gruppe innerhalb der Gesamtbevölkerung ausmachen. Heidnische Tempel werden zerstört und geplündert, und 357 läßt Constantius die Statue der Victoria aus der Curie in Rom entfernen, was einen Affront gegen die heidnischen Senatoren bedeutet. Aber auch unter den Christen gibt es Konflikte zwischen den beiden Glaubensrichtungen der Arianer und Orthodoxen, die bis ins Kaiserhaus ihre Wirkung entfalten und in gegenseitigen Exkommunikationen und blutigen Straßenschlachten gipfeln.

Mit Iulian[8], dem Sohn des hingerichteten Halbbruder Constanins, Iulius Constantius, kommt schließlich nach dem Tod des Constantius II.

im Jahr 361 ein weiterer Vertreter der Dynastie des Constantius Chlorus auf den Thron. Er regiert das Reich von 355 an als *Caesar*, von 361 bis 363 auch als *Augustus*. Iulian ist vor allem für seine Wiedereinführung des Heidentums bekannt. Er führt den Beinamen „Apostata", was „der Abtrünnige" bedeutet, gemeint ist: abtrünnig vom Christentum. Er ist ein sehr philosophischer Herrscher, kein Soldat wie seine Vorgänger. Da er von klein auf die Schriften der klassischen heidnischen Autoren und Philosophen kennengelernt hat und sie auch in Constantinopel noch eifrig studiert, ist sein Abfall vom Christentum constantinischer Prägung durchaus nachvollziehbar. Kein fanatischer Gegner der Christen, ist er viel lieber Gelehrter als Politiker, was Constantius II. nicht unrecht ist, denn das hält Iulian anfangs aus der Politik heraus. Iulian ist verwurzelt in der griechischen Sprache und Denkweise, und auch als „Philosophenkaiser" spricht und schreibt er nur Griechisch, nach Aussage des Libanios: „ein griechischer Löwe in einer christlichen Eselshaut"[9]. Sein bevorzugter Gott ist Helios, der Sonnengott, dem schon Diocletian und Constantin vor Einführung des Christentums anhingen. Doch auch Iulian muß sich schließlich den Staatsgeschäften widmen und nach außen hin Christ sein, ein Bürgerkrieg zwischen ihm und Constantius II. wird nur durch den Tod des letzteren vereitelt. Nun illustriert Iulian seine Rückwendung zum Heidentum dadurch, daß er sich einen Philosophenbart wachsen läßt, ganz wie seine Vorbilder Hadrian und Marc Aurel, die großen Philhellenen. Diese Barttracht war von Diocletian abgeschafft worden, die Kaiser rasierten sich wieder, allerdings wohl nicht regelmäßig, wie ihre Stoppelbärte in den meisten Darstellungen vermuten lassen. 361 werden die heidnischen Tempel wieder eröffnet, die Verehrung der Götter ist wieder erlaubt. Als problematisch erweist sich die geforderte Rückerstattung des heidnischen Tempelguts, denn das ist inzwischen in den Besitz vieler Kirchen und in die Kirchenschätze eingeflossen. Auch die Privilegien der Christen, wie die kostenlose Benutzung des *Cursus publicus* durch die Kleriker, werden abgeschafft. Iulian stirbt schon 363 im Alter von nur 32 Jahren bei einem Feldzug gegen die Perser, doch die Quellen sind sich nicht einig, ob er durch einen persischen oder römischen Speer getötet wurde. Angeblich bekannte er im Sterben seine Niederlage gegenüber dem Christentum: „Du hast gesiegt, Galiläer" – gemeint ist Christus[10].

Iulians Nachfolger Iovian geht vor allem durch die Auslieferung der Stadt Nisibis an die Perser in die Geschichte ein, was von den meisten Chronisten als unrühmliche Tat kritisiert wird[11]. Nach seiner nur ein halbes Jahr dauernden, durch Mord beendeten Herrschaft folgt mit Valentinian erneut ein starker Herrscher auf den Thron, dessen Familie von 364 bis 378 regiert[12]. Auch er ist Offizier pannonisch-illyrischer Herkunft, sein Bruder Valens wird auf seinen Wunsch hin zweiter *Augustus*, beide sehen sich als „fratres concordissimi", was nach all den Streitigkeiten, die unter den Constantinssöhnen herrschten, sicherlich eine Neuerung ist. In der Folgezeit kommt es wieder vermehrt zu Einfällen verschiedener germanischer Völkerschaften, und Valentinian selbst befehligt die Truppen in Ober- und Niedergermanien. Die dortige Grenze wird durch eine Kette von Kastellen gesichert. Aber auch an anderen Grenzen des Imperiums, etwa in Britannien oder Nordafrika, kommt es zu Einfällen von Völkern, die die vermeintliche allgemeine Unsicherheit im römischen Reich ausnutzen wollen. Auch innenpolitisch schwelen Unruhen, die verschiedenen Glaubensrichtungen der Christen bekriegen sich teils in Straßenkämpfen. Valentinian stirbt ebenfalls vorzeitig, im Jahr 375, an einem Blutsturz.

Seine beiden Söhne, Gratian und Valentinian II., sind zu jenem Zeitpunkt sechzehn und vier Jahre alt, Gratian ist zudem bereits zweiter *Augustus*. Auch Valentinian II. wird jetzt zum *Augustus* erhoben und ist damit der erste der sogenannten „Kinderkaiser", deren Regentschaft in Wirklichkeit von mächtigen Beamten ausgeübt wird. Als erster christlicher Herrscher wendet sich Gratian wieder Rom und den Senatoren zu, wodurch das Gewicht der Zivilbeamten im Reich gegenüber den Militärs entscheidend gestärkt wird. Währenddessen muß sich der Kaiser des Ostens, Valens, nicht nur mit feindlichen Überfällen, sondern auch mit dem Usurpationsversuch des Procopius herumschlagen, der allerdings bald beseitigt wird. Valens ist gegenüber den verschiedenen Religionen tolerant, auch heidnische Riten werden geduldet. In diese Zeit fällt auch die Bedrohung Palästinas und Arabiens durch Mavia, die Witwe des Sarazenenkönigs, die schließlich ebenfalls befriedet und christianisiert wird. Sie ist später diejenige, die nach der Schlacht von Adrianopel zusammen mit der Witwe des Valens, Domnica, Constantinopel gegen die vorrückenden Goten verteidigt. Im Jahr 378 stehen bei Adrianopel die Truppen des Valens einem übermächtigen Heer aus verschiedenen germanischen Völkern gegenüber und werden in einer vernichtenden Schlacht besiegt, in deren Verlauf Valens fällt. Daß es sich hierbei um ein Ereignis von epochaler Bedeutung handelt, ist schon den zeitgenössischen Schriftstellern klar: Ammianus Marcellinus beschließt mit dieser Schlacht seine „Römische Geschichte", der Kirchenvater Hieronymus seine Chronik.

Nachfolger des unglücklichen Valens wird Theodosius I., den Gratian auf den Thron hebt (379-395)[13]. Anders als die meisten seiner Vorgänger stammt er nicht aus den Balkanprovinzen, sondern aus einer adligen Familie aus Spanien, die sich auf den anderen berühmten Spanier in der römischen Geschichte, Kaiser Traian, zurückführt. Bereits Theodosius' gleichnamiger Vater stand treu in Diensten des Kaiserhauses, und auch Theodosius selbst zeichnet sich durch Können und Loyalität aus. Seine Frau Aelia Flacilla entstammt dem spanischen Provinzialadel, und bald finden wir viele hochgestellte Spanier in der römischen Oberschicht, sowohl Poemenia als auch die beiden Melanien sind spanischer Herkunft. Theodosius I. erzielt rasch einen Frieden mit einem Teil der Westgoten, der ihnen Grundbesitz garantiert, sie aber auch zum Militärdienst verpflichtet.

Theodosius selbst ist von seiner Herkunft her streng christlich und verzichtet als erster Kaiser auf den heidnischen Titel eines *Pontifex Maximus*. Er läßt alle vorherigen Toleranzedikte zugunsten der Heiden aufheben, selbst die seines Mitkaisers Gratian. Auch den langjährigen Kirchenstreit löst er zugunsten der Orthodoxen, die Arianer werden verurteilt, ihre Bischöfe verbannt. Schließlich wird das Christentum 381 zur Staatsreligion erklärt, neben der keine anderen Glaubenrichtungen geduldet werden. Nicht nur Heiden, sondern auch christliche Sekten werden in der Folgezeit massiv verfolgt. 383 wird Gratian vom Usurpator Maximus ermordet, und erstaunlicherweise legitimiert Theodosius I. den Mörder zunächst. Auch in Rom herrscht nun offener Konflikt zwischen Christen und Heiden, deren letzte Privilegien, wie das Erbrecht, beschnitten werden. Aus dem Senat wird das Kultbild der Victoria entfernt, und als der führende Kopf der heidnischen Partei, Symmachus, bei Theodosius I. den Antrag stellt, diese Entscheidung rückgängig zu machen, lehnt dieser aus Rücksicht auf die christliche Seite ab. Die Macht der orthodoxen Christen wird noch gestärkt durch die Rückendeckung, die sie von Theodosius I. während des Streits um die Mailänder Kirchen erhalten. Als Ambrosius, der Bischof von Mailand, aufgrund einer Vision auch noch die Gräber der Märtyrer Gervasius und Protasius entdeckt, ist seine Stellung unangreifbar, er ist jetzt sogar in der Lage, Einfluß auf den Kaiser zu nehmen. Nach einer eigentlich belanglosen Episode, in deren Folge Theodosius in

Thessaloniki ein Blutbad hatte anrichten lassen, zwingt ihn Ambrosius, öffentlich Kirchenbuße zu tun, und der Kaiser demütigt sich tatsächlich. In der Folgezeit kommt es zu einem großangelegten Bildersturm auf heidnische Kultgebäude, bei dem auch zahllose Kunstwerke der Antike vernichtet werden. Aufgewiegelte Mönchshorden fallen plündernd über alles her, was auch nur von weitem nach heidnischem Kult aussieht. Selbst das weithin berühmte Serapeion in Alexandria wird bis auf die Fundamente niedergerissen. Sogar Einrichtungen aus klassisch-griechischer Zeit, wie das Orakel von Delphi oder die Olympischen Spiele, werden jetzt verboten. Trotzdem keimen in Rom noch einmal die heidnischen Kulte auf, was aber nur von kurzer Dauer ist.

392 wird Valentinian II. durch den germanischen Heermeister Arbogast gedemütigt und in den Selbstmord getrieben, Theodosius benennt erst nach längerem Zögern seinen Sohn Honorius als Nachfolger und tritt gegen den Usurpator Eugenius an. Am Birnbaumer Wald und dem Flüßchen *Frigidus*, in der Nähe von *Emona*/Ljubljana kommt es im Jahr 394 zur Entscheidungsschlacht, die Theodosius gewinnt. Doch bereits Anfang 395 stirbt er, und Ambrosius hält seine berühmte Leichenrede auf ihn.

Nachfolger werden seine Söhne, der siebzehnjährige Arcadius im Osten und der zehnjährige Honorius im Westen des Reiches, was die Verwaltungsteilung der letzten Jahrzehnte bestätigt. Eine Reichsteilung ist das eigentlich nicht, obwohl es faktisch darauf hinausläuft. Diese Teilung, wie immer man sie nennen möchte, hat Folgen bis in die heutige Zeit, der unselige Konflikt auf dem Balkan geht bis zu einem gewissen Maß darauf zurück. Allerdings sind die beiden Kaiser zu jung, um eigenständig zu regieren, die Entscheidungen werden von hohen Beamten oder „energischen Hofdamen" getroffen[14]. Damit ist vor allem die willensstarke Schwester des Honorius, Galla Placidia, gemeint, die später möglicherweise auch Einfluß auf das tragische Ende von Serena und Stilicho im Jahre 408 nimmt. Nach ihrem Bruder beeinflußt sie massiv auch ihren Sohn Valentinian III., der schließlich die Tochter der oströmischen Kaiserin Eudocia/Athenaïs und des Arcadiussohnes Theodosius II., Licinia Eudoxia, heiratet.

Im Laufe des vierten Jahrhunderts bildet sich eine neue Oberschicht heraus, die der germanischen Heermeister oder Söldner in römischen Diensten. Diese stehen oftmals in engem Kontakt zum Kaiserhaus, so ist Stilicho, ein Vandale, der 13 Jahre lang als Heermeister dient, mit Serena verheiratet, der Nichte und Adoptivtochter des Theodosius I. Gerade dieses Paar wird uns im folgenden noch beschäftigen, denn Serena nutzt ihren Einfluß bei Hofe, als die jüngere Melania sich zur Askese entschließt und ihren Besitz verkaufen will. Doch sowohl Serena als auch Stilicho werden im Jahr 408 zusammen mit ihrem Sohn Eucherius hingerichtet, nur die einzig verbleibende Tochter Thermantia überlebt als Frau des Honorius, ihre Schwester Maria war bereits 407 gestorben.

Besonders das weströmische Reich ist nun von ständigen Barbareneinfällen bedroht, und nach zwei erfolglosen Belagerungen in den vorangegangenen Jahren wird Rom im Jahre 410 von den Westgoten unter Alarich eingenommen und geplündert, was für einige der hier behandelten Frauen einschneidende Folgen hat: Sie sind massiv von Vergewaltigungen bedroht, die offenbar zu jeder Zeit als das Recht des Siegers gelten. Schon in den Jahren zuvor wurden Frauen oftmals das Opfer von brutalen Übergriffen durch Barbaren, und sowohl Hieronymus als auch Ambrosius beklagen diesen unhaltbaren Zustand. Im Nachruf auf Marcella wird beispielsweise eine solche Episode geschildert, in der es der über Achtzigjährigen gelingt, ihre Schülerin Principia vor den Barbaren zu retten. Andere Frauen wie Proba und Demetrias fliehen aus Italien, und einige von ihnen geraten in die Hände von geldgierigen Befehlshabern und Sklavenhändlern, von denen sie ihre körperliche Unversehrtheit nur durch Zahlung hoher Summen erkaufen können. Auch Melania die Jüngere gibt Geld aus ihrem Vermögen, um Gefangene freizukaufen[15]. In diesen unruhigen Zeiten ist es nachvollziehbar, wenn von der jungen Pacatula gesagt wird, sie habe „die Tränen vor dem Lachen und das Weinen vor der Freude" kennengelernt. Ihr bleibt nur, sich nach einem besseren Leben als christliche Jungfrau zu sehnen und sich vor den herrschenden Realitäten zu verschließen, was zu einem noch extremeren Rückzug aus der Welt führt, als wir ihn bei den früheren Asketinnen konstatieren können. Viele Christen leben damals gar in Erwartung eines nahenden Endes der Welt, weswegen sie um so freigiebiger ihre Reichtümer verschenken. Insofern sind die geschilderten unsicheren Zustände in Italien mit ein Auslöser für eine verstärkte Hinwendung zum Christentum und zur Askese, was auch die Pilgerfahrten mit einschließt – sie können als reale und ideelle Flucht aus der Realität gedeutet werden[16]. Hieronymus schreibt schließlich: „Quid salvum est, si Roma perit" – „Was ist noch sicher, wenn Rom untergeht?", und so hoffnungslos wie diese Zeilen ist die allgemeine Stimmung unter der römischen Bevölkerung im Angesicht der Völkerwanderungszeit, die in allen Bereichen des täglichen Lebens gravierende Umwälzungen mit sich bringt.

Arianer, Orthodoxe und andere: Die Kirchengeschichte

Die Religionsgeschichte des vierten und frühen fünften Jahrhunderts ist geprägt von immer neuen Streitigkeiten um die Rechtgläubigkeit (Orthodoxie) und die verschiedenen Sektenbewegungen christlicher Prägung einerseits sowie dem Konflikt mit dem Heidentum andererseits[17]. So gehen der Aufstellung des ersten Glaubensbekenntnisses auf dem Konzil von Nicaea im Jahr 325 handgreifliche Streitigkeiten unter den anwesenden Klerikern voraus, die bis zu Prügeleien und dem Einsatz von Gebetbüchern als Wurfgeschoße reichen[18]. Die Anhänger zweier Päpste oder Bischöfe liefern sich Straßenschlachten in den Gassen Roms bzw. Alexandrias, und selbst bis ins Kaiserhaus reichen die Konflikte – mehr als einmal hängen die Mitglieder einer Herrscherfamilie unterschiedlichen Glaubensrichtungen an. Und schlußendlich hält sich jeder Christ für einen Experten in der Frage, was rechtgläubig und was häretisch, was orthodox und was heidnisch ist. Gregor von Nyssa hat das sehr treffend auf den Punkt gebracht:

„Wenn du jemand nach dem Preise einer Ware fragst, hält er dir einen Vortrag über gezeugt und ungezeugt. Wenn du Brot kaufen willst, hörst du, der Vater sei größer als der Sohn und der Sohn sei dem Vater untergeordnet. Fragst du, ob das Bad fertig sei, so antwortet der Bademeister: Der Sohn Gottes ist aus nichts geschaffen.[19]"

Das Ganze war also schon für die damaligen Menschen verwirrend, und um so mehr ist es das für uns heute, die wir kein theologiegeschichtliches Studium hinter uns haben. Daher soll im nächsten Abschnitt zumindest versucht werden, etwas Licht in die verworrenen Glaubensverhältnisse jener Zeit zu werfen.

Die Streitigkeiten innerhalb der christlichen Gemeinde brechen verständlicherweise erst in dem Moment auf, als es keine Bedrohung von außen, etwa durch Christenverfolgungen, mehr gibt, also nach dem Mailänder Toleranzedikt von 313. Von diesem Moment an fangen die einzelnen Regionalkirchen an, sich über sich selbst und die anderen Gedanken zu machen, was zu einer Aufsplitterung der Christenheit führt. Die Frage der verschiedensten Häresien, also der vom „wahren Glauben" abgespaltenen Lehren, stellt von Beginn des vierten Jahrhunderts an das Christentum vor ein großes Problem, und bei manchen Strömungen läßt es sich bis heute nicht klären, ob sie nun ketzerisch waren oder nicht[20]. Die Quellenlage zu diesen Sekten ist vergleichsweise schlecht, denn die Schriften der Häretiker wurden häufig vernichtet, erhalten blieb oftmals nur das – keineswegs neutrale – Urteil ihrer Gegner über sie. Ein weiteres Problem besteht darin, daß sich nun auch das Kaiserhaus in die Streitigkeiten einmischt, was in klassisch-römischer Zeit nie vorkam. Jetzt können sogar Angehörige der herrschenden Dynastie der Häresie verdächtigt werden, denn man setzt mehr denn je den rechten Glauben mit dem besten Dienst für den Staat gleich. Im Laufe der Zeit gerät fast jeder aktive Theologe einmal in Häresieverdacht, und keiner ist vor den Bespitzelungen und üblen Nachreden seiner Feinde sicher. Und sogar Hieronymus, der immer schnell mit einem polemisch formulierten Urteil über seine Gegner zur Hand ist, läuft manchmal Gefahr, selbst für einen Häretiker gehalten zu werden.

Am wichtigsten erscheint in diesem Zusammenhang der Streit zwischen den Arianern und Orthodoxen[21], die sich uneinig über das Wesen von Gott Vater und Sohn sind. Während die Arianer, benannt nach dem alexandrinischen Presbyter Arius, glauben, daß Jesus nur gottähnlich (*homoiousios*) sei, und deshalb sei er sowohl Gott Vater als auch dem Kaiser unterzuordnen. Er wäre dann sozusagen ein Halbgott, ähnlich dem griechischen Herakles. Diese Lehre beruft sich so gut wie alle anderen auf die biblischen Schriften, doch scheinen die grundlegenden Übersetzungen in ihrem Sinn etwas angepaßt worden zu sein. Die Gegenseite glaubt wiederum, daß Gottvater und Gottsohn wesenseinheitlich (*homoousios*) seien, was bedeutet, daß beide gleichrangig sind und damit auch Christus dem Kaiser überzuordnen wäre. Bereits das Konzil von Nicaea verwirft den Arianismus; Arius wird exkommuniziert und verbannt, später jedoch von Constantin begnadigt, denn dieser hat selbst gute Beziehungen zu arianischen Geistlichen. Innerhalb der Arianer gibt es wiederum Streit darüber, wie sehr Jesus Gott nun ähnlich sei. Besonders im oströmischen Reich und unter den germanischen Föderaten hat der arianische Glaube viele Anhänger. Immer wieder versuchen die Herrscher zwischen den vielen Parteien zu vermitteln, zu ihnen gehören Constantius II. und Valens. Die endgültige Durchsetzung der Orthodoxie ist dagegen vor allem der Person des strenggläubigen Theodosius I. zu verdanken.

Beim Montanismus[22] wiederum handelt es sich um eine aus Kleinasien stammendes religiöses Phänomen der zweiten Hälfte des zweiten Jahrhunderts, dessen Anhänger ein sehr bald bevorstehendes Weltende lehren und die Einrichtung des Himmlischen Jerusalem auf Erden voraussagen. Sie nennen sich selbst auch die „Neue Prophetie". Verkündet wird diese Lehre von Montanus, der sich als der einzig wahre Prophet der Christenheit versteht, als der, der ihr die Offenbarung bringt und sie als einziger erlösen kann. Auch zwei Frauen, Prisca und Maximilla, gehören zu seinem engsten Kreis, auch sie gelten als „wahre Prophetinnen". Die Anhänger des Montanus müssen strenge Fastenvorschriften und sexuelle Askese einhalten. Die Jungfräulichkeit ist die Voraussetzung dafür, Visionen haben und verborgene Stimmen hören zu können. Frauen haben bei Montanus größere Rechte als im orthodoxen Christentum, beispielsweise gibt es Bischöfinnen und Priesterinnen, weshalb diese Sekte bei ihnen auch besonders beliebt ist. Montanistische Prophetinnen sehen sich sogar in der Nachfolge der biblischen Frauengestalten, besonders der Maria, Miriam und Eva. Auch die Lehre und das Verfassen von theologischen Schriften durch Frauen ist im Montanismus akzeptiert. Besonders Marcella fühlt sich von den Montanisten angezogen, was Hieronymus sofort aufs energischste bekämpft. Aber wahrscheinlich kommt Marcellas Interesse an der Sekte einzig aus ihrer theologischen Neugier, nicht aus wirklicher Überzeugung.

Eine weitere asketische Sekte bildet sich um 370 um den spanischen Bischof Priscillian heraus, die als Priscillianismus[23] bekannt ist. Insbesondere in Spanien und Südgallien findet seine Lehre Anklang, doch leider ist nicht mehr genau bekannt, wie sie sich im Detail von der der Reichskirche unterscheidet. 384 wird Priscillian als Häretiker hingerichtet, viele seiner Anhänger verbannt. Offenbar ist bei ihm die Gewichtung der Texte innerhalb der Heiligen Schrift eine andere, die Apokryphen spielen eine weitaus größere Rolle. Die Priscillianisten setzen sich bewußt von den restlichen orthodoxen Christen ab, ihre Forderungen sind freiwillige Armut, strenges Fasten ohne den Genuß von Fleisch oder Wein sowie sexuelle Enthaltsamkeit, allesamt keine Punkte, die sehr häretisch erscheinen. Besonders beliebt ist auch diese Sekte bei Frauen, auch Priscillian wird – wie etwa Hieronymus – von reichen Witwen unterstützt. Der Vorwurf der sexuellen Ausschweifungen, denen sich die Anhänger dieser Sekte angeblich hingeben, ist wahrscheinlich genauso an den Haaren herbeigezogen wie bei manchen anderen Gruppen.

Interessant ist der Priscillianismus für uns vor allem deshalb, weil es Vermutungen gibt, die Pilgerin Egeria sei Anhängerin dieser Sekte gewesen[24]. Darauf gibt es einige vage Hinweise: Sie stammt aus derselben Region (Spanien/Galizien/Südgallien), sie gehört zu einem belesenen Lektürezirkel, wie er unter den Priscillianisten angeblich weit verbreitet ist. Auch kennt sie sich gut mit den apokryphen Texten aus, hat großes Interesse am Asketentum und beschreibt genau, das in Palästina am Samstag und Sonntag nicht gefastet wird, was der priscillianischen Praxis des Fastens am Sonntag widerspricht. Es ist die Frage, ob jene vergleichsweise geringen Hinweise für eine genaue Zuweisung ausreichen, denn so ungewöhnlich sind all diese Punkte gerade am Ende des vierten Jahrhunderts keineswegs. Doch wie bei allen häretischen Strömungen vermutet man eine allgemeine Anfälligkeit des weiblichen Geschlechts für alle Arten von Irrlehren – dabei handelt es sich wohl nur um die universelle Anziehungskraft der Religion an sich, schließlich hat die Orthodoxie genauso viele Anhängerinnen. Auch bei den beiden Melanien und dem mit ihnen verwandten Paulinus von Nola könnte eine Beziehung zum Priscillianismus bestehen, was aber wohl noch schwerer zu beweisen sein dürfte als bei Egeria.

Der seinerzeit ebenfalls ausgetragene Streit um die Rechtgläubigkeit des Origenes[25] ist vor allem für das Verhältnis zwischen Hieronymus und seinem ehemaligen Freund und späteren Erzfeind Rufinus von Wichtigkeit. Zunächst sind beide Männer Anhänger Origenes', beide übersetzen seine Schriften ins Lateinische. Manche Punkte der Lehren des Origenes, etwa die Existenz von menschlichen Seelen als reine Geistwesen, die später ohne ihr biologisches Geschlecht auferstehen, sind allerdings der orthodoxen Kirche suspekt und werden verurteilt. Besonders Hieronymus glaubt fest an eine genaue Unterscheidung der Geschlechter auch im Jenseits, doch die Faszination, die die origenistischen Vorstellungen gerade auf Frauen ausüben muß, ist offensichtlich: Ihnen erscheint es sicherlich erstrebenswert, an ein Jenseits glauben zu können, in dem alle Unterschiede zwischen den Geschlechtern verschwunden sind. Einige dieser strittigen Punkte läßt Rufinus bei seinen Übersetzungen des Origenes einfach weg, was Hieronymus aber scharf kritisiert. Doch eigentlich sollte er in dieser Hinsicht besser vor der eigenen Türe kehren, denn wie wir sehen werden, verfälscht auch er in bestimmten Punkten seine Bibelübersetzung. Auch andere frühere Anhänger des Origenes wenden sich später von ihm ab, und schließlich werden seine Schriften um 400 ganz verboten. Am Ende des Konfliktes sind zwei unversöhnliche Lager entstanden: auf der einen Seite die Anhänger des Origenes mit den beiden Melanien und Rufinus, auf der anderen Seite dessen Gegner mit dem Kreis um Paula, Eustochium und Hieronymus. Schließlich werden fast alle Adligen in Rom und Constantinopel auf die eine oder andere Weise in den Streit hineingezogen, sie ergreifen Partei für die eine der beiden Seiten und suchen in ihrem Bekanntenkreis Unterstützung. Besonders Marcella erweist sich als fanatische Kämpferin für die Partei des Hieronymus, während Paula offenbar nicht so leicht zu überzeugen ist.

Auch die an die origenistische Lehre angelehnte Bewegung des Pelagianismus, benannt nach ihrem Gründer Pelagius, wird von der orthodoxen Kirche als „Ableger" des Origenismus verurteilt und Rufinus als verbindende Persönlichkeit zwischen beiden Glaubensrichtungen gesehen. Kernpunkt der Lehre des britannischen Mönchs Pelagius ist, daß ein vollkommenes christliches Leben durchaus erlangt werden kann, wenn man sich nur darum bemüht und sich taufen läßt. Eine Erbsünde wie bei der Reichskirche gibt es nach dieser Auffassung nicht. Pelagius hat es offenbar wie die beiden anderen Kirchenväter verstanden, einen Kreis von hochgestellten Frauen um sich zu scharen. Hieronymus schreibt sogar einmal, Pelagius sei „von Amazonen umgeben", was auf vergleichsweise kämpferische Anhängerinnen schließen läßt[26]. Und der Überfall von Pelagianern auf das bethleheminische Kloster von Eustochium und Hieronymus, bei dem einige Nonnen und Mönche getötet werden, bietet einen weiteren „schlagenden" Beweis für deren vergleichsweise unchristliche Hinwendung zur Gewalt[27].

Beruf: Kirchenvater – Bedeutende kirchliche Persönlichkeiten der Zeit

Unter den Kirchenmännern des unruhigen vierten und frühen fünften Jahrhunderts ragen einige hervor, die in besonderer Beziehung zu den uns beschäftigenden adligen und asketischen Frauen stehen. Sie sollen kurz charakterisiert werden.

Hieronymus und die reichen Witwen

Der Heilige Hieronymus, eigentlich Sophronius Eusebius Hieronymus (geb. um 347, gest. 419/20), stammt aus Strido in Dalmatien und ist als „doctor maximus in exponendis sacris scripturis" bekannt, als ein Mann von ausgezeichneter Bildung und Gelehrsamkeit. Er schreibt klassisches Latein in der Tradition Ciceros, ist sehr eloquent und elegant. Außerdem verfügt er über einen überaus charismatischen Charakter, ihm gelingt es, die Gläubigen (Frauen) scharenweise zu seinen Anhängerinnen zu machen. Von seinen Befürwortern wird er hochgelobt, von seinen Gegnern aber verteufelt. Er schreibt vor allem Briefe, die aber nicht nur für die jeweilige Adressatin oder den jeweiligen Adressaten gedacht sind, sondern mittels Abschriften unter allen seinen Anhängern weiterverbreitet werden, denn „ein Briefgeheimnis kennt Hieronymus offensichtlich nicht!"[28] Er polemisiert heftig gegen seine Gegner, vor allem gegen die Anhänger des Arianismus. Sein Stil ist sehr pointiert, oftmals fast sarkastisch, und er scheut keine Auseinandersetzung. Zunächst will Hieronymus die *mulierculae*[29], also den Bibelkreis um Marcella und Paula, nicht so gerne unterweisen, weil er um seinen guten Ruf fürchtet. Schließlich tut er es aber doch und ruft so einen in der Kirchengeschichte einmaligen Kreis von gelehrten Damen hervor: Mit Marcella diskutiert er brieflich über die Auslegung von Bibelstellen, Paula und Eustochium lernen auf seine Anregung hin Hebräisch und unterstützen ihn bei seiner Übertragung der Bibel ins Lateinische. Auffallend viele seiner Briefe sind an Frauen gerichtet, außerdem schreibt er vier Nachrufe auf seine Anhängerinnen[30]. Trotzdem erscheint er im gewissen Sinne frauenfeindlich – er verändert bei seiner Übersetzung an einigen Stellen den Originalsinn der Bibel, obwohl ihm die genaue Bedeutung der Worte durchaus bewußt ist, und dieses Phänomen tritt nur im Zusammenhang mit solchen Passagen auf, die Frauen betreffen[31]. Dies wiederum hat weitreichende Folgen für die weitere Entwicklung besonders des katholischen Christentums – die Stellung der Frau in der Kirche wäre ohne Männer wie Hieronymus heute höchstwahrscheinlich eine ganz andere. Außerdem schreibt er, auf Wunsch oder Bestellung der adligen Frauen, einige Bibelkommentare. Er ist ein Günstling von Papst Damasus, nach dessen Tod 384 wird er von seinen Gegnern aus Rom vertrieben. Einer der Gründe dafür ist der tragische Tod von Paulas Tochter Blesilla, die nach einigen Wochen radikaler Askese stirbt, wofür man Hieronymus verantwortlich macht, denn schließlich weiß man dessen Einfluß auf die Frauen richtig einzuschätzen. Hieronymus reist im Herbst 385 nach Palästina ab, wartet aber in Antiochia auf Paula und Eustochium, die ihm Ende 385 folgen. Bis zu seinem Lebensende bleibt er in Bethlehem, in dem von ihm und Paula gegründeten Kloster, und arbeitet intensiv an seinen theologischen Schriften.

Der Erfinder des Heiligen Landes? Eusebius von Caesarea

Der griechische Kirchenvater Eusebius (um 260-340) ist eine der wichtigsten Persönlichkeiten der Kirchengeschichte, ein enger Berater Constantins und sein Biograph. Er stammt aus *Caesarea Maritima* und ist daher mit der Situation in Palästina bestens vertraut. Sein „Onomastikon", ein Handbuch der biblischen Orte, wird von Hieronymus ins Lateinische übersetzt und gehört zu den wichtigsten Quellen für die Pilger der damaligen Zeit, auch wenn es wohl nicht als solche konzipiert wurde. Dagegen war seine Vita des Constantin lange in ihrer Echtheit umstritten, doch zumindest einige der darin überlieferten Reden und Dekrete sind authentisch. Als engem Vertrauten des Kaisers sind ihm allerdings einige Verdrehungen und Verfälschungen der Tatsachen durchaus zuzutrauen. Eventuell stammt die Idee, das Heilige Land zu einem Pilgerzentrum auszubauen, von ihm, und er hat vielleicht auch die Plätze für die drei constantinischen Basiliken ausgesucht und dem Kaiser vorgeschlagen, nämlich die der Grabeskirche, der Ölbergbasilika und der Geburtskirche in Bethlehem[32]. Eusebius kann daher möglicherweise als Urheber der Pilgerströme nach Palästina gelten.

Cyril von Jerusalem und die Liturgie

Auch der Jerusalemer Bischof Cyril trägt einen gewichtigen Anteil an der Entwicklung des Pilgerwesens ins Heilige Land. In seinen Schriften versteht er es, die potentiellen Pilger zu motivieren und zu ihrer Reise anzuregen, und nach P. Walker ist er die eigentlich treibende Kraft hinter den Pilgerströmen, die nach Jerusalem kommen. Trotzdem ist er auch derjenige, der in einem Brief an Constantius II. berichtet, die Partikel der Kreuzreliquie seien inzwischen über den ganzen Mittelmeerraum verteilt, was durchaus als Kritik an der Entwicklung zu werten ist, die das Pilgerwesen innerhalb von nur einer Generation seit Constantin genommen hat. Einen maßgeblichen Anteil hat Cyril auch an der von Egeria so bewunderten Jerusalemer Liturgie, die gegen Ende des vierten Jahrhunderts in voller Blüte steht[33].

Rufinus, erst Freund, dann Gegner des Hieronymus

Rufinus von Aquileia (345-410/11) ist der lebenslange geistige Gefährte der älteren Melania, vergleichbar der Rolle, die Hieronymus bei Paula innehat. Er ist der Hauptübersetzer der Schriften des Origenes und einer der wichtigsten Anhänger von dessen Lehre, die er an seine eigenen Gefolgsleute weitergibt. In verschiedenen seiner Werke gibt es Erwähnungen oder Anspielungen auf die adligen Frauen Roms[34]. Außer als Übersetzer betätigt er sich als Kirchenhistoriker, der die ebenfalls von ihm selbst übersetzte Kirchengeschichte des Eusebius bis ins Jahr 395 weiterführt.

Palladius, der schreibende Mönch

Der griechische Hagiograph und Schriftsteller Palladius (363/64- vor 431) lebt bis 399 als Mönch in Ägypten, wo er unter anderem der älteren Melania begegnet. Er arbeitet auf Auftragsbasis, so entsteht mit der „Historia Lausiaca" auf Wunsch des hohen byzantinischen Hofbeamten Lausos eine Weltgeschichte unter besonderer Berücksichtigung des Lebens berühmter Asketinnen und Asketen. Unter ihnen sind die beiden Melanien, aber auch Eustochium und Asella[35]. Später wird Palladius Bischof von Helenopolis in Bithynien.

Fromme Aristokraten: Paulinus von Nola und Sulpicius Severus

Paulinus, durch die Gens Anicia mit den beiden Melanien verwandt, war zunächst Statthalter in Campanien und betätigt sich um das Jahr 400 als Mäzen in der von im bevorzugten Gemeinde Nola und Umgebung, wo er den Aquädukt wiederherstellen und die dortige Basilika mit Hilfe reicher Spenden renovieren läßt. Krönung dieses Neubaus ist ein Partikel des Wahren Kreuzes, das seine Verwandte, Melania die Ältere, aus Jerusalem mitbringt und ihm schenkt. Zusammen mit seiner Frau Therasia gründet er in Nola eine Pilgerherberge für die frommen Reisenden, die zum Grab des Lokalheiligen Felix pilgern. Beide geben ihr eigenes Haus auf und stehen in der Folgezeit diesem *Xenodochium* vor[36]. Paulinus' enger Freund Sulpicius Severus ist Schriftsteller und stammt aus Südgallien. Er verfaßt unter anderem eine Weltchronik, aber auch eine Vita des Heiligen Martin von Tours. Dieses Werk läßt Paulinus seiner Verwandten Melania der Älteren vortragen, als sie ihn in Nola besucht, und sie zeigt sich sehr beeindruckt[37].

Heilige gegen Götter: Der Kampf ums Glaubensmonopol

Seit dem Jahr 313 ist auch das Christentum als Religion anerkannt, und die über viele Jahre andauernden Christenverfolgungen haben ein Ende. Der in der Folgezeit mit den Heiden ausgetragene Konflikt ist in der Regel keiner mehr auf Leben und Tod, sondern ein ideeller, einer, der die richtige Weltanschauung betrifft. Statt der Christen sind jetzt die Heiden bedroht, und ihre seit Jahrhunderten gefestigte Machtposition wird immer weiter untergraben. 356 wird von Constantius II. die Schließung der heidnischen Tempel verfügt, und um 380 lassen Gratian und Theodosius den Ehrentitel *Pontifex maximus* aus der Kaisertitulatur streichen, deren wichtiger Bestandteil er seit Augustus war. Einschneidender ist aber die Streichung der staatlichen Zuschüsse, das Verbot der Annahme von Erbschaften sowie die Möglichkeit, von Staats wegen das Tempelgut konfiszieren zu können. Den heidnischen Kulten ist so die Basis entzogen und ihr öffentlicher Charakter genommen. Auch ihre Verbindung zum Staat existiert in der Folgezeit nicht mehr. Im Jahr 391 verbietet Theodosius I. schließlich die Ausübung aller paganen Kulte und erläßt eine Reihe von antiheidnischen Gesetzen. Unter seinem Sohn Honorius werden die Heiden regelrecht verfolgt. Diese massive Vernichtung der alten heidnischen Kulte bleiben nicht ohne Kritik, auch aus den Reihen der Christen, die das Vorgehen des Staates oftmals für zu hart und des christlichen Glaubens nicht würdig erachten[38].

Trotzdem spielen die Heiden in Rom immer noch eine bedeutende Rolle, und viele der Männer, die wichtige politische Ämter bekleiden, sind nach wie vor Heiden. Adlige wie Symmachus oder Praetextatus haben hohe Posten inne, der eine ist Stadtpräfekt von Rom, der andere Reichspräfekt für Italien, Illyrien und Afrika. Sie sehen sich als die eigentlichen Erben des römischen Staates und versuchen trotz allen Widerstands von seiten der Christen, die alten Ideale hochzuhalten und ihr Leben nach diesen auszurichten. Um Symmachus formiert sich ein Kreis gleichgesinnter Männer und Frauen, die auch weiterhin Sakralämter der alten Götter und Göttinnen ausüben[39]. Besonders beliebt sind auch in der Spätantike noch, abgesehen von den altrömischen Staatskulten der Kapitolinischen Trias oder der Vesta, die Kulte der Magna Mater und der Isis. Gerade die Senatoren und Politiker bleiben also bis an den Anfang des fünften Jahrhunderts dem heidnischen Glauben verhaftet, und in vielen Bereichen des Lebens existieren beide Religionen, ungeachtet der kaiserlichen Dekrete, nebeneinander.

Bereits unter Constantin hat es immer wieder Schließungen heidnischer Tempel und das Entfernen von Weihedenkmälern gegeben. Auch eine Umwandlung oder Umwidmung heidnischer Tempel in Kirchen ist – vor allem im oströmischen Reich – zu beobachten[40]. Andere Heiligtümer werden komplett abgetragen und durch neue christliche Bauten ersetzt: So läßt Constantin den hadrianischen Tempel in Jerusalem abreißen und erbaut an seiner Stelle die Grabeskirche. Die Kirche in Mamre bei Hebron entsteht auf einem heiligen Bezirk, in dem man die Eiche verehrte, bei der Abraham Gott schaute. Zunächst werden unter Constantin nur einzelne Kulte ganz verboten, wie etwa die Tempelprostitution in *Heliopolis/Baalbek*[41]. Auch den Tempel von Aphaka, in dem ebenfalls kultische Prostitution praktiziert wird, läßt Constantin bis auf die Fundamente abtragen und darauf eine Kirche erbauen. Die Zerstörung der Tempel wird auch durch die Magistrate gefördert, und man empfiehlt die Entsühnung der Gebäude durch das Anbringen des Kreuzeszeichens. Im weströmischen Reich werden die Tempel zumindest unter „Denkmalschutz" gestellt. Bald betreibt man Tempelzerstörungen als eine Art von Exorzismus im Rahmen von Gottesdiensten, so etwa die Zerstörung des Zeustempels in Apamea, des Marneions in Gaza oder des Mithraeums in Alexandria. Auf den Ruinen dieser niedergebrannten Tempel werden schließlich Kirchen errichtet. Auch das berühmte Serapeion in Alexandria wird im Jahr 391 verwüstet. In Oberägypten wüten die Tempelzerstörungen noch bis ins fünfte Jahrhundert. Die Welle der Verwüstung brandet besonders heftig im oströmischen Reich. In Athen, der Metropole klassischer Bildung, halten sich nichtchristliche Strömungen noch bis ins sechste Jahrhundert, während in Rom, dem einstigen Mittelpunkt des römischen Reiches, die heidnischen Kulte schon am Ende des vierten Jahrhunderts fast völlig verschwinden. Die erste sicher bezeugte Umwandlung eines stadtrömischen Tempels in eine Kirche, nämlich die des Larentempels in die Kirche St. Cosmas und Damian, erfolgt erst im sechsten Jahrhundert. In Gallien werden dagegen möglicherweise bereits in frühchristlicher Zeit Tempel zu Kirchen umgebaut. Auch vom Heiligen Martin von Tours ist belegt, daß er heidnische Haine und Kultstätten zerstört hat.

Oft rivalisieren die Verehrung christlicher Heiliger und Märtyrer in Wallfahrtsheiligtümern mit alteingesessenen paganen Kulten. Die Anhänger der heidnischen Kulte versammeln sich anläßlich der Festtage oder Kultwochen, sie kommen von nah und fern, um an den Feierlichkeiten teilzunehmen. Noch im vierten Jahrhundert reisen Gläubige aus Isaurien in die Nähe von Seleucia, um den Orakelgott Sarpedon in einem Höhlenheiligtum zu verehren. Nur knapp eine Wegstunde davon entfernt liegt das Heiligtum der christlichen Märtyrerin Thekla. In der Vita der Heiligen und in den Wunderberichten wird immer wieder von den heftigen Spannungen zwischen den an beiden Heiligtümern Versammelten berichtet[42]. Vergleichbar ist die Situation in Aigaiai am Golf von Issos, wo eine Konkurrenz zwischen dem Kurort des antiken Heilgottes Asclepios und der Kirche der Heiligen Cosmas und Damian entsteht, die in der völligen Ablösung des heidnischen Kultes endet. Auch das die ganze Antike hindurch berühmte Artemisheiligtum in

Ephesos wird schließlich durch die in der Nähe ausgeübte Verehrung des Johannes in den Schatten gestellt[43]. Handgreifliche Auseinandersetzungen, zum Teil mit fatalen Folgen, sind zahlreich aus dem oströmischen Reich überliefert: So werden Mönche, die in Phönizien pagane Tempel zerstören wollen, von den Heiden angegriffen, dasselbe geschieht bei der Entweihung eines Bacchustempels in Alexandria[44].

Kirchen und Klöster – die Großzügigkeit der Spender

In jedem Ort des Reiches wird im vierten Jahrhundert mindestens eine Kirche gegründet, und die Reichen übertreffen sich in ihrer Großzügigkeit, diesen Neubau mit allem erdenklichen Prunk auszustatten. Helena und Constantin lassen ihre Bauten kostbar ausschmücken, überliefert sind Spenden von Silberkapitellen für die Grabeskirche, von silbernen Portalen mit Gold- und Edelsteinen, kostbaren Gefäßen, Taufgewändern, Armreifen, Ringen und anderen Juwelen, die auch von den Söhnen Constantins noch zahlreich gestiftet werden. Wertvoller Marmor wird importiert, noch lieber aber von paganen Tempeln entwendet und als Spolien verbaut. Im fünften Jahrhundert übertreffen die privaten Spenden möglicherweise sogar die kaiserlichen. So läßt die adlige und reiche Poemenia die Himmelfahrtskirche auf dem Ölberg erbauen, Melania die Ältere und Paula errichten Klöster und Pilgerherbergen. Insgesamt ist auch eine große Zahl an Mönchen und Armen zu versorgen[45]. Die Kaiserin Eudocia ist die größte bekannte Wohltäterin dieser Zeit, sie spendet beispielsweise ein 6.000 Pfund schweres Kupferkreuz, das auf der Spitze der Himmelfahrtskirche angebracht wird. Außerdem erbaut sie in Jerusalem die Stephanskirche sowie den Patriarchenpalast und ordnet Reparaturen an der Stadtmauer an, die einen neuen Abschnitt am Zionsberg erhält. Eudocia soll während ihres Aufenthaltes in Jerusalem insgesamt 20.480 Pfund Gold gespendet haben, was etwa 1.500.000 Goldstücken entspricht. Nur zum Vergleich: Zwei Goldstücke reichten aus, um eine Person für ein Jahr lang zu versorgen.

Die Anfänge der monastischen Bewegungen im Westen des römischen Reiches sind nach wie vor nicht genau geklärt, sie dürften irgendwann im mittleren Drittel des vierten Jahrhunderts zu suchen sein, sicher jedoch vor Ankunft östlicher Mönche in Rom. Athanasius, der angeblich in Marcella den Wunsch nach asketischem Leben weckt, kommt 340 nach Rom, Hieronymus erst 382. Die Gründung eines Nonnenklosters durch Constantina noch zur Regierungszeit ihres Vaters Constantin ist nicht zu beweisen. Auch der Einfluß der „Vita Antonii" läßt sich nicht sicher einschätzen. Pachomius berichtet von der Gründung zweier Frauenklöster vor dem Jahr 346. Wirklichen Kontakt mit östlichen Mönchen oder Nonnen haben die Frauen in größerem Maße aber sicherlich erst nach ihrer Ankunft in Ägypten oder Palästina, wo sie dann die Objekte ihrer Begierde besuchen und ausgiebig bestaunen können. Im Osten des Reiches ist das Mönchtum dagegen schon früher entwickelt als im Westen[46].

„Haus der Märtyrer" – der Märtyrerkult

Der Begriff „Martyrium" kommt vom griechischen Wort *Martys*, was „Zeuge" bedeutet, und meint ursprünglich den Tod für den wahren Glauben nach dem Vorbild Jesu. Später kann aber auch eine strenge Askese als Martyrium interpretiert werden, was es ja tatsächlich auch ist: Paula wird nach ihrem Tod genauso „gekrönt" wie die Frauen, die ihr Leben für den christlichen Glauben opfern. Entscheidend sind die körperlichen Entbehrungen, die sich die Menschen auferlegen. So können sie, genau wie bedeutende Bischöfe oder Asketen, die als *confessores* bezeichnet werden, als Mittler zwischen Gott und den Menschen dienen, was ihre grenzenlose Verehrung erklärt[47].

Unter den frühen Märtyrern gibt es einige Frauen, beispielsweise Perpetua und Felicitas, von denen noch die Rede sein wird, außerdem sind da die Männer Hippolytus und Laurentius in Rom, Cyprian in Karthago, Felix in Nola, die alle im späten zweiten und dritten Jahrhundert sterben. Eine große Welle von Märtyrern kommt in den diocletianischen Verfolgungen im Jahre 303 hinzu, und vor allem Kleinasien und Nordafrika haben als früh christianisierte Gebiete am meisten unter den Verfolgungen zu leiden. Auch aus den Nordwest- und Donauprovinzen sind einige Märtyrerinnen und Märtyrer dieser Zeit bekannt, so Afra in Augsburg, Florian in *Lauriacum*/Lorch, Quirinus in *Savaria*/Szombathely[48].

Betrachtet man die große Popularität, die das Christentum von Anfang an bei den Frauen genießt, so ist davon auszugehen, daß zumindest die Hälfte aller historischen Märtyrer Frauen sein müssen, doch in den überlieferten Märtyrerakten und Heiligengeschichten ist das Verhältnis der Geschlechter 4:1 (Männer:Frauen), was eindeutig an der tendenziösen Überlieferung seit der Römerzeit liegen dürfte. Im Mittelalter und der Neuzeit schließlich verschlechtert sich diese Relation sogar auf 6:1, worin sich die „tiefsitzenden männlichen Vorurteile der mittelalterlichen Gesellschaft" spiegeln. Nur im römischen Nordafrika ist das Geschlechterverhältnis fast sogar umgekehrt, es zeigt sich ein hohes christliches Engagement der dortigen Frauen[49]. Einen großen Aufschwung nimmt die Märtyrerverehrung ab dem vierten Jahrhundert, man feiert jetzt regelmäßig ihren/seinen Todestag und verehrt die Reliquien. Auch Nichtmärtyrer wie Asketen und Geistliche können nun als Heilige verehrt werden, was zu einer starken Vermehrung der Heiligsprechungen führt, eine Entwicklung, die schließlich im Mittelalter noch übertroffen wird[50].

Ebenfalls wichtig wird nun der Besuch an Märtyrergräbern, nicht nur in Rom, sondern besonders auch im Ostmittelmeerraum, was Anlaß zu Pilgerfahrten bietet. Die Frauen der jüngeren Asketinnengeneration besuchen oft die Märtyrergräber in Rom, und schon Paula reist im Westen zu verschiedenen Orten, die mit Märtyrern in Verbindung stehen, so zur Insel Pontia, den Verbannungsort der Flavia Domitilla, der Nichte Domitians, die man als eine der ersten christlichen Bekennerinnen ansieht. Egeria und die jüngere Melania besuchen im kleinasiatischen Chalcedon auch das Grab der Märtyrerin Euphemia, die unter Diocletian im Jahr 303 hingerichtet wurde. Paula und Eustochium berichten in ihrem Brief an Marcella von den vielen in Palästina vorhandenen Märtyrergräbern, die die Freundin dazu bewegen sollen, ihnen ins Heilige Land zu folgen.

Anhand der Viten dreier Märtyrerinnen läßt sich das Schicksal der frühen Christinnen und Christen anschaulich illustrieren:

Da ist zunächst die sogenannte „Erzmärtyrerin" Thekla, die sich in der Spätantike im gesamten Ostmittelmeerraum und besonders in Kleinasien großer Verehrung erfreut. Sie gilt als vorbildliche Jungfrau, die lieber stirbt, als ihre Jungfräulichkeit zu verlieren. Hier haben wir eine sehr altes Motiv in der römischen Kultur vor uns, man denke etwa an Lucretia, die nach einer Vergewaltigung nicht mehr leben wollte und Selbstmord beging, ihr Vorbild wurde während der ganzen Republik und Kaiserzeit tradiert, und auch Hieronymus lobt sie noch als Beispiel weiblicher Keuschheit. In den Märtyrerakten findet sich dann eine Vielzahl von jungen Frauen, die sich umbringen, um ihre Jungfräulichkeit zu erhalten[51]. Thekla ist ursprünglich die Begleiterin des Apostels Paulus in den apokryphen „Acta Pauli et Theclae" (zu datieren um 190 n. Chr.), die zweimal zum Märtyrertod verurteilt wird. Sie hat sich aufgrund einer Paulus-Predigt zur Jungfräulichkeit entschlossen und verkündigt für den Rest ihres Lebens das Evangelium. Bemerkenswert an dieser Geschichte ist die Tatsache, daß hier eine Frau in der Lehre tätig ist, was von der Reichskirche vehement abgelehnt wird. In ihrem ganzen Verhalten ist Thekla den Asketinnen sehr nahe, sowohl was das Fasten, als auch die sexuelle Enthaltsamkeit anbelangt. Der Name „Thekla" wird in der Spätantike als ehrenvoller Beiname für solche Frauen verwendet, die sich durch Einhaltung der christlichen Tugenden hervortun, so Melania die Ältere oder Makrina.

Kurz nach der Wende zum dritten Jahrhundert erleidet in Karthago eine weitere junge Frau den Märtyrertod: Perpetua. Als einzige bekannte Märtyrerin hat sie ihre Geschichte selbst geschrieben, das heißt wahrscheinlich, aus der Haft heraus jemandem mitgegeben, der sie später ediert hat. Dies ist aus mehreren Gründen ein einzigartiges historisches Zeugnis: Es ist die einzige Passion, die zumindest teilweise vom Opfer selbst verfaßt wurde, es ist einer der wenigen erhaltenen Texte severischer Zeit, der aus der Feder einer Frau stammt, und vor allem werden außerordentlich moderne Ansichten vertreten, besonders im Abschnitt mit der letzten Vision Perpetuas. Ihre Geschichte läßt sich wie folgt zusammenfassen[52]: Während der severischen Christenverfolgungen der Jahre 202/03 werden sechs Freunde verhaftet, die Anführerin ist Vibia Perpetua, eine junge Frau von 20 Jahren, die offenbar Ehefrau und Mutter ist, denn sie hat ein Kleinkind dabei. Ihre Sklavin Felicitas ist hochschwanger und wird im Gefängnis ihr Kind zur Welt bringen. Außerdem sind da die vier Männer Saturus, Revocatus, Saturninus und Secundulus. Sie alle sind Christen, ihre kurz zuvor erfolgte Taufe wurde heimlich beobachtet und ist der Grund der Verhaftung. Der heidnisch gebliebene Vater Perpetuas besucht sie mehrmals im Kerker und beschwört sie, aus Gründen der Achtung für ihn und ihre Familie dem neuen Glauben abzuschwören und das Opfer für den Kaiser zu leisten. Als das nichts fruchtet, fleht er sie an, doch wenigstens um ihres Kindes willen einzulenken. Vergeblich – sie weigert sich, den Treueid auf das Kaiserhaus zu leisten. Christliche Freunde, die sie besuchen, nehmen sich schließlich ihres Kindes an, und Perpetua und ihre Gefährten werden auf die damals übliche grausame Weise in der Arena zu Tode gebracht, nachdem man sie als „Schlußattraktion" aufgespart hat. In der Nacht vor der Hinrichtung hat Perpetua eine Vision, in der sie gegen einen übermächtigen Gladiator antreten muß, ihn aber aufgrund der Tatsache besiegen und töten kann, daß sie kurz vorher „zum Mann gemacht" wird. In diesem Kampf mit dem Gladiator versinnbildlicht sich der endgültige Sieg des Christentums. In der Realität jedoch haben die Verurteilten keine Chance zu siegen, sie sterben in der Arena.

Wichtig ist vor allem die Aussage, daß hier das Christentum als eine Möglichkeit für Frauen gesehen wird, aus den überlieferten Zwängen auszubrechen und ein selbstbestimmtes Leben im Glauben zu führen, sei es auch noch so kurz. Perpetua bricht aus den traditionellen Verhaltensmustern der Gesellschaft aus, und kein Mann bestimmt mehr, was sie zu tun hat und wohin sie geht. Dabei erweist sich Perpetuas Vater keineswegs als chauvinistischer Despot, er argumentiert mit vergleichsweise aufgeklärten, modernen Überzeugungen und wird beherrscht von Liebe und Sorge um seine Tochter. Sicherlich ist einer der Gründe dafür auch der, daß ihr Vater zur höheren Bildungsschicht, vielleicht zum Dekurionenstand, in der nordafrikanischen Kleinstadt Thuburbo Minus, der Heimat Perpetuas, zählt[53]. Interessant ist auch, daß hier zwei Frauen *ad bestias*, also zum Kampf mit den wilden Tieren verurteilt werden, was sonst nicht üblich ist, denn Frauen sind normalerweise nicht in der Lage, mit den Tieren so zu kämpfen wie kräftige junge Männer, und dieser Showeffekt ist für das Publikum genauso wichtig wie die eigentliche Hinrichtung. Für Frauen ist statt dessen eine *verocissima*

Flacher Teller aus nordafrikanischer Terra Sigillata, verziert mit Applikendekor. Zwei der Appliken stellen eine an einen Pfahl gefesselte junge Frau dar, die von einem Bären attackiert wird.

vaca, also eine rasende Kuh vorgesehen, die sie aufspießen soll, quasi eine Verhöhnung und sexuelle Degradierung des weiblichen Geschlechts mittels einer Tötung durch „ihresgleichen"[54]. Trotzdem scheint eine andere Todesart gelegentlich vorgekommen zu sein, denn auch auf einem Teller aus nordafrikanischer Terra Sigillata ist dargestellt, wie eine an einen Pfahl gefesselte, halbnackte Märtyrerin von einem Bären attackiert wird[55].

Die dritte Passion ereignete sich in Rom, doch sie ist nicht sicher zu datieren. Sowohl die valerianische als auch die diocletianische Zeit wurden für die von Ambrosius von Mailand überlieferte Leidensgeschichte der zwölfjährigen Agnes in Betracht gezogen. Jener schreibt, sie habe sich über ihr Geschlecht und die Natur allgemein hinausgehoben, weil sie nicht wie eine Frau, geschweige denn wie ein Kind auf Bedrohungen und Verletzungen reagiert habe: „Selbst die Versuche des Henkers, sie zu erschrecken oder ihr zu schmeicheln, schlugen fehl". Dadurch wird sie zu einem großen Vorbild für die christlichen Jungfrauen, in diesem Fall besonders für Demetrias, zu deren Erbauung Ambrosius die Geschichte erzählt[56]. Trotzdem ist die Überlieferung fragwürdig, insbesondere, weil wir in diesem Fall nicht einmal erfahren, ob Agnes durch Feuer oder Enthauptung zu Tode kommt, obwohl sich alle anderen Märtyrerlegenden in grausamen Details ergehen. Auch hören wir von ihr erstmals um die Wende zum fünften Jahrhundert, was ebenfalls ungewöhnlich ist.

Die Leidensgeschichten dieser Mädchen und Frauen, besonders aber die literarisch aufbereitete Passion der Perpetua, müssen schon im dritten und vierten Jahrhundert bekannt gewesen sein und hatten sicher Vorbildfunktion für andere, besonders nordafrikanische Christinnen, wie die Frauen Maxima, Donatilla und Secunda, die im Amphitheater von Thuburbo den Tieren vorgeworfen wurden. Sonst haben Frauen in den Märtyrerberichten eher Nebenrollen inne, etwa als Mitglieder verurteilter Christengruppen. Als herausgehobene Einzelpersonen sind sie mit Sicherheit etwas besonderes[57]. Wichtig ist zudem die in jeder Geschichte deutlich betonte „Überwindung der weiblichen Schwachheit", die wir als Motiv genauso bei den Asketinnen, aber auch bei der „eiligen Pilgerin" Egeria sehen werden – es ist die einzige Möglichkeit, wie sich die Männer der damaligen Zeit mutiges weibliches Verhalten erklären können – als bewußte oder unbewußte Annäherung der Frauen an männliche Ideale[58]. Wie alle Dinge, die Frauen betreffen, wird auch die Erzählung der Perpetua „von Anfang an unter einer Lawine männlicher Interpretationen, Neulesungen und Verdrehungen begraben"[59].

Transportabler Segen – die Reliquien

Die Reliquienverehrung hat ihren Ursprung im weit verbreiteten Glauben der antiken Menschen (nicht nur der Christen), daß für ein Weiterleben nach dem Tode zumindest die Erhaltung der Knochen, wenn nicht des ganzen Körpers (wie bei den ägyptischen Mumien) vonnöten sei. Eine vollkommene Zerstörung auch kleinster Knochenreste macht die Auferstehung unmöglich. Das glauben wenigstens diejenigen Heiden, die die Märtyrer von Lyon im Jahre 177 nicht zur Bestattung freigeben, sondern verbrennen und die

Asche in die Rhône werfen. Vielleicht ist ihnen aber auch nur aufgefallen, daß gerade die übrigbleibenden Knochen von getöteten Märtyrern bei den Christen besondere Verehrung und Wertschätzung erfahren[60]. Von Christus wird gesagt, sein Körper sei auch nach Tagen noch nicht in Verwesung übergegangen – bei den hohen Temperaturen in Palästina geradezu undenkbar. Daraus folgerte man eine besondere Auszeichnung der heiligen Körper gegenüber den normalen, die Unverweslichkeit wird später zu einem gängigen Motiv der Heiligengeschichten, und die aus diesen heiligen Körpern geborgenen Reliquien werden zu einem ganz besonders verehrten Schatz. Reliquien sind in der Spätantike und der frühchristlichen Zeit ein Machtmittel, denn wer sie besitzt, hat höheren Status als der, der keine sein Eigen nennt. Reiche Christen dienen so als Vermittler zwischen „normalen" sündigen Menschen und Heiligen, was zu einem regelrechten Wettkampf um die seltensten und wirkungsvollsten Reliquien führen kann[61].

Als Beispiel sei hier die Legende von der Auffindung der Reliquien des Heiligen Stephan erzählt. Der Priester Lucian hat eines Tages eine Vision, wo der Leichnam des Stephanus zu finden wäre. Es wird eine Ausgrabung an der besagten Stelle vorgenommen, aus dem gerade geöffneten Grab strömt Wohlgeruch, und man findet den gut erhaltenen Körper des Heiligen. Auf der Stelle werden über 70 Kranke geheilt. Stephanus wird in die Zionskirche in Jerusalem gebracht und dort aufbewahrt. Schnell spricht sich die Auffindung herum, und schon bald ist der Körper des Heiligen nicht mehr komplett. Der Finder selbst gibt die ersten Partikel von Stephans Körper an befreundete Kleriker, die sie weiter im Mittelmeerraum verteilen. Doch manche dieser Sendungen kommen nicht beim Empfänger an, und diesem Umstand verdankt beispielsweise die Kirche auf der Insel Menorca ihre Stephansreliquien. Einige weitere Fragmente gelangen nach Nordafrika. Andere Körperteile, wie etwa die Hand des Heiligen, werden an Theodosius und Pulcheria nach Constantinopel verschenkt, und Eudocia bringt von ihrer Pilgerreise weitere Reliquien mit, die in der dortigen Laurentiuskirche verwahrt werden[62].

Derartige Auffindungsgeschichten werden immer nach demselben Muster erzählt: Man findet irgendwo ein Grab, sei es zufällig, sei es aufgrund von Visionen oder sonstigen genauen Angaben. Man öffnet es, und heraus strömt wunderbarer Wohlgeruch. Auch ist der im Grab befindliche Körper immer sehr gut erhalten und auch nach Jahren noch nicht vergangen, was ganz im Gegensatz zu den normalen biologischen Verwesungsvorgängen eines Körpers steht. Durch vielfältige Wundertaten wie die Heilung eines Blinden, die Erweckung von vielen Toten oder ähnlichem beweist der Heilige dann seine Kraft, was von einem Kleriker bestätigt werden muß. Dieser identifiziert auch den Toten als einen Heiligen, für den Fall, daß dessen Identität nicht von Anfang an feststeht. Man birgt den Körper und holt ihn in die nächste Kirche, wahlweise wird auch eine eigene neue Memoria oder ein Martyrium dafür errichtet. Die Leute fangen an, zu der Kirche oder dem Ort der Auffindung zu pilgern und am Grab des Heiligen zu beten. Die zuständigen Bischöfe verschenken nach Belieben Teile des toten Körpers an den Kaiser, an andere Bischöfe, an reiche Spender. Der Körper des Heiligen wird bald in alle Winde zerstreut, und schließlich sind einige Körperteile mehrfach vorhanden, denn ein Körper allein hat nun mal nur eine bestimmte Anzahl von Knochen, und die reichen schon bald nicht mehr aus, um die gesteigerte Nachfrage der Gläubigen nach Originalreliquien zu befriedigen. Trotzdem verlieren die zerteilten Reliquien nichts von ihrer Wirksamkeit – sie bleiben genauso kraftvoll wie der komplette Heilige[63]. Falls gerade kein wirklicher Märtyrer zur Hand ist, tun es auch tote Römer oder Einheimische, die flugs zu Heiligen erklärt werden und ihre Rundreise antreten. Anthropologische Untersuchungen, die die mutmaßliche Identität der Toten bestätigen könnten, sind aus religiösen Gründen auch heute noch nicht möglich.

Bestes Beispiel sind die 11.000 Jungfrauen von Köln, die zusammen mit der Heiligen Ursula beim Hunneneinfall im fünften Jahrhundert hingerichtet worden sein sollen und deren Reste nun im Beinhaus von St. Ursula in Köln zu bestaunen sind. Es handelt sich bei ihnen um die Überreste von spätrömischen (weil körperbestatteten) Bürgern der *Colonia Claudia Ara Agrippinensium*, die zufällig beim Kirchenbau im Hohen Mittelalter im Kölner Boden entlang der Neusser Straße angetroffen und als die Heilige Ursula und ihre Gefährtinnen identifiziert wurden[64]. Bedenkt man nun, wieviele hunderttausend Reliquien im Laufe des Mittelalters und der frühen Neuzeit in alle Kirchen Europas gelangt sind, so kann man sich vorstellen, wie wenige davon eigentlich wirklich vom Körper desjenigen Heiligen stammen können, für dessen Überreste man sie hält. Die meisten Katakombenheiligen der Barockzeit sind nichts weiter als die Körper von einfachen Einwohnern der Stadt Rom, die irgendwann im Laufe der Geschichte zufällig in den Katakomben bestattet und in der frühen Neuzeit von Reliquienjägern wieder gehoben wurden. Nun ist die Tatsache der Multiplizierung der Heiligen zwar schon den Menschen in der Spätantike aufgefallen, aber die Frage nach der eigentlich möglichen Menge von Stephanusreliquien oder von Splittern des Wahren Kreuzes stellt sich nicht – solange die Partikel nur mit Echtheitsnachweisen versehen sind.

Trotzdem bleibt auch der antike Glaube weiterhin bestehen, daß die Kraft eines bedeutenden Menschen selbst nach dessen Tod an den Stätten seines Wirkens und Grabes weiterhin materiell vorhanden ist; bei Christen bezieht sich das jetzt nicht nur auf die Orte Jesu, sondern auch auf die der anderen Heiligen. Diese Kraft kann einerseits überall dort sein, wo sich ein Teil des Körpers befindet, was wiederum die angenommene Wirkungskraft der Reliquien beleuchtet, doch vor allem besteht sie am eigentlichen Grab. Daraus folgt dann die Hauptmotivation für eine Pilgerreise: Es ist eine Reise zum Ort eines Heiligen Grabes oder Geschehens, und die Berührung von Reliquien läßt den Reisenden Anteil haben an den dort wirksamen Wunderkräften. Eine große Rolle spielt auch die Hoffnung auf ein Wunder, was in der Regel wundersame Heilungen meint und in dem oftmaligen Versagen der noch wenig entwickelten Medizin begründet ist[65].

Neben den Überresten menschlicher Körper werden vielen anderen Dinge derartige Kräfte zugeschrieben, in der Regel handelt es sich um sogenannte Berührungsreliquien, die in irgendeiner Verbindung zu einem Heiligen stehen, also etwa Sand aus seinem Grab, Lampenöl oder Kerzenwachs aus seiner Memoria oder aber, wie im Falle des Wahren Kreuzes, Dinge, die einen direkten Bezug zur Passion aufweisen. Man glaubt an deren Schutz- und Heilkraft, weswegen man sie immer bei sich tragen will wie Makrina oder Sulpicius Severus, die ihre Kreuzpartikel beispielsweise in einem Amulettbehältnis als *Enkolpion* um den Hals tragen[66]. Auch die Nägel des Kreuzes Christi haben Reliquiencharakter – Helena läßt sie für das Diadem des Constantin verwenden, und in der theologischen Auslegung heißt es, sie seien genau dort angebracht gewesen, wo sie mit ihrer Aura gebraucht wurden, nämlich am Kopf des Kaisers[67]. Auch Ersatzreliquien können Wunderkraft haben, diese werden den Pilgern anstelle der Originalreliquien mitgegeben. Man glaubt, die den Reliquien eigene Kraft (*Eulogia*) sei auf andere Gegenstände direkt (Berührungsreliquien) oder indirekt übertragbar und damit auch auf die zahlreich hergestellten Andenken (*Eulogien*), die von den Pilgern mit nach Hause genommen werden können. Diese Eulogien bieten den Pilgern Schutz nicht nur für die Heimreise, sondern für ihr ganzes weiteres Leben[68].

Der Handel mit Reliquien trägt zur wirtschaftlichen Prosperität der ganzen Provinz Palästina bei, und bald wird daraus ein einträgliches Geschäft. Sowohl die lokale Kirche als auch Privatleute verdienen gut an der Weitergabe echter oder vor allem falscher Reliquien, wodurch sich die Nachfrage wiederum derart steigert, daß sie schließlich kaum mehr zu decken ist. Die Quellen berichten von der Überführung der Gebeine des Joseph im Jahr 395, des Samuel (406), Zacharias und Habakuk (412) und des Gamaliel, und vom Heiligen Stephan war schon die Rede. Außerdem werden beispielsweise die Ketten des Petrus, ein Bildnis der Jungfrau Maria, das von dem Evangelisten Lukas stammen soll, sowie das Gewand Marias, das im Besitz einer Jüdin war, aus Palästina geholt. Besonders beliebt ist im späten vierten Jahrhundert aber der Erwerb von Fragmenten des Wahren Kreuzes. So bringt Melania die Ältere einen Splitter davon mit nach Nola in Italien. In dem dortigen Pilgerzentrum wird das Grab des Heiligen Felix verehrt. Paulinus von Nola, durch die Familie der Anicii mit Melania der Älteren verwandt, läßt das Grab nach 395 n. Chr. weiter ausbauen und mit Fresken ausstatten. In der Nordbasilika liegt ein reicher Reliquienschatz, der schließlich durch Melania um den Splitter des Kreuzes noch vermehrt wird[69].

Jede noch so kleine Kirche oder Kapelle hat jetzt ihr Reliquiarium, was sich archäologisch in manch einem der damaligen Bauten nachweisen läßt: So finden sich beispielsweise in der Kirche von Mampsis im Negev neben der Apsis kleine, in den Boden versenkte Behälter, die ehemals offenbar Reliquienschreine aufnehmen sollten. In einer Ecke des Raumes ist ein Loch in einer Bodenplatte mit einem Hohlraum darunter, der ein Stück menschlichen Knochens enthält. Dies ist möglicherweise die symbolische Ruhestätte des Heiligen, und das Loch ist wohl dazu gedacht, Gegenstände hineinzuhalten und sie durch die Berührung mit dem Knochen zu weihen (Berührungsreliquie)[70]. Oft finden sich in den Bauten auch nur noch die leeren Behälter, die als Miniatursarkophage gestaltet oder mit Reliefs verziert sein können[71].

Peregrinatio religiosa

Die Pilgerreise: Frömmigkeit oder Abenteuerlust?

Eine religiöse Pilgerreise[72] bedeutet eine Reise weg vom Zuhause, eine Unterbrechung der normalen Tätigkeiten, eine Auszeit von den häuslichen Pflichten[73]. Auch muß man die Zeit entbehren können, denn je weiter die Reise geht, desto länger ist man fort von daheim, und bei den antiken Reisegeschwindigkeiten verbringt man schnell einen oder zwei Monate unterwegs. Pilgerreisen spielten und spielen in jeder Religion eine große Rolle, im alten Israel pilgerte man zum Jerusalemer Tempel, auch das rabbinische Judentum ist eine Pilgerreligion. Im Heidentum gibt es ebenfalls spezielle Reisen zu Kultstätten, beispielsweise zu Orakeln, Tempeln und besonders auch zu Orten mit berühmten Heilkulten, man denke an die Reise des Caracalla, der das Apollo-Grannus-Heiligtum im raetischen Faimingen besucht[74]. Reisen zu fernen Heiligtümern sind daher bereits in der vorrömischen Antike ein wichtiger Bestandteil des Lebens. Die Gründe dafür sind in der Regel die Hoffnung auf Genesung von Krankheiten, ein dringender Kinderwunsch, die Suche nach Rat bei persönlichen Problemen und vieles andere. Die Heiligtümer des Apoll von Delphi oder der Artemis von Ephesus geben hiervon ein beredtes Zeugnis, besonders auch von der Anwesenheit vieler pilgernder Frauen[75]. Im Islam ist die Pilgerfahrt (*Hadjj*) schließlich eine der fünf Säulen des Glaubens.

Im Christentum wird die Wallfahrt dagegen erst ab dem vierten Jahrhundert wichtig, zuvor haben „Heilige Orte" und der Besuch derselben keine große Bedeutung. Nach der Lehre des Paulus sind Pilgerreisen überhaupt nicht nötig, man interessiert sich mehr für spirituelle Dinge, nicht für die reale Ortskenntnis. Es ist viel wichtiger zu beten, anstatt bestimmte Orte besucht zu haben. Das wird deutlich im Gleichnis vom Himmlischen und Irdischen Jerusalem: Das höchste Ziel der frühen Christen ist es, durch Frömmigkeit und tiefen Glauben im Jenseits Anspruch auf Einlaß ins Himmlische Jerusalem zu erlangen, doch ein Besuch im realen irdischen Jerusalem ist dafür nicht die Voraussetzung[76]. Dazu später Johannes Chrysostomos[77]:

„Es ist nicht notwendig, daß man übers Meer fährt, daß man eine lange Wallfahrt macht; in der Kirche und zu Hause laßt uns eifrig zu Gott beten, und er wird die Bitten erhören."

Dagegen beschreibt Hieronymus die Pilgerfahrt zunächst als Glaubenspflicht (ep. 47,2), später ist er dann ebenfalls strikt dagegen (ep. 58 an Paulinus von Nola). Er sieht die Reise sogar als Gefahr für die Sittlichkeit des christlichen Wallfahrers, zudem bringt sie nur wenig Nutzen für die Frömmigkeit und ist kein Mittel, sich Gott zu nähern. Lesen wir, was Hieronymus zu sagen hat:

„Nicht das ist lobenswert, in Jerusalem gewesen zu sein, sondern in Jerusalem auf rechte Weise gelebt zu haben. Nach jener Stadt allein soll man trachten: nicht nach der, die die Propheten getötet und Christi Blut vergossen hat, sondern nach der, die des Stromes Gewalt ergötzt, die auf einem Berge liegt und nicht verborgen sein kann, die der Apostel die Mutter der Heiligen nennt, in der er mit den Gerechten das Bürgerrecht zu besitzen sich freut [...]. Die Gläubigen werden jeder für sich nicht nach der Verschiedenheit ihres Wohnortes, sondern nach dem Verdienste des Glaubens gewogen; und die wahrhaftigsten Anbeter beten den Vater weder zu Jerusalem noch auf dem Berge Garizim an. Denn Gott ist Geist, und die ihn anbeten, müssen ihn im Geist und in der Wahrheit anbeten. Der Geist weht, wo er will [...]. Sowohl von Jerusalem wie von Britannien aus steht der Himmel gleichermaßen offen; denn das Reich Gottes ist inwendig in euch. Antonius und alle Scharen der Mönche aus Ägypten, Mesopotamien, Pontus, Kappadokien und Armenien haben Jerusalem nicht gesehen, und dennoch stehen ihnen auch fern von dieser Stadt die Paradiespforten offen [...]. Wenn die Stätten des Kreuzes und der Auferstehung nicht in einer sehr berühmten Stadt lägen, in der es einen Magistrat, eine Militärgarnison, Huren, Schauspieler und Possenreißer und überhaupt alles gibt, was in Städten vorzukommen pflegt, oder wenn sie ausschließlich von Mönchsscharen besucht würde, dann freilich könnte ein solcher Aufenthaltsort allen Mönchen begehrenswert sein! Nun aber ist es von letzter Torheit, der Welt zu entsagen, aus der Heimat fortzugehen, die Städte zu verlassen, Mönch zu werden – und dann mitten unter vielen Leuten ebenso zu leben, wie du zu Hause leben würdest. Hier kommt man aus aller Welt zusammen. Die Stadt ist voll von Menschen jeder Art, und es herrscht ein solches Getümmel von Leuten beiderlei Geschlechts, daß du hier alles das ertragen mußt, was du anderwärts wenigstens teilweise vermeiden konntest."[78]

Obwohl das nicht gerade zu einer Pilgerfahrt ermutigt, hatten und haben sehr viele Menschen den Wunsch, nach Jerusalem zu pilgern – die Aussagen des Hieronymus mögen also theologisch durchaus richtig sein, psychologisch sind sie sicher falsch: Schließlich gehört der Wunsch nach Nähe zu den Heiligen Orten, nach Vergegenwärtigung der biblischen Ereignisse zu den fundamentalen Bedürfnissen des menschlichen Glaubens. So wird das Heilige Land und besonders Jerusalem seit damals ständig von riesigen Pilgerströmen heimgesucht, und man hat gerade heute den Eindruck, daß es jedes Jahr mehr werden[79].

Interessant ist auch die Schilderung des täglichen Lebens in der „Metropole" Jerusalem, das Hieronymus im letzten Absatz sehr anschaulich beschreibt – insofern ist die römische *Aelia Capitolina* wohl doch näher am „Babylon" Rom als an jenem Athen der frommen Gelehrten Paula und Hieronymus[80]. Und es zeigt sich, daß eine Zusammenballung verschiedenster Bevölkerungselemente kein Phänomen des 19. und 20. Jahrhunderts ist, wie man gerne glauben möchte. Wo viele Leute sind, gibt es finsteres Gesindel, die Huren werden im gleichen Atemzug genannt wie die Soldaten, und immer mehr Menschen versprechen sich von den Pilgern viel schnelles Geld. Das war demnach vor 2.000 Jahren nicht anders als heute. Wie man aus der Beschreibung des Hieronymus und anderer Chronisten weiß, ist der Wallfahrtsbetrieb bereits in der Spätantike eine regelrechte Industrie, die die Pilgerströme organisieren und kanalisieren muß, doch schon damals regen sich erste Zweifel an diesem Vorläufer des Massentourismus:

„[...] the tourist image that serves as magnet is always a myth, at best partially true, at worst completely false: that of Palestine was to a considerable extent bogus. Many of the memorabilia were fakes and the reality of Jerusalem in the 4th century was not unlike that of

Chicago in the days of Al Capone, as Jerome was forced to admit, not quite in those very words"[81].

Und schließlich: Hieronymus hatte gut reden, denn er sitzt weder in Rom noch in Britannien, als er seine Zeilen schreibt, sondern nahe beim so gescholtenen Jerusalem, in Bethlehem. Er ist demnach zwar ein wahrer Pilger, aber kein Wallfahrer, denn ihm fehlt der Wille zur Rückkehr[82]. Bereits in der Spätantike, aber vor allem dann im Mittelalter sind Pilgerfahrten ritualisiert und kommerzialisiert, durchorganisiert von der Abfahrt bis zum Ankommen und nicht unähnlich heutigen Gruppenreisen. Man möchte es nicht glauben, daß trotzdem manche Pilger jener Zeit fast jedes Jahr wiederkommen[83].

Was aber bewegt die Menschen dazu, eine Pilgerreise anzutreten? Das sind in der Spätantike noch die gleichen Gründe wie in klassischer oder hellenistischer Zeit, so vor allem die Hoffnung auf Heilung oder auf die Erfüllung eines Kinderwunsches[84]. Gelübde spielen eine große Rolle, sie boten nach Stefan Heid einen der „vorzüglichsten Gründe in der damaligen Zeit, die weite und gefahrvolle Reise ins Heilige Land anzutreten"[85]. Selten dagegen spielt die Buße eine Rolle, die man ja als Motiv der Pilgerfahrt Helenas sieht. Aber schließlich ist es vor allen Dingen Mode geworden, ins Heilige Land zu pilgern, denn dies erhöht den persönlichen sozialen Status, und wenn man auch noch Reliquien mitbringen kann, ist das Ansehen in der Heimat für die nächsten Jahre gesichert. Wer etwas auf sich hielt, mußte nach Jerusalem[86]. Ein weiteres nicht zu unterschätzendes Motiv ist aber sicherlich die Abenteuerlust der Reisenden – sie, die sonst nie über die Grenzen ihres Stadtterritoriums hinauskommen, genießen jetzt die Reise, und manche, wie die Pilgerin Egeria, besteigen mit Begeisterung jeden Berg, überqueren jeden Fluß, der ihnen in den Weg kommt.

Wann genau beginnt das christliche Pilgerwesen in Palästina? Frühchristliche, gemeint sind vorconstantinische Pilger sind uns nur etwa ein halbes Dutzend namentlich bekannt, darunter ist Melito von Sardis der Bedeutendste. Alle sind keine Pilger im späteren Wortsinn, es handelt sich meist um Bischöfe, die in Kirchenangelegenheiten oder zum Erlernen der hebräischen Sprache unterwegs sind und dabei zufällig auch an Orte der Bibel kamen. Diese „Pilger" stammen alle aus Ägypten oder Kleinasien, also vergleichsweise aus der näheren Umgebung Palästinas, Fernreisende aus den westlichen Reichsteilen sind bis zum vierten Jahrhundert unbekannt. Trotzdem bleibt umstritten, ob es sich beim Pilgerwesen um ein gänzlich neues Phänomen der constantinischen Zeit oder doch um eine Entwicklung aus der hellenistisch-römischen Kulttradition handelt[87]. Erst Alexander, später Bischof von Jerusalem, sucht um das Jahr 220 biblische Plätze auf, um „zu beten" und die „Heiligen Orte zu untersuchen" – er ist offenbar der erste Pilger, doch seine Motive dürften vom Berichterstatter, Eusebius, aus seiner Zeit, dem frühen vierten Jahrhundert, zurückprojiziert worden sein[88]. Tatsache ist aber, daß das Pilgerwesen durch die Reise der Kaiserin Helena einen enormen Aufschwung erfahren hat, ihre Fahrt hatte im wahrsten Sinne des Wortes Vorbildcharakter.

Die frühesten christlichen Pilgerziele sind jedoch nicht für Palästina belegt, sondern für Rom. Hier begegnen uns bereits in der zweiten Hälfte des dritten Jahrhunderts n. Chr. in der Katakombe S. Sebastiano die ersten bekannten Pilger, die die Gräber der Apostel Petrus und Paulus besuchen. Die von ihnen hinterlassenen zahllosen Ritzinschriften (Graffiti) zeugen von Menschen aus unterschiedlichen Teilen des Reiches, von denen sogar mehr aus Afrika als aus Italien kommen. In constantinischer Zeit wird hier die *Basilica Apostoliorum* gebaut. Vom vierten Jahrhundert an behaupten sich für die Folgezeit zwei andere Kultzentren an jener Stelle, an der ursprünglich die Apostelgräber verehrt wurden. Ihnen zu Ehren werden von Constantin Basiliken an der Via Ostiense und im Vatikan errichtet. Schon im fünften Jahrhundert kommen Pilger aus allen Provinzen. Der Mönch Beda berichtet im achten Jahrhundert von Franken, Kelten, Sachsen, Friesen und „besonders Engländern", Edlen und Gemeinen, Männern und Frauen, die nach Rom pilgern[89]. Eines der ältesten Motive, eine Pilgerfahrt zu unternehmen, besteht in der Märtyrerverehrung, und so erinnert sich Hieronymus auch später noch an seine Besuche der Apostel- und Märtyrergräber, die er während seiner Studienzeit in Rom machte. Prudentius belegt, daß bereits im vierten Jahrhundert der Besuch der Apostelgräber untrennbar mit dem der Märtyrergräber verbunden ist. Ein sekundäres Motiv für die Romreisen entstand erst im achten Jahrhundert: die Bußpilgerfahrt, für die Absolution erteilt wird. Bereits in der Spätantike und im frühen Mittelalter ist zu den hehren Gründen einer Pilgerreise auch die Abenteuerlust oder die Suche nach Reliquien und deren einträglicher Handel hinzugekommen. Der Heilige Augustinus tadelt Mönche, die mehr herumstrichen als pilgerten. Synoden und Konzile verbieten Mönchen und Klosterfrauen die Reise nach Rom, insbesondere weil bei Nonnen deren Tugend noch zusätzlich gefährdet sei[90]. Zu Anfang des achten Jahrhunderts ereifert sich Bonifatius vor allem über diese fehlgeleiteten Pilgerinnen[91]:

„Es gibt wenige Städte in der Lombardei, im Frankenreich oder in Gallien, in denen es keine Ehebrecherin oder Hure gibt, die aus England als Pilgerin kam".

Die Reiseversicherung: Amulette und Gebete, Pilgerandenken und Eulogiae

Die eigentliche Funktion von Pilgerandenken ist folgende: Sie sollen den vom Heiligen selbst oder dem Ort seiner Verehrung ausgehenden Segen speichern und ihn in die Heimat des Pilgers transportieren. Neben Holzsplittern vom Kreuz Christi, Heiligem Öl und Erde aus dem Heiligen Land sind noch weitere Gegenstände bekannt, denen der Charakter von Pilgerandenken oder Eulogien zukommt. Auch Kerzenwachs und Heiliges Wasser, andere Naturalien wie Blätter oder Haare konnten als Pilgerandenken angesehen werden. Eigentliche Pilgerabzeichen, wie wir sie zahlreich aus dem Mittelalter kennen, sind für die Spätantike nicht sicher nachweisbar, aber wahrscheinlich[92]. Viele dieser an sich profanen Dinge werden durch die Segnung eines Geistlichen oder die Berührung heiliger Orte oder Gegenstände zu Berührungsreliquien, also Eulogien mit heilender Wirkung. Auch ein reiner apotropäischer oder Amulettcharakter, also eine Abwehr von Unheil, wird ihnen zugeschrieben. Um die Wirkung der Gegenstände sicherzustellen, müssen sie nach bestimmten Regeln „geheiligt" werden, unter anderem durch Fasten oder Beten[93].

Besonders wichtig ist das Heilige Öl, das entweder aus Lampen entnommen wird, die an den heiligen Stätten brennen, oder aber als Berührungsreliquie übers Kreuz ausgegossen wird. Eine weitere Möglichkeit ist die, daß man es auffängt, wenn es aus einer Reliquie tropft – dies alles sind aber jüngere Riten, die erst ab dem sechsten Jahrhundert zahlreich überliefert werden, aus der Spätantike gibt es dafür bislang keine Belege[94]. Um die flüssigen Reliquien zu transportieren, verwendet man eine sehr inhomogene Gruppe von Gefäßen, die als Transportbehälter für geweihtes Öl oder Wasser dienen können. Zu nennen sind hier vor allem die eigentlichen „Pilgerampullen" aus Blei oder Zinn, aber auch kleine Keramikamphorisken, sowie ein umstrittener Typ formgeblasener Glasflaschen oder -krügchen[95], die aber alle jünger als das fünfte Jahrhundert sind. Insbesondere die sogenannten „Menasampullen" sind hier zu nennen, die das Heilige Öl aus Abu Mina enthielten und am Hals des Pilgers in die Heimat getragen werden sollten; die Heilkraft entfaltete sich dann daheim. Diese Ampullen sind sehr beliebte Pilgerandenken aus byzantinischer Zeit (ab dem sechsten Jahrhundert), und sie sind überall im Mittelmeerraum verbreitet. Gelegentlich kommen sie auch in den Nordwestprovinzen vor, wobei dort genau darauf geachtet werden muß, ob sie aus Bodenfunden oder Kirchenschätzen stammen oder eher erst im letzten Jahrhundert angekauft wurden. Eine häufig auf den Ampullen vorkommende Inschrift lautet: „Öl vom Holz des Lebens von den Heiligen Orten Christi", oder als Variante dazu: „Öl vom Holz des Lebens, das uns zu Lande und zu Wasser geleitet". Eindeutig ist also der Bezug zur Heimreise der Pilger per Schiff, vielleicht wurden Ampullen mit dieser Aufschrift mit Vorliebe von solchen Reisenden ausgewählt, die über das Meer zurückkehren mußten[96]. Beliebte Szenen auf den Gefäßen widmen sich christlichen Themen, besonders der Kreuzigung und Grablegung Christi, während die auf diesen Ampullen wiedergegebene Architektur normalerweise nicht als ein bekannter Bau zu identifizieren ist[97]. Oft sind auf diesen Pilgerflaschen des sechsten Jahrhunderts auch die *magi*, also die Heiligen Drei Könige, als erste christliche Pilger abgebildet. Auf ihrem Weg ins Heilige Land werden sie vom Stern geführt und kehren durch göttlichen Schutz sicher in ihre Heimat zurück. Sie sind sozusagen immun gegen die Gefahren einer Pilgerreise, und der Pilger, der eine Ampulle mit ihrer Darstellung an seinem Körper trägt, kann sich auf vergleichbare Weise sicher fühlen. Der ebenfalls abgebildete Christus, der am Palmsonntag in Jerusalem einzieht, wird zum archetypischen Besucher der Heiligen Stadt, und Maria auf ihrer Flucht nach Ägypten soll speziell für Frauen Vorbildcharakter haben[98].

Darüber hinaus gibt es noch eine Vielzahl weiterer Pilgerabzeichen. Zu denken wäre an einige Gruppen von Kleinaltertümern, die in enger Beziehung zum christlichen Glauben stehen und auch oft in Grabfunden vorkommen, denn viele Pilger lassen sich nach ihrem Tod mit derartigen Glücksbringern bestatten[99]. Ihr tatsächlicher Andenkencharakter bleibt dabei noch zu beweisen. Es handelt sich vor allem um Ringe und Anhänger mit eingravierten Kreuzzeichen, die allerdings genauso gut als eine Art „Glaubensbekenntnis" ihrer Trägerinnen und Träger verstanden werden können. Pektoralkreuze verschiedenster Form gehören ebenfalls hierher, ab wann sie als Zeichen von Mitgliedern einer monastischen Gemeinschaft verbindlich waren, muß ebenfalls überprüft werden. Denkbar wäre auch, die kleine Glasmedaillons mit christlichen und jüdischen Symbolen als eine Art Reiseandenken zu interpretieren, denn sie ähneln sehr denjenigen Dingen, die noch heute in den Basaren im Heiligen Land an die Pilger verkauft werden. Die meisten Funde dieser Anhänger stammen aus dem Ostmittelmeerraum, aber auch in den Balkan- und Nordwestprovinzen sind sie nachweisbar. Ebenfalls gängig in „christlichen" Gräbern sind kleine Metallglöckchen, über deren genaue Bedeutung bislang keine Erkenntnisse vorliegen[100].

Die mittelalterlichen und neuzeitlichen Pilger bringen vergleichbare Dinge mit nach Hause: „Teller aus palästinensischem Ton, Brotleibe mit eingestempelten heiligen Symbolen, Flaschen mit heiligem Wasser, Weihrauch, Kreuze, Perlenketten, Baumwolltücher und Mützen für das eigene Begräbnis"[101]. Außerdem gibt es nun erstmals in großer Zahl sogenannte „Pilgerdiplome", eigentlich Ablaßscheine, ausgegeben vom Patriarchen von Jerusalem, und gerade der Wunsch nach diesen Ablaßscheinen ist es, der im Mittelalter die Pilger zu Tausenden ins Heilige Land treibt.

2. Reiche Witwen und fromme Asketinnen
Frauen in ihrer Lebenswelt

Es gibt die verschiedensten Quellen, aus denen wir auf das Leben antiker Frauen (und natürlich auch der Männer) schließen können: Da sind erstens die Schriftquellen, also vor allem die literarischen Texte, die sich mit Frauen befassen, aber nur im seltensten Fall von einer Frau selbst geschrieben wurden[1]. Zudem existieren Inschriften, die entweder in Form von Ehreninschriften Frauen des Kaiserhauses oder angesehene Bürgerinnen würdigen, oder aber die riesige Gruppe der Grabinschriften, von denen die ausgefalleneren auch etwas mehr über die verstorbenen Frauen berichten als nur Namen und Lebensalter. Außerdem haben wir vielfältige bildliche Darstellungen zur Verfügung, die Szenen aus dem Berufs- oder Privatleben festhalten und aus denen man gute Erkenntnisse über die Lebensweise, aber auch über Tracht, Schmuck und Mobiliar der Römerinnen gewinnen kann. Porträtbüsten von Mitgliedern des Herrscherhauses oder Privatpersonen geben Hinweise auf die zu ihrer Zeit herrschende Mode, Sarkophage mit Porträts von Ehepaaren lassen Rückschlüsse auf ihr Verhältnis zueinander zu.

Neben den Grabsteinen sind besonders die tatsächlichen Gräber der Frauen und Mädchen, aber auch der Knaben und Männer wichtig, aus denen die Archäologinnen und Archäologen viele spannende Informationen ziehen können: Auf welche Weise werden die Toten bestattet, welche Beigaben gibt man ihnen mit, oder haben sie nach christlichem Ritus gar keine Beigaben? Oder sind diese heute vielleicht nur deshalb nicht mehr erhalten, weil sie aus organischem Material bestanden? Wie sieht das Spielzeug kleiner Mädchen aus, welche Alltagsgeräte bekommt die „gute Hausfrau" mit ins Grab (Spinngerät, Schlüssel), und wodurch zeichnen sich die Gräber von berufstätigen Frauen und Männern aus? Gibt es tatsächlich sogenannte „geschlechtsspezifische Beigaben", aus denen man mit Sicherheit auf das Geschlecht der/des Bestatteten schließen kann, auch ohne die Hilfe der Naturwissenschaften? Werden Spiegel und Schmuck nur Mädchen und Frauen beigegeben, oder muß man auch mit bestimmten Gruppen von Männern rechnen, denen aus unbekanntem Grund „weibliches" Inventar mitgegeben wird? Anthropologinnen und Anthropologen können schließlich die Überreste der Toten untersuchen und nicht nur das Geschlecht und reine Lebensalter einer Person feststellen: Mangelernährung läßt sich ebenso am Knochen nachweisen wie verschiedene Krankheiten, beispielsweise Tumore oder simple Karies, oder aber Kriegsverletzungen wie Schwerthiebe. Im besten Fall überschneiden sich all diese Überlieferungsformen und ermöglichen uns, vergleichsweise viel über das Leben der Menschen zur Römerzeit zu erfahren, auch wenn „jede Darstellung der Vergangenheit nur eine künstliche Rekonstruktion" sein kann[2].

Kaiserinnen und Adlige, Bürgerinnen und Asketinnen

Um uns ein möglichst genaues Bild vom Leben der spätantiken Frauen machen zu können, müssen wir versuchen, ihren Alltag, aber auch den ihrer Männer, zu rekonstruieren[3]. Wichtig sind sowohl die sozialen als auch die politischen Umstände, die im vierten Jahrhundert n. Chr. herrschen und die zum Teil schon im letzten Kapitel skizziert wurden. Hier soll es nun speziell um die Situation der Frau in der Spätantike gehen. Dabei muß man natürlich zwischen Frauen der Ober- und der Unterschicht differenzieren, und besonders über letztere haben wir nur vergleichsweise wenige Quellen und können deshalb nur ungenaue Aussagen treffen.

Allgemein ist zu sagen, daß sich die Stellung der Frau in der Spätantike gegenüber der Kaiserzeit kaum verändert hat[4] – noch immer gelten die alten Ideale, nämlich, daß eine Frau für die häuslichen Dinge zuständig ist, der Mann dagegen für alle öffentlichen und politischen Geschäfte. Das Ideal der guten Hausfrau wird noch immer in den Worten „Domum servavit, lanam fecit" umschrieben: „Sie versorgt das Haus und spinnt die Wolle". Zwar war es in der Frühzeit sicher eine entscheidende Aufgabe, die Gewänder für alle Mitglieder der Familie selbst anzufertigen, doch schon in der frühen

Kaiserzeit gibt es die gewerbliche Textilherstellung in Webereien und Schneidereien, und die römische Matrone kauft wie wir heute ihre Kleider im Laden. Einzig in der symbolischen Grabbeigabe von Spinnrocken und Wirtel oder der Darstellung dieser Attribute auf Grabreliefs äußert sich noch jene altrömische Vorstellung von der besten Ehefrau. Dieses weibliche Ideal wird in der Spätantike dann abgelöst vom neuen Bild der gebildeten, christlichen Asketin, die im günstigsten Fall noch Jungfrau ist, gegebenenfalls reiche Witwe und nur im Ausnahmefall eine verehelichte Frau. Wir haben hier also eine vollkommene Umkehr der Idealbilder vor uns – die verheiratete Matrone, die während der ersten Jahrhunderte des römischen Reiches absolute Vorbildfunktion hatte, verliert diese nun an einen völlig neuen Frauentypus – den der jungfräulichen, gottesfürchtigen Nonne.

Die rechtliche Stellung der spätrömischen Frau ist die gleiche wie in der Kaiserzeit, ihr sozialer Rang richtet sich bis zur Eheschließung nach dem ihres Vaters, dann nach dem ihres Mannes. Mädchen und Jungen sind zu gleichen Teilen erbberechtigt, und die Frauen dürfen ihren Besitz selbst verwalten und Geschäfte führen. Auch vor Gericht können sie als Klägerinnen auftreten, und besonders aus den ägyptischen Papyri kennen wir viele Protokolle von solchen von Frauen geführten Prozessen[5]. Politische Rechte besitzt die Frau dagegen nicht, doch es sind aus der Kaiserzeit einige Fälle überliefert, in denen die Frauen das durch massive Einflußnahme auf ihre Männer wettmachen, man denke nur an die Wahlpropaganda, die pompejanische Frauen mittels Ritzinschriften auf den Hauswänden hinterlassen haben[6]. Auch der Titel einer *Augusta* ist nur ein Ehrentitel, niemals hat eine Frau Rom allein regiert, sondern nur persönlichen Einfluß auf die jeweiligen Regenten genommen.

Status, Ehe und Familie bei der römischen Oberschicht

Zur Oberschicht zählt zum einen das Kaiserhaus, außerdem der Senatorenstand, hohe Verwaltungsbeamte und Militärs sowie die kirchliche Hierarchie. Am wichtigsten ist die stadtrömische Senatsaristokratie, zu der man nur durch Erbfolge gehören kann und die durch die ersten Jahrhunderte Roms immer einen großen politischen Einfluß ausübt. Doch im vierten Jahrhundert, spätestens ab der Verlegung der Reichshauptstadt von Rom nach Mailand und Ravenna beziehungsweise Constantinopel kommt es zu einem massiven Verlust an Einfluß und Macht, was auch einen Bedeutungsverlust für den ganzen Senatorenstand mit sich bringt. Die wirkliche politische Macht geht verloren, und man konzentriert sich in der Folgezeit mehr auf den ererbten Besitz und den gewohnten luxuriösen Lebensstil. Die Senatoren sehen sich als Bewahrer altrömischer Tugenden und Traditionen, was auch das Heidentum mit einschließt. Die meisten der männlichen Angehörigen des Senatorenstandes hatten mindestens einmal, meist aber öfter hohe politische Ämter inne. Der hohe Rang einer *clarissima femina* steht dabei genauso den Frauen zu, auch wenn sie, wie gesagt, keine wirkliche politische Macht besitzen. Einzig über ihr eigenes Vermögen können sie, sobald sie mit 21 Jahren geschäftsfähig sind, selbst verfügen und es nach Belieben veräußern oder verschenken, was die Kirche nach Kräften auszunutzen sucht[7].

Durch viele Reskripte ist uns die antike Ehegesetzgebung überliefert. In der Regel waren in der Oberschicht politische und wirtschaftliche Gründe ausschlaggebend für die Wahl des Partners, selten bloße Zuneigung. Oft gibt es auch Ehen zwischen nahen und weiteren Verwandten (Cousine und Cousin), diese dienen dazu, das Vermögen in der Großfamilie zu halten. Allerdings wird eine Beziehung zwischen Blutsverwandten schon damals als Inzest betrachtet und steht unter Strafe. In der Spätantike kann aber in der Regel keine Frau mehr gegen ihren Willen verheiratet werden, wie es in frührömischer Zeit ohne weiteres üblich war, doch daß das nach wie vor vorkommt, zeigt der Fall von Melania der Jüngeren und Pinianus. Der Zeitpunkt der Eheschließung liegt nach heutigen Maßstäben sehr früh, nämlich für die Mädchen unmittelbar nach Eintritt der Pubertät mit 13 oder 14 Jahren. Oft sind auch Kinder schon verlobt und der Ehevertrag ist ausgehandelt, lange bevor es zur wirklichen Eheschließung kommen kann. Auch der Mann darf in jugendlichem Alter heiraten, ist aber meist älter, und manchmal ist er – besonders bei der zweiten oder dritten Ehe – schon so alt, daß er leicht der Vater der Braut sein könnte[8]. Nach Aussage der Quellen erhöhte sich das Heiratsalter bei christlichen Paaren leicht gegenüber dem bei heidnischen Ehen. Normalerweise ist eine Eheschließung in römischer Zeit nur eine Rechtsverbindlichkeit, doch schon im vierten Jahrhundert begegnet man auch ersten kirchlichen Hochzeits-

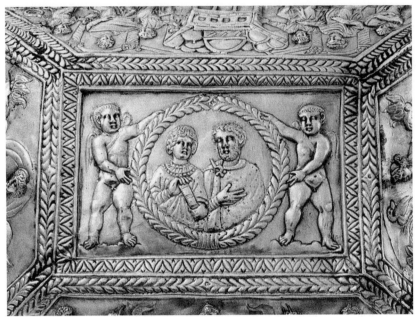

Mittelmedaillon eines silbernen Brautkästchens, gefunden im 18. Jahrhundert im Schatzfund vom Esquilin in Rom. Dargestellt ist ein adliges Ehepaar mit den Abzeichen ihres Standes, Buchrolle und Fibel.

zeremonien mit einer Segnung der Eheleute durch einen Kleriker. Eine Ehescheidung wird ebenfalls unter dem Einfluß der Kirche schwieriger als zuvor, ist aber dennoch weiterhin möglich. Nötig ist nur das Einverständnis beider Eheleute. Ehebruch dagegen ist in der Spätantike ein Kapitalverbrechen, das mit der Todesstrafe geahndet wird.

Als Beispiel für ein römisches Ehepaar der besten Kreise sei hier dasjenige vorgestellt, das auf dem Deckel eines silbernen Brautkästchens verewigt ist. Dieses Kästchen wurde zu Ehren der Hochzeit angefertigt und der jungen Ehefrau geschenkt. Man sieht im von Eroten gehaltenen Mittelmedaillon das Ehepaar Proiecta und Secundus, die Frau mit reicher Kleidung und Schmuck, der Mann mit Soldatenmantel *(Paludamentum)* und Zwiebelknopffibel, was ihn als hohen Militär identifiziert. Er ist dargestellt im Gestus des Redners, doch auch die Frau ist gebildet, sie hält eine Schriftrolle. Gefunden wurde das Kästchen im Jahre 1793 auf dem Esquilin in Rom, zusammen mit anderem silbernen Hausrat, der wohl ebenfalls zu einem reichen aristokratischen Palast gehörte. Auf dem Silberkästchen befindet sich die eingravierte Inschrift:

SECVNDE ET PROIECTA VIVATIS IN CHRISTO
Secundus und Proiecta, möget ihr leben in Christus.

Trotz dieses eindeutig christlichen Segensspruchs sind in der Dekoration des Kästchens vorwiegend klassisch-heidnische Themen zu finden, etwa eine Venus in der Muschel oder Meerwesen. Diese werden als allgemein bekannte Versatzstücke weiter als Dekor verwendet, auch wenn sich Proiecta und ihr Mann bereits von den heidnischen Göttern abgewandt haben. Entsprechende Segenssprüche finden sich auf zahlreichen Gegenständen des täglichen Lebens – auf Glas- und Keramikgefäßen, Silbergeschirr; aber auch auf kleinformatigen Dingen wie Löffeln oder Fibeln sind sie mit einem Standardrepertoire vertreten[9]. Die Familie der Proiecta muß in enger Verbindung zum kaiserlichen Hof gestanden haben, worauf vier silberne Personifikationen der Stadtgöttinnen von Rom, Constantinopel, Antiochia und Alexandria hinweisen könnten, die wohl zum Schmuck eines Thronsessels gehört haben. Eine Proiecta aus der Familie der Turcii, die im Jahre 383 gestorben ist, erhält von Papst Damasus eine Grabinschrift – vielleicht ist das ja unsere noble Dame? Der „Schatz vom Esquilin" wird möglicherweise angesichts der Barbarenbedrohung am Beginn des fünften Jahrhunderts von der Familie versteckt[10].

Zwänge, Gefahren und Freiheiten

Die römischen Frauen sind also vor allem ihrer Familie verpflichtet, der sie dienen und an deren Ruf und guten Namen sie unablässig erinnert werden. Man erwartet viel von ihnen – daß sie sich den althergebrachten Regeln unterwerfen, daß sie erst ihrem Vater, dann ihrem Mann gehorchen. Und insbesondere wird von ihnen erwartet, fruchtbar zu sein und die Familienlinie in die nächste Generation weiterzuführen. Die Frauen werden also allein über ihre Fruchtbarkeit und das Funktionieren ihrer Körper einerseits, den sozialen

Status und die politischen Ämter ihrer männlichen Verwandten andererseits definiert. Die Enkelin der Dichterin Proba wird beispielsweise in einer Inschrift als „Frau eines Konsuls, Tochter eines Konsuls und Mutter von Konsuln" beschrieben. Sie selbst kommt als eigenständiges Wesen überhaupt nicht vor[11].

Doch abgesehen von der Möglichkeit, wie Fabiola einen schlechten oder trunksüchtigen Mann zu bekommen, sind die verheirateten Frauen der Antike noch einer besonderen Gefahr ausgesetzt: der des frühzeitigen Todes im Kindbett. Da damals noch kaum wirksame Mittel zur Empfängnisverhütung bekannt sind[12], werden viele Frauen „in Erfüllung ihrer ehelichen Pflicht" fast jedes Jahr schwanger, so daß mit mehreren Kindern zu rechnen ist. Allerdings versuchen die Ehepaare der Oberschicht durchaus, die Zahl an Kindern eher gering zu halten, um das Vermögen nicht zu sehr zu zerstreuen; als ideal gelten hier zwei Kinder. Die Medizin, besonders auch die Gynäkologie, steckt damals noch in den Kinderschuhen, und die Quacksalberei hat Hochkonjunktur, was dazu führt, daß sehr viele Frauen an Komplikationen bei der Geburt sterben und die allgemeine Lebenserwartung einer Römerin nur bei 28 bis 30 Jahren liegt (die der Männer ist dagegen gut 20 Jahre höher). Konrad Christ sieht den Grund dafür in „medizinischer Ignoranz und dem Mangel auch an primitivsten antiseptischen Maßnahmen"[13]. Auch die Kindersterblichkeit ist sehr hoch, und so muß eine Frau, die beispielsweise sechs Kindern das Leben geschenkt hat, froh sein, wenn eines oder zwei davon das Erwachsenenalter erreichen. Diese Bedingungen sind für alle Frauen gleich und nicht, wie in späteren Jahrhunderten, vom Geldbeutel abhängig. Auch das Kaiserhaus bleibt von Todesfällen nicht verschont: Die Mutter des oströmischen Kaisers Theodosius II., Eudoxia, stirbt nach neunjähriger Ehe mit Arcadius bei der sechsten Schwangerschaft an einer Fehlgeburt[14], und auch die Gattin jenes Theodosius, Eudocia, verliert eine ihrer beiden Töchter noch im Kindesalter. Auch die beiden Kinder von Melania der Jüngeren sterben bald, der Knabe sogar bei seiner Geburt, durch die die Mutter selbst in Lebensgefahr gerät[15]. Die ganze Tragik eines solchen verfrühten Todesfalles illustriert die Grabinschrift einer adligen jungen Frau aus Trier[16]:

[ROMVLA H]IC POSITA EST CLARISSIMA FEMINA
[MATER, Q]VAE MERVIT MISERANTE DEO, UT FUNUS
[ACERBVM] NESCIRET NATAE, QVAE MOX IN PACE SE

[CVTA EST]. CONCESSVM EST SOLAMEN EI N[ATAM
/SUPERESSE,
Q]VAE POTVIT CR[EDI MULTOS VICTVRA PER ANNOS]
Romula (?), Frau senatorischen Stands, liegt hier,
eine Mutter, die es verdiente mit Gottes Erbarmen, das bittre Begräbnis
ihres Kindes nicht zu sehen, das bald in Frieden gefolgt.
Trost ward ihr im Gedanken ans Weiterleben der Tochter,
hoffend für sie auf ein Leben mit vielen glücklichen Jahren.

Diese in korrekten Hexametern abgefaßte Inschrift betrauert eine bei der Geburt ihrer Tochter verstorbene junge Frau, die noch in dem Glauben starb, ihr Kind würde überleben. Doch auch das neugeborene Mädchen folgt ihr wenig später ins Grab und wird nicht, wie im Text geschrieben steht, erwachsen. Während sonst die Standesangabe, *clarissima femina*, meist nur mit „cf" abgekürzt wird, ist sie hier des Versmaßes wegen ausgeschrieben. Auch die Verwendung des Hexameters verwundert bei den Vertretern der gebildeten Oberschicht keineswegs. Bedenkt man die Häufigkeit solcher und ähnlicher Fälle, so versteht man die Abkehr der frommen Asketinnen vom traditionellen römischen Leben sehr gut.
Doch bereits die Frauen der römischen Kaiserzeit und vor allem die der Spätantike wollen ihr Leben am liebsten selbst in die Hand nehmen und sich verwirklichen. Sie wollen sich ausleben, Männerkleidung tragen und „männliche" Dinge wie Wissenschaft, Politik oder Sport betreiben. Beschreibungen solcher unkonventioneller Frauen gibt es seit der frühen Kaiserzeit, und der spätantike Kirchenvater Hieronymus kritisiert sie scharf, da sie nicht den (seinen?) christlichen Idealvorstellungen entsprechen. Trotzdem sind die jungen Frauen, die auf einem Bodenmosaik der kaiserlichen Villa von Piazza Armerina beim sportlichen Wettkampf dargestellt sind, eher die Ausnahme, und es ist auch nicht sicher, ob es sich hierbei nicht um bezahlte Artistinnen handelt, die zur Belustigung des Hausherrn auftreten und ihre Spiele vorführen, ähnlich den auf jedem Fest vertretenen Tänzerinnen. In diesem Fall wären es Frauen von zweifelhaftem Ruf, denn besonders unter dem Einfluß der Kirche wird ihr Beruf verdammt, man setzt im allgemeinen das Schaugeschäft mit gewerblicher Prostitution gleich[17].

Leichtbekleidete Mädchen beim Sport. Unklar ist, ob diese „Bikinimädchen" Schaustellerinnen oder aber ehrbare Frauen sind, die sich vor dem Gang ins Bad austoben.

Privatleben, Alltag und Wohnen – der Besitz der Frauen

Wie schon erwähnt, bleibt der persönliche Besitz einer römischen Adligen auch nach ihrer Verheiratung ihr Eigentum. Die oft unvorstellbaren Reichtümer der aristokratischen Familien stammen vor allem aus dem riesigen Grundbesitz, der über viele Provinzen verteilt sein kann und so auch in Krisenzeiten der Familie ein gutes Auskommen verschafft. Die Erträge aus der Landwirtschaft sind aufgrund intensiver Bewirtschaftung sehr hoch, so daß ohne weiteres ein bestimmter Anteil für die Kirche übrig bleibt, ohne daß die normale Erhaltung der Güter und des persönlichen Lebensstandards gefährdet gewesen wären[18]. Allerdings versuchen manche Kleriker zu intensiv, an das Geld der reichen Witwen zu kommen, so daß sich Valentinian im Jahre 370 gezwungen sieht, ein Gesetz gegen die „Erbschleicherei der Geistlichkeit" zu erlassen, in dem er den Priestern verbietet, die Häuser von Witwen und Waisen zu betreten[19]. Für alle Arbeiten des täglichen Lebens gibt es eine Vielzahl von Sklavinnen und Sklaven, die den Haushalt am Laufen halten, während sich die Hausherrin ihren Vergnügungen oder aber dem frommen Studium zuwenden kann.

Die römische Oberschicht wohnt in Stadtwohnungen, meist sind das Atriumhäuser im klassischen Stil, versehen mit großen Badeanlagen, fließend Wasser und Zentralheizung, gelegen mit Vorliebe auf dem „Aristokratenhügel" Aventin, aber auch auf dem Caelius, dem Esquilin und dem Quirinal, den besseren Gegenden im antiken Rom[20]. Die Häuser sind reich mit Mosaiken und Wandmalereien ausgestattet, bei den Motiven herrschen lange noch „heidnisch"-mythologische Themen vor, die auch nach der Christianisierung weiter beliebt bleiben und nun oftmals zu reinem Dekor, zu Versatzstükken, verkommen. Sie sind nur noch Verzierung, ohne den früher selbstverständlichen religiösen Bezug. Die Häuser sind außerdem mit kostbaren Möbeln ausgestattet, die sich jedoch in der Regel nicht erhalten haben. Nur wenige Stücke sind auf die Museen der Welt verteilt, aus denen man spärliche Schlüsse auf den einstmaligen Prunk ziehen kann. Die meisten uns bekannten römischen Möbel stammen aus den vom Vesuv im Jahre 79 n. Chr. verschütteten Städten Pompeji und Herculaneum und sind somit gut 300 Jahre älter als die uns beschäftigende Zeitspanne, während andere reichverzierte und mit Glaseinlagen versehene Exemplare im Metropolitan Museum New York möglicherweise nur Rekonstruktionen unter Verwendung antiker Einzelteile sind[21].

Neben dem erwähnten Stadthaus besitzen die meisten Familien ein oder sogar mehrere Landgüter[22]. Das sind große und ebenfalls reich ausgestattete Villen, sogenannte *Villae suburbanae*, wie wir sie in einem besonders schönen Exemplar in der Villa von Piazza Armerina auf Sizilien vor uns haben. Diese großzügige Anlage dürfte entweder einem Mitglied des Kaiserhauses oder aber einem hohen Politiker gehört haben. Genannt werden Maximian oder Maxentius. Möglich ist auch, daß die Villa in der Antike *Philosophiana* hieß, was mit der dort genossenen beliebten Freizeitbeschäftigung des Philosophierens und des Literaturstudiums zusammenhängt. Die Hauptgebäude der Villa sind mit reichen Mosaiken versehen, man sieht Personifikationen der verschiedenen Erdteile, erkennbar an den ihnen zugeordneten Tieren wie Tiger und Elefant; außerdem wird in großen „Bildteppichen" das Thema der hochherrschaftlichen Jagd und der Zirkusspiele in allen Facetten wiedergegeben. Durch die Detailgenauigkeit der Bilder ist es sogar möglich, einige der dargestellten Persönlichkeiten aufgrund ihrer Amtstracht näher anzusprechen. Auch die „Dame des Hauses", vielleicht die Gattin des Maxentius, Valeria Maximilla, wird gezeigt, in reicher bunter Kleidung und inmitten ihrer Dienerinnen, die ihr die Schmuckschatulle und den Ausgehmantel bringen[23]. Ebenso sind ihre beiden Söhne abgebildet, und da wir vom einen das Todesdatum kennen, wäre bei positiver Identifizierung der genannten Personen eine Datierung ins Jahr 309 gesichert. Andere Wissenschaftler sind der Auffassung, die Villa habe zum Privatbesitz eines hohen kaiserlichen Beamten gehört, vielleicht dem Senator Proculus Populonius, dessen Zeitvertreib möglicherweise darin bestand, Wildtiere für den Zirkus zu fangen.

Neben den Grundausstattungen mit Wanddekoration und Möbeln gehörte eine große Menge an kostbarem Hausrat zum üblichen Inventar der Stadthäuser und der Villen. Davon ist das meiste irgendwann im Laufe der Geschichte verschwunden und eingeschmolzen worden, nur einige wenige Geschirrsätze überlebten in Depots und Schatzfunden. Dabei handelt es sich eigentlich um Versteckfunde, die in Zeiten drohender Gefahr verborgen wurden. Aus welchen Gründen auch immer konnten die Besitzer ihre Habseligkeiten später jedoch nicht mehr bergen, sie kamen um, oder aber sie fanden einfach das Versteck nicht wieder. Das Geschirrensemble aus dem Palast der Valerii, der zunächst von Melania und Pinianus nicht verkauft werden konnte, dürfte anläßlich der Zerstörung des Hauses bei der Plünderung durch die Truppen Alarichs in den Boden gekommen sein. Andere Horte aus dem vierten oder fünften Jahrhundert, wie der erwähnte Fund vom Esquilin in Rom, wurden in allen Teilen des römischen Reiches geborgen. Beispielhaft ist der vor einigen Jahren plötzlich im Kunsthandel aufgetauchte Hort, der wegen einer eingepunzten Besitzerinschrift als „Sevso-Schatz" bezeichnet wird. Er dürfte aufgrund seiner Zusammensetzung wohl aus den Balkanprovinzen stammen, auch wenn gerne als mutmaßlicher Fundort der Libanon genannt wird[24].

Tracht und Schmuck

Genauso wie teures Geschirr sind prachtvolle Kleidung und kostbarer Schmuck ein Statussymbol der reichen Römerin[25]. Über der

Unterwäsche, bestehend aus einem Unterhemd *(intusium)* und einer Art Büstenhalter, einem Busenband *(strophium)*, trägt die spätantike Frau, wie schon die Römerin der frühen Kaiserzeit, ein langes Untergewand *(tunica)* und darüber ein weites Obergewand *(palla)*. Die meisten der eben genannten Kleidungsstücke sind in der Regel aus buntem oder gemustertem Leinen oder aus Baumwolle, bei reichen Frauen auch häufig aus Seide, die zur Römerzeit bereits bekannt ist und aus China importiert wird. Bei Bedarf kann auch ein Mantel dazukommen, der, je nach Temperatur, aus dünnerem oder dickerem Stoff besteht. Der sogenannte „gallische" Kapuzenumhang *(cuculla)* wird dagegen vorwiegend von Männern als Arbeits- und Allwetterkleidungsstück getragen. Bei Frauen könnte er als Reisekleidung gedient haben, man kann sich beispielsweise die reiselustige Egeria durchaus mit einem solchen Kleidungsstück vorstellen. Frauennamen auf einer Art Warenetiketten aus Blei, die ehemals an den Tuchballen befestigt waren, belegen durchaus, daß auch Frauen solche Mäntel bestellt und getragen haben[26]. Erst die Asketinnen wie Melania die Jüngere verwenden ähnliche Kapuzenmäntel dann als Teil ihres ständigen Habits. Diese Mäntel sind aus dickerem, wetterabweisenden Stoff, der oftmals aus den Nordwestprovinzen importiert wurde, einer Region, wo man sich mit schlechtem Wetter auskannte und noch auskennt. Auch exotische Stoffe aus bestimmten Regionen, wie mit Purpur gefärbte Gewebe aus Palmyra, sind in Rom heiß begehrt[27]. In der Spätantike kommen vermehrt mit Gold durchwirkte Stoffe vor, die allerdings auch in der früheren Kaiserzeit schon nachzuweisen sind. Ab dem dritten Jahrhundert finden sie dann regelmäßig in der kaiserlichen und militärischen Tracht Verwendung, was möglicherweise auf den verstärkten Einfluß von barbarischen Bevölkerungselementen in der römischen Kultur zurückzuführen ist[28]. Auch die Schuhmode ist während der ganzen römischen Zeit sehr vielfältig und reichte vom einfachen Gebrauchschuh bis zum mit Durchbruchsmuster oder Goldprägung verzierten Pantoffel. Besonders interessant ist der Fund eines kostbaren Lederpantoffels mit eingestempelter Herstellersignatur des Griechen Lucius Aebutius Thales, den die Offiziersgattin Lepidia sich selbst zum am äußersten Ende des römischen Reiches gelegenen Kastell Vindolanda am Hadrianswall hatte liefern lassen[29].

Einen eigenen Forschungsbereich stellen römische Frauenfrisuren dar, die aufgrund ihrer hohen Modefunktion gut zur Datierung von

Frauendarstellungen zu verwenden sind. Die in der Regel sehr kunstvollen und oft mit Haarteilen versehenen Frisuren werden seit der frühen Kaiserzeit immer genau nach dem von den Damen des Kaiserhauses gegebenen Vorbild kopiert, was eine ziemlich exakte zeitliche Einordnung von Reliefdarstellungen oder Porträts auch unbekannter Römerinnen ermöglicht. Nun fragt man sich vielleicht, wie ein solches Phänomen in einem Zeitalter ohne Illustrierte und Fernsehen überhaupt möglich ist – die Antwort ist vergleichsweise einfach: Die Angehörigen des Kaiserhauses lassen jedes Jahr neue Münzen mit ihrem Porträt prägen, und jede noch so weit vom Zentrum des Reiches entfernte römische Stadt hält viel darauf, stets die neuesten Herrscherporträts aus bestem Marmor aufzustellen. Auf diese Weise sind auch die Damen in den Provinzen immer aufs Beste über die aktuelle Mode informiert[30]. Auch hölzerne oder beinerne Kämme zum Frisieren der Haare sind zahlreich erhalten, außerdem Nadeln aus Bein, Bronze oder Gagat, die die Frisur fixieren sollen. Ganz selten findet man auch die Überreste von mit Goldfäden durchzogenen Haarnetzen, wie wir eines auf dem Bild der sogenannten „Sappho" aus Pompeji sehen können[31].

Ein weiterer wichtiger Bereich ist das Schminken, und hier haben die Archäologinnen und Archäologen die Möglichkeit, etwas genauere Angaben zu machen, denn Reste von Schminke und Schminkgerät finden sich fast in jeder Ausgrabung. Es gibt Steinplättchen, auf denen mit einem Bronzespatel die Schminke angerührt werden kann, und eine Vielzahl von gläsernen Gefäßchen, die auch die Form von Tieren (z.B. Tauben) oder Gegenständen haben können, die diese Schminke enthalten. Um das Ergebnis des Schminkvorgangs zu überprüfen, benutzt frau metallene Spiegel, die in vielen Formen überliefert sind[32]. Die Frauen gingen ursprünglich täglich oder zumindest mehrmals in der Woche ins öffentliche Bad, doch mit verstärktem Einfluß der Kirche vermeiden sie solche sehr öffentlichen Auftritte. Hieronymus rät schließlich, daß sich die junge Paula überhaupt nicht mehr baden solle, um nicht beim Anblick ihres nackten Körpers unzüchtige Gedanken zu bekommen[33].

Während sich Textilien nur in besonders trockenen Regionen wie der ägyptischen oder judäischen Wüste erhalten haben, gibt es eine große Menge an römischem Schmuck der Kaiserzeit und der Spätantike. Frau liebt reich mit Edelsteinen und Goldblech verzierte

Ketten und Halsbänder, von dem Schmuck der Asella berichtet Hieronymus, sie habe ihn gegen ein Bußgewand eingetauscht. Er nennt diese Schmuckstücke *Murenulae*, da sie durch die Biegsamkeit ihrer Blechglieder an den Mittelmeerfisch Muräne *(Murena helena)* erinnern. Möglicherweise sind derartige Halsbänder mit jenen aus Goldblech gepreßten Gliederketten gleichzusetzen, von denen eine ganze Anzahl bekannt ist. Eine davon wurde in einem Brunnen in Kaiseraugst gefunden[34]. Auch durchbrochene Armringe und lange baumelnde Ohrringe erfreuten sich großer Beliebtheit. Die Fingerringe tragen entweder große Edelsteine oder sind als Siegelringe graviert. Sehr oft sind uns solche Schmuckstücke aus „Schatzfunden" überliefert, aus der uns beschäftigenden Zeit des vierten und frühen fünften Jahrhunderts sind an vielen Orten des römischen Reiches solche Horte mit Schmucksachen zutage gekommen[35]. So ergibt sich die einmalige Gelegenheit, die dort vorkommenden Schmuckstücke mit den zahlreichen im gleichen Zeitraum entstandenen Frauendarstellungen auf Mosaiken oder Wandmalereien zu vergleichen und so die beliebtesten Schmuckformen der spätrömischen Epoche herauszuarbeiten.

Als Beispiel sei hier die Darstellung des Paares Stilicho und Serena herangezogen. Auf einem Diptychon[36], bestehend aus zwei mit Scharnier verbundenen, aufklappbaren Elfenbeintafeln mit verzierten Außenseiten, sind das Ehepaar und ihr Erbe, der Sohn Eucherius, porträtiert, es fehlen dagegen die beiden Töchter, Maria und Thermantia. Serena ist durch eine in der Hand gehaltene Blume (Rose?) und den edelsteinbesetzten Gürtel[37] als von kaiserlicher Herkunft kenntlich, ihr Sohn ist als *Tribunus* und *Notarius* dargestellt. Gerade bei Prinzen oder Söhnen aus dem Senatorenstand ist es üblich, ihnen schon als Knaben ein Amt zu geben und sie mit dessen Insignien darzustellen, wie hier mit einem Protokollbuch. Auch in Grabfunden begegnen manchmal Kindergräber mit Amtsinsignien wie dem Offiziersmantel mit der Zwiebelknopffibel, die sonst nur von Militärangehörigen getragen werden. Auch Stilicho trägt den Militärmantel eines *Magister Militum*, der von einer späten Zwiebelknopffibel geschlossen wird. Besonders interessant ist das Material seiner Tunika und des Mantels, den man sich aus teurem Stoff, höchstwahrscheinlich mit Goldbrokat durchwirkt, vorstellen muß – er ist mit kleinen Medaillons mit Kaiserbüsten verziert. Auch auf dem mit der Linken gehaltenen Schild sind die Büsten der beiden Kaisersöhne

Ein Familienbild aus den höchsten Kreisen: Der Heermeister Stilicho ...

Reiche Witwen und fromme Asketinnen

... seine Gattin Serena und der gemeinsame Sohn Eucherius sind in reicher Tracht mit den Abzeichen ihrer Würde abgebildet.

Honorius und Arcadius abgebildet. Halb von diesem verdeckt sehen wir ein Schwert mit Kugelknauf und juwelenverzierter Scheide[38].

Die harsche Kritik des Hieronymus an den zu sehr aufgemachten und herausgeputzten Römerinnen dürfte wohl trotzdem überspitzt sein, er kannte wahrscheinlich gar keine solche Frau persönlich und beschreibt nur ein Phantasieprodukt, das er entsprechend seinen Zwecken (der Anwerbung neuer Asketinnen) ausschmückt und instrumentalisiert, was teils auch dadurch kenntlich wird, daß er immer wieder dieselben Begriffe verwendet. Und schließlich ist es seit alters her sowieso üblich, daß Männer die angebliche „Putzsucht" der Frauen kritisieren[39].

Erziehung und Bildung

Schon in der Antike betrachtet man eine gute Ausbildung als Lebensgrundlage für jeden Menschen[40]. Die normale Erziehung ist in römischer Zeit vergleichbar der griechischen, diese findet aber in der Regel nur für Knaben in öffentlichen Schulen statt, während die Mädchen dagegen von – oftmals griechischen – Hauslehrern oder -lehrerinnen unterrichtet werden, was aber kein niedrigeres Bildungsniveau gegenüber den Jungen bedeutet[41]. Eine solche Lehrerin ist uns aus dem römischen Ägypten näher bekannt: Die Mumie einer jungen Frau, mit „Hermione Grammatike" beschriftet und mit einem sehr schönen, ernsten Porträt versehen, wurde 1911 von William Flinders Petrie in Hawara gefunden und dem Girton College, einem Frauencollege in Cambridge, vermacht. Hermione starb zur Zeit des Tiberius im Alter von etwa 20 Jahren, genoß aber aufgrund ihres Berufes bereits hohes Ansehen[42]. Allerdings ist in der Spätantike die Beherrschung des Griechischen selbst für die Gebildeten keine Selbstverständlichkeit mehr wie in den vorangegangenen Jahrhunderten, selbst manche Kirchenväter müssen die Sprache erst mühsam erlernen, und diese Bildungslücke ist auch der Grund für die jetzt zahlreich angefertigten Übersetzungen[43]. Übersetzt wird nicht nur die Bibel, auch von einigen Heiligenviten existieren Übertragungen ins Lateinische. Die Vita der jüngeren Melania wird dagegen von vornherein in zwei verschiedenen Fassungen, griechisch und lateinisch, herausgebracht. Mädchen der gehobenen Schichten lernen auch in der Spätantike noch wie ihre

Brüder die Werke klassischer Schriftsteller, was erst im fünften Jahrhundert unter dem Einfluß der Kirche zurückgeht – Hieronymus empfiehlt für die *virgines* nur Bibeltexte, keine Klassiker mehr, während er sie seinen jungen Mönchen in Bethlehem sehr wohl nahebringt. Statt der heidnischen Inhalte sollen jetzt christliche vorherrschen, und schon die Jüngsten lernen das Schreiben nicht mehr durch das Auflegen heidnischer Götternamen mittels Elfenbeinbuchstaben, sondern durch das Zusammenfügen von Namen aus der Bibel[44]. Viele der hier besprochenen Frauen stürzen sich mit großem Eifer in ihre frommen Studien, und sie übertreffen ihre männlichen Kollegen oftmals in Kenntnis und Ausdauer. Manche von ihnen, wie Marcella, unterrichten auch die zum Christentum hingezogenen jungen Mädchen. Der Schriftsteller Bachiarius drückt es so aus: Die frommen Frauen „tragen in sich ein Herz, in dem eine Bibliothek voller Bücher gespeichert ist"[45]. Allerdings können Mädchen auch in der Spätantike noch nicht offiziell studieren, nachdem sie ihre Grundausbildung in Literatur, Grammatik und Rhetorik abgeschlossen haben; dies ist den Männern vorbehalten und in der Regel die Voraussetzung für die Ausübung eines Staatsamtes und den *cursus honorum*[46]. Einige Frauen bilden sich daraufhin privat weiter, und wenige sind sogar als Professorinnen tätig, wie Hypatia und Sosipatra[47]. Außerdem müssen die jungen Mädchen ihrer Mutter zur Hand gehen und die Führung eines repräsentativen Hausstandes sowie die Erziehung der Kinder von klein auf lernen. Ebenso wichtig ist das Erlernen von Textiltechniken wie Spinnen und Weben, was aber keinen so großen Stellenwert mehr einnimmt wie in früheren Jahrhunderten.

„Töchter von Jerusalem" – Die christlichen Frauen

Im vierten Jahrhundert ist das stadtrömische Christentum vorwiegend eine Sache der Frauen – sie zeigen sich in besonderer Weise empfänglich für den neuen Glauben und ändern ihr ganzes bisheriges Leben, um den neuen Vorgaben möglichst gut zu entsprechen. Man hat sich lange Zeit gefragt, warum vor allem die adligen Frauen den christlichen Lehren so aufgeschlossen gegenüberstehen – ist es so, daß das Christentum als eine Religion der Nächstenliebe und der Fürsorge eher dem weiblichen Naturell entspricht? Das stimmt nicht unbedingt, obwohl das sicher auch eine Rolle gespielt haben dürfte[48]. Doch warum zeigen die Männer so wenig Interesse an der neuen Bewegung? Hieronymus schreibt einmal, daß er lieber Männer unterrichten würde als Frauen, doch die ersteren kümmere die Bibel wenig[49]. Das dürfte größtenteils daran liegen, daß die Männer der aristokratischen Familien fast alle im römischen Staatsdienst beschäftigt sind und daher dem Heidentum noch immer näherstehen als dem Christentum, das die weiblichen Mitglieder ihrer Familien so fasziniert. Selbst als in nachconstantinischer Zeit die christliche Religion allgemein akzeptiert und ihre Ausübung erlaubt ist, dauert es noch fast ein halbes Jahrhundert, ehe sich mehr Männer als nur einige Schöngeister wie Paulinus von Nola oder Sulpicius Severus und deren Freunde zum nun nicht mehr so neuen Glauben bekennen und von ihren Ehefrauen nach langem Zureden bekehrt werden können.

Viele der Ehepaare lassen sich schließlich gemeinsam in einem mit christlichen Szenen verzierten und mit dem Doppelporträt des Paares versehenen Marmorsarkophag bestatten, als Beispiel sei hier ein in *Arelate*/Arles gefundener Sarg kurz vorgestellt[50]: In einem Muschelmedaillon in der Mitte der Vorderseite sehen wir das noble Paar, sie mit reicher Zopffrisur, Perlenkette und Armreif zum kostbaren Gewand, er mit reich gefälteter Toga und Schriftrolle in der Linken, die Rechte ist im Rednergestus erhoben. Auch hier haben wir also wieder Angehörige des Senatorenstandes vor uns. Die restliche Sarkophagoberfläche zeigt biblische Szenen aus dem Alten und Neuen Testament, darunter das Opfer Abrahams, Adam und Eva im Paradies, die Übergabe der Gesetzestafeln an Moses oder Kain und Abel. Auch die Apostel Petrus und Paulus sind möglicherweise vertreten (die Identifizierung der beiden ist nicht ganz sicher), außerdem sind mehrere Heilungswunder Christi abgebildet. Es handelt sich also um ein ganzes Repertoire biblischer Szenen, die entweder genau nachgestellt werden oder aber durch Anspielungen bzw. Symbole illustriert sind. Bestes Beispiel sind die Brotkörbe, die stellvertretend für die Speisung der Fünftausend stehen. Die bei heidnischen Grabsteinen und Sarkophagen häufig dargestellte Trauer um die Verstorbenen ist nicht mehr bildlich faßbar, statt dessen wird eine Vielzahl von Heilsgeschichten erzählt. Im Sarkophag fanden sich die Skelette einer Frau und eines Mannes im Alter von 50 bis 60 Jahren. Sie hatten keine Beigaben erhalten, was ebenfalls auf das christliche Bekenntnis der beiden verweist.

Der heftige Widerstand der adligen Familien gegen das neue asketische Ideal liegt in verschiedenen Punkten begründet – vor allem sind es wirtschaftliche Motive, denn der Ausfall einer potentiellen Heiratskandidatin konnte zum Ruin der ganzen Familie führen. Andererseits bietet die Askese aber eine Möglichkeit für Familien mit geringerem Vermögen, auch diejenigen Töchter gut in einem Kloster unterzubringen, denen man keine hohe Mitgift stellen kann[51]. Eine Asketin in der Familie bedeutet zudem großes Ansehen, man hebt sich von den anderen Familien ab, die so etwas nicht vorweisen können. Dabei ist dies nicht beschränkt auf christliche Familien, es war bei den Heiden genauso, man denke an die kaiserzeitlichen Vestalinnen. Sicher spielte aber auch die wirkliche Sorge um die Gesundheit der Töchter eine entscheidende Rolle – eine allzu strenge Askese ist eine große Gefahr für Leib und Leben, wie am Bespiel von Asella oder Blesilla deutlich wird. Während erstere bis zur Selbstaufgabe auf Knien betet und auch die dadurch hervorgerufenen, durch Schwielen verdickten „Kamelknie" nicht scheut, die Marcella an ihr entdeckt, stirbt Blesilla nach einigen Wochen verschärften Fastens. Trotzdem gilt die an Marcella gerichtete Vita der Asketin Asella im Hieronymusbrief 24 als beispielhaft bei der Erziehung junger Mädchen zu guten Nonnen[52].

Alle im folgenden vorgestellten Frauen zeichnen sich durch Intelligenz, eine hohe Bildung und unerhörten Lerneifer aus, was auch das Beherrschen von Fremdsprachen wie Griechisch und Hebräisch einschließt. Die christlichen Frauen korrespondieren mit den Kirchenvätern, doch niemand in den vergangenen Jahrhunderten hielt diese Briefe für wert genug, sie aufzubewahren, während die Antworten der geistlichen Herren regelmäßig überliefert sind. Man könnte daher fast auf eine nach dem Geschlecht der Schreiber differenzierte Auswahl bei der Überlieferung schließen[53]. Daß damals auch Frauen wie eben Marcella oder Markina als geistliche Lehrerinnen tätig waren, erstaunt im Vergleich zur späteren Entwicklung in der katholischen Kirche. In der Folgezeit wurde ihre führende Rolle als Theologinnen und Exegetinnen in den Hintergrund gedrängt und auch von der modernen Wissenschaft lange verschwiegen, man(n) beruft sich statt dessen lieber nach wie vor auf das falsch ausgelegte Pauluswort, das den Frauen das Lehren in der Kirche verbietet. Karin Sugano formuliert das so: „[...] immer noch verhindert die unheilige Allianz zwischen dem zeitbedingten Paulus-

Reliquienkapsel der Jungfrau Manlia Daedalia, gefunden 1578 im Mailänder Dom. Die silberne Kugel trägt die Aufschrift DEDALIA VIVAS IN CHRISTO.

wort *docere autem mulieri non permitto* und den platten männlichen Vorurteilen aller Zeiten, daß einer Frau wie Marcella in der Kirche ein Platz unter Gleichen eingeräumt wird"[54].

Für die meisten Frauen aber ist die nur von wenigen geübte strenge Askese eine zu extreme Abkehr vom gewohnten Leben. Sie sind zwar gläubige Christinnen, sind aber ganz nach alter Tradition verheiratet und vermitteln ihren Glauben auch an ihre Kinder. Sie geben selbstverständlich einen Teil ihres Vermögens für wohltätige Zwecke aus, und sehr gerne stiften sie für die Kirche, seien es schmuckvolle Raumausstattungen, teure Reliquien oder aber ganze Basiliken. Besonders im griechischen Osten ist das üblich, doch fast genauso häufig in den Alpen- und Nordwestprovinzen[55]. Nach ihrem Tod werden diese Stifterinnen oft in den von ihnen begünstigten Kirchen bestattet, so die adlige Jungfrau Manlia Daedalia, die ihre letzte Ruhe in der Basilika Ambrosiana in Mailand nahe den Reliquien der Heiligen Gervasius und Protasius findet. Sie ist die Schwester des Konsuls des Jahres 399 und zweimaligen Prätorianerpräfekten Flavius Manlius Theodorus, der wiederum ein Freund des Kirchenvaters Augustinus ist. Flavius läßt nach ihrem Tod eine noch heute erhaltene Gedenkschrift für seine Schwester in der Basilika anbringen, die ihre christlichen Tugenden rühmt:

CLARA GENUS, CENSU POLLENS ET MATER EGENTVM
VIRGO SACRATA DEO MANLIA DEDALIA
Aus starker und adliger Familie, war sie Mutter der Armen,
die Gott geweihte Jungfrau, Manlia Daedalia.

Ihre silberne Reliquienkapsel *(enkolpion)* wird 1578 im reliefverzierten Reliquienkästchen des Heiligen Nazarius gefunden und gehört heute zum Mailänder Domschatz. Auf beiden Hälften der Kapsel ist ein typischer spätantiker Segensspruch eingraviert:

DEDALIA VIVAS IN CHRISTO
Daedalia, mögest Du leben in Christus.

Diese Kapseln werden als Amulette um den Hals getragen und später oftmals von den Trägerinnen der Kirche gestiftet[56].

Die weniger Privilegierten – Frauen der Unterschicht

In der Spätantike herrschen große soziale Unterschiede, und über die einfachen Frauen ist uns im Vergleich zu den Adligen viel weniger bekannt[57]. In der hohen Kaiserzeit ist das anders, dort gibt es auch viele Überlieferungen über einfache oder berufstätige Frauen. Es handelt sich bei ihnen um Angehörige einer Schicht aus freien Bürgern, die als Handwerker oder Grundbesitzer mit wenig Eigentum lebt, die aber auch freie Lohnarbeiter (Kolonen) sowie die große Gruppe der Freigelassenen und der Sklaven umfaßt. Auch Mönche und Kleriker gehören oft der Unterschicht an, außerdem, nicht erst nach 410, viele Flüchtlinge, die die Barbarenbedrohung ihrer Heimat beraubt und sie in fremde Regionen verschlägt. Dazu kommen verarmte Stadtbewohner, die besonders unter den Plünderungen der Barbaren leiden, so daß viele sogar als Obdachlose in Rom leben müssen. Aufgrund der hohen Bevölkerungsdichte kommt es öfter zu Hungersnöten, die in Aufständen enden können. Bei einer dieser Erhebungen kurz vor der Eroberung Roms im Jahr 410 wird sogar der Stadtpräfekt von den Massen gelyncht[58]. Gerade jene Armen Roms sind das bevorzugte Ziel der reichen Asketinnen, die sie

Grabstein der Christin Sarmannina, gefunden im Großen Gräberfeld von Regensburg.

mit Geld, Kleidung und Nahrung versorgen. „Niemand entkommt ihrer Großzügigkeit", sagt man von Melania der Älteren. Auch von Fabiola, die das erste Krankenhaus in Rom gründet und sicher selbst über medizinische Kenntnisse verfügt, werden wir noch hören[59].

Auch unter den weniger Privilegierten sind viele Christen, selbst wenn sie oft nicht die Möglichkeiten haben, sich ganz der Religion zu widmen – manche können sich nicht einmal erlauben, die unter Constantin eingeführte Sonntagsruhe einzuhalten[60]. Sicherlich wenden sich auch einfachere Frauen der Askese und dem frommen Leben zu, doch an große Stiftungen an die Kirche oder gar eine Pilgerfahrt ins Heilige Land ist bei ihnen nicht zu denken. Auch der älteste christliche Grabstein in Bayern, der Stein der Sarmannina aus Regenburg, könnte für eine solche ärmere Christin aufgestellt worden sein. In der Inschrift, die in sehr groben Buchstaben ausgeführt ist, lesen wir folgendes[61]:

IN A XP Ω B(EATAM) M(EMORIAM)
SARMANN(I)NE

QVIESCENTI IN PACE
MARTIRIBVS SOCIATAE
Zum seligen Gedenken
für Sarmann(i)na,
die da ruht in Frieden
den Märtyrern vereint.

Möglicherweise hat sich der Steinmetz gerade beim Namen sogar verschrieben, wir erfahren nicht genau, wie die Frau heißt: Sarmannina oder Sarmanna? Das verwendete Formular ist üblich für christliche Grabsteine, und das „Requiescat in Pace" – „möge sie in Frieden ruhen" wird bis heute verwendet. „Martiribus sociatae" weist auf die Nähe zum Märtyrergrab oder Reliquienschrein, dem bevorzugten Bestattungsplatz für spätrömische Christen, kann aber auch eine allgemein gebräuchliche Formel sein. Ein Grab möglichst nahe bei den Märtyrern, „ad sanctos", verschafft dem Toten ein glückliches ewiges Leben, und entsprechend begehrt sind diese nächstgelegenen Gräber in der christlichen Spätantike und dem frühen Mittelalter. In der Regel sind die Plätze in der Kirche nahe dem Altar und dem Reliquiengrab den ortsansässigen Adligen oder speziell den Kirchenstiftern vorbehalten, nur in großen Gräberfeldern war es auch für die einfacheren Gläubigen möglich, im Umkreis einer Memoria für eine(n) Heilige(n) bestattet zu werden[62].

Im Vergleich dazu hat eine ähnliche Grabinschrift aus Trier keinen eindeutig christlichen Bezug und bietet nur das „klassisch-römische" Formular eines Grabsteintextes[63]: Über den Stand der dort bestatteten Frau können wir aufgrund der Spärlichkeit der Informationen keine Aussage treffen.

HIC IACET LYCONTIA
QVAE VIXIT AN(NOS) LXX
RETECIVS TITVLVM POSVIT
Hier liegt Lycontia,
die 70 Jahre gelebt hat.
Retecius hat den Grabstein gesetzt.

Die dritte Inschrift, die am Ende dieses Abschnitts stehen soll, ist dagegen nicht so eindeutig in ihrer Interpretation. Sie stammt ebenfalls aus Trier und wurde sicher ganz nach den persönlichen Wünschen der Hinterbliebenen gestaltet. Es wird ein trochäischer Versfuß verwendet, womit die Familie ihre gehobene Bildung zum Ausdruck bringen möchte. Interessant ist die Zweideutigkeit der Zeilen[64]:

HIC AMANT
IAE IN PACE
HOSPITA C
ARO IACET
Hier liegt in Frieden der Körper der Amantia,
gleichsam als Gast.

oder aber:

Hier liegt in Frieden der Körper,
der Amantia Gastfreundschaft gewährte.

Man kann nämlich den Text auf zwei Arten verstehen: entweder auf eine christliche Art und Weise, wonach die Verstorbene nur eine kurze Zeit im Grab verweilt, da sie bald auferstehen wird. Dies ist eine rein christliche Idee, während die Vorstellung des „Nur-zu-Gast-Seins" im eigenen Körper auch bei verschiedenen anderen antiken Religionen bekannt ist. Gerade dieser Gedanke findet sich häufiger auf damaligen Grabsteinen. Wie wir gesehen haben, ist das uns überlieferte Bild der Frau in der Spätantike sehr vielfältig, und es wird mit jedem aufgefundenen Sarkophag, jeder persönlich gehaltenen Inschrift, jeder Abbildung, die neu ans Licht kommt, um einen Mosaikstein genauer.

Herkunft, Motivation und soziales Umfeld der Pilgerinnen

Die Pilgerin im klassischen Griechenland

In der griechischen Antike sind Frauen bei den meisten Kulthandlungen zugelassen, manche Kulte sind sogar ausschließlich für Frauen eingerichtet. Einige davon haben durchaus den Charakter von Mysterienkulten, während diese zur Römerzeit vorwiegend männlich dominiert sind, man denke an den Mithraskult, der im Westen des römischen Reiches eine Teilnahme von Frauen an den Kulthandlungen untersagte[65]. Frauen sind also sehr wichtige Mitwirkende im Kultbetrieb der griechischen Stadtstaaten. Allerdings ist die Tatsache, daß schon damals Frauen auf Pilgerfahrten gingen, vergleichsweise wenig bekannt[66]. Man geht vielmehr davon aus, daß die Frauen im antiken Griechenland im Haus abgeschlossen gewesen seien, ohne die Möglichkeit, sich außerhalb von Ehe und Familie zu betätigen. Das stimmt nur bedingt: Es gibt spezielle lokale Frauenfeste, die einmal im Jahr gefeiert werden und zu denen Männer keinen Zugang haben. Man vermutet, daß sich zu diesen Feierlichkeiten die Frauen als eine geschlossene Gruppe fühlen, wohl wissend, wie sehr das Wohl der Gesellschaft und des Staates davon abhängt, daß sie ihre Rollen als Hausfrau und Mutter gut erfüllen, auch wenn sie keine aktiven politischen Rechte besitzen. Solche Frauenfeste sind oft Fruchtbarkeitsriten, wie die in Demeterheiligtümern gefeierten Thesmophorien[67]. Der rituelle Ausbruch aus dem Alltag ist also zeitlich und räumlich genau festgelegt. Einige Frauen machen sich aber auch zu weiteren Reisen auf, etwa zu den Heiligtümern von Eleusis und Epidauros oder aber zum Orakel von Delphi. Zwar werden solche überregionalen Kulteinrichtungen von Männern geführt, doch Frauen gehören zu den häufigsten Besuchern. Die zurückgelegte Wegstrecke kann mehrere hundert Kilometer betragen, frau absolviert sie über Land oder auch zu Schiff von den ägäischen Inseln aus. Meist sind Orte mit Heilkulten das Ziel (z.B. das Asklepiosheiligtum in Epidauros), und ein häufiger Grund für eine solche Pilgerfahrt ist der Wunsch nach einem gesunden Kind. Zur sozialen Stellung der pilgernden Frauen läßt sich sagen, daß auch sie wohl vorwiegend der Oberschicht angehörten, was an teuren Weihegeschenken erkennbar ist. Generell ist aber das Reisen damals noch vergleichsweise billig, so daß eine Pilgerfahrt wohl keine ausschließliche Sache der Reichen bleibt, wie das für die Römerzeit anzunehmen ist. Der größte Ausgabenposten sind die am Heiligtum zu entrichtenden Kultgebühren, und falls auch ein Opfertier vonnöten ist, können die Gesamtkosten durchaus noch höher sein. Oft gelten Kleidervorschriften, die einfache Gewänder vorschreiben und Schmuck und Edelsteine verbieten, was offenbar eine zu allen Zeiten gültige Regel für den Tempel- oder Kirchenbesuch ist. Die Frauen reisen meist nicht allein, sondern mit männlichen Begleitern, und eine Pilgerfahrt ist eine der wenigen Möglichkeiten für sie, über die Grenzen der heimischen Polis hinauszukommen.

Die spätrömischen Pilgerinnen

Zunächst müssen wir uns fragen: Inwieweit ist es für Frauen in der Spätantike überhaupt denkbar, auf Pilgerreise zu gehen? Die Antwort: Das ist durchaus möglich, schließlich ist das Straßennetz in der Römerzeit gut ausgebaut, und man muß sich nicht durch Dschungel schlagen. Zwar sind solche Unternehmungen meist für Männer überliefert, aber reisende Frauen sind auch schon in der frühen Kaiserzeit keineswegs die Ausnahme[68]. Das Zurücklegen großer Wegstrecken läßt sich bei den heidnischen Pilgerinnen nachweisen[69] oder bei den weitgereisten Familienangehörigen der römischen Beamten in der hohen Kaiserzeit – man denke etwa an Lepidia, die verwöhnte Frau des Kommandanten im Kastell Vindolanda am Hadrianswall, die auch im entlegenen Schottland nicht auf den Luxus stadtrömischer Kleidung und ihre kostbaren Lederpantoffeln verzichten will[70].

Gebildete, fromme Frauen sind in der Spätantike sozusagen die Trendsetterinnen der römischen Gesellschaft, sie wirken stilbildend vor allem mit ihren Pilgerreisen, die zu einer regelrechten Mode werden, weshalb der Mönch Arsenios sogar irgendwann Angst haben muß, es könnten ganze Schiffsladungen der adligen Damen übers Meer nach Ägypten kommen und ihn besuchen[71]. Eine buchstäbliche Pilgerinneninvasion sucht schließlich Ägypten heim und ruft heftige Ressentiments auf seiten der Kirche hervor, die es als vorbildlich hinstellt, sich hinter verschlossenen Türen allein dem Bibelstudium zu widmen. Athanasius lobt beispielsweise Maria als Muster für eine ortsgebundene Asketin, die so in ihre Andacht versunken ist, daß sie nicht einmal den Wunsch verspürt, aus dem Fenster zu sehen[72]. Tatsächlich aber werden die ägyptischen „Wüstenmütter" und „Wandernden Jungfrauen"[73], genauso wie die „Wilden Mönche in der Wüste"[74], bestaunt und bewundert wie heute nur Filmstars, und man (frau) versucht, ihnen auch im eigenen Alltag nachzueifern. Eine Reise nach Jerusalem wird sozusagen zur Meßlatte bei der Bewertung persönlicher Frömmigkeit – entweder man ist dort gewesen oder aber nicht[75]. Die (weibliche) Reichsaristokratie ist somit der entscheidende Sponsor des Klosterwesens, ob nun in Italien oder im Heiligen Land. Der große Einfluß des ägyptischen Mönchtums führt im Westen des Reiches zunächst zur privaten Hausaskese im Stadtpalast, dem Abschluß von der Öffentlichkeit, schließlich aber auch zur Einrichtung von Klöstern im eigentlichen Sinne. Ein Rückzug aufs Land und das Leben in der Abgeschiedenheit einer *Villa suburbana* sind seit der römischen Republik feste Elemente des gehobenen Lebensstandards, so daß sich quasi nur deren Vorzeichen durch Einführung des Christentums ändern. Anstoß zu dieser vormonastischen Bewegung geben unter anderem sogenannte Wanderasketen aus dem Ostmittelmeerraum, die im Westen herumreisen und von den Almosen der reichen Witwen leben. Im weitesten Sinne gehören auch Hieronymus und Rufinus dazu, die sich eigene Zirkel von interessierten Frauen schaffen können. Hier kommt als neues bestimmendes Element der Lebensführung noch das intensive Schriftstudium dazu, was bei den ägyptischen Vorbildern fehlt. Die wahren christlichen Tugenden sind nun nicht mehr nur Askese, Almosengeben und eine Pilgerfahrt ins Heilige Land, sondern auch das Erlernen der hebräischen Sprache sowie das Studieren und Auslegen der Bibel und der Heiligen Schriften spielen nun eine entscheidende Rolle. Dabei sind es wiederum vor allem die Frauen, die sich hervortun und, wie Blesilla beim Erlernen des Hebräischen, selbst weitgereiste Männer wie Hieronymus verblüffen und in den Schatten stellen[76]. Ihre Motivation für die gefahrvolle Reise bekommen sie durch den Wunsch, die Orte der Bibel einmal mit eigenen Augen zu sehen, an den Heiligen Stätten zu beten, an denen Jesus gewesen ist. Es ist der eigentlich sehr persönliche Traum, „Jesus zu besuchen". Die im folgenden vorgestellten Pilgerinnen kommen alle aus bestimmten Schichten der spätantiken Gesellschaft und lassen sich in drei verschiedene Kategorien einteilen:

Da sind zunächst die Frauen aus dem engsten kaiserlichen Umfeld, wie Eudocia, die oströmische Kaiserin, Helena, die Kaisermutter, Eutropia, die Schwiegermutter Constantins, oder Poemenia, die wohl zur Familie des Theodosius I. gehört. Sie alle sind entweder selbst Herrscherinnen oder aber nahe Verwandte der regierenden Kaiser, und manche werden vielleicht von diesen zur Pilgerfahrt angeregt (wie Helena von Constantin?), oder sie gehen mit dessen Erlaubnis auf Reisen (Eudocia und Theodosius II.).

Als zweite Gruppe begegnen uns Frauen aus dem stadtrömischen Hochadel wie Paula und Eustochium, die ältere und die jüngere Melania sowie Fabiola und Marcella. Viele von ihnen gehören dem Umkreis des Hieronymus an, sie werden von diesem zum asketischen Leben angeleitet und zum Bibelstudium angeregt, was bei den meisten den Wunsch nach einer Reise ins Heilige Land weckt – oder auch nicht, denn schließlich weigert sich Marcella trotz intensiven Drängens von seiten des Hieronymus und der Paula, ebenfalls nach Palästina kommen. Statt dessen verfolgt sie in Rom ihre eigene Form von gemäßigt asketischem Leben mit reichlich wissenschaftlicher Arbeit und großem sozialen Engagement. Offenbar ist also die Übernahme des christlichen Glaubens unter den stadtrömischen Adligen, den *Feminae clarissimae*, in besonderem Maße von der Person des Kirchenvaters Hieronymus abhängig, denn ohne dessen Überzeugungskraft hätten sicher viele von ihnen, wie etwa Paula und Eustochium, nicht die strengste Form der Askese gewählt, die er ihnen als die erstrebenswerteste christliche Tugend, als den „Weg zum Heil aus dem Unheil der Welt" zu vermitteln versteht[77].

Schießlich unternahmen auch Frauen aus dem höheren oder niederen Provinzialadel, wie Egeria oder Silvia, Pilgerfahrten nach Palästina, ebenso römische Staatsbeamte und deren Angehörige, zu denen möglicherweise der (weibliche?) Pilger von Bordeaux zu rechnen ist. Egeria stammt wohl aus einer der schon frühzeitig christianisierten südgallischen Städte, und sie ist mit einer großen Neugier auf die Originalschauplätze der Bibel gesegnet. Andere Frauen, die mit Hieronymus korrespondieren, wohnen auf gallischen Landgütern, die sie zu kleinen klosterartigen Anlagen ausgebaut haben. Wie man sich solche Landgüter vorzustellen hat, zeigt eine Illustration, die allerdings aus Nordafrika stammt.

Was trieb also die Frauen an, die sich im vierten Jahrhundert aus der häuslichen Geborgenheit Roms oder Galliens heraus aufgemacht haben, um die Stätten der Christenheit zu besuchen und im Heiligen Land asketisch zu leben? Anne Yarborough formuliert das so:

„Ihre Reise war vielleicht eine Art von Souvenirjagd, doch sie war auch erfüllt von einer Passion für die historischen, realen Elemente der christlichen Tradition. Dies stand im Einklang mit ihrer intellektuellen Neugierde. Das asketische Leben eröffnete ihnen wirkliche Kasteiung des Körpers, doch es eröffnete noch etwas anderes:

Ein nordafrikanisches Landgut (Villa rustica) inmitten der Pflanzen- und Tierwelt seiner Umgebung. Links zur Dekoration eine Garn spinnende Frau, vielleicht sogar die Hausherrin. Fundort: Tabarka.

Es muß das allerhöchste Abenteuer gewesen sein, alles was in Rom ermüdend und langweilig war, über den Haufen zu werfen und sich aufzumachen zu einem Leben in Freiheit in der Gesellschaft von Heiligen und wilden Mönchen in der Wüste"[78].

3. Die Pilgerinnen auf ihrem Weg

Helena, die politische Pilgerin

Die Mutter des ersten christlichen Kaisers Constantin des Großen ist vielleicht die interessanteste Frauengestalt der Spätantike. In Wirklichkeit kann man sogar nicht nur von der einen Person Helena sprechen – es gibt zwei eindeutig trennbare Gestalten: die historische, energische Kaisermutter auf der einen, die Legendengestalt und Finderin des Wahren Kreuzes auf der anderen Seite[1]. Zwar ist sie wohl nicht die erste christliche Palästina-Pilgerin, aber mit Sicherheit die bekannteste und diejenige mit der größten Nachwirkung bis in heutige Zeit, also eine Art Urtypus der eifrigen Pilgerin und des frommen Pilgers. Während alle anderen in diesem Buch beschriebenen Frauen nur noch wenigen ein Begriff sind, ist Helena auch heute noch weit über die Fachwissenschaft hinaus populär. Ihre Rolle in der Geschichte des Pilgerwesens ist daher eine entscheidende: Ihre Reise ins Heilige Land löst einen regelrechten Pilgerstrom nach Palästina aus, der im Laufe des vierten Jahrhunderts immer mehr anschwillt, zu einem wichtigen Teil der Frömmigkeit der byzantinischen Zeit und des Mittelalters wird und schließlich in den Kreuzzügen gipfelt.

Die historische Helena – Herkunft und Schicksal

Die Biographie der historischen Person der Helena ist erstaunlich lückenhaft, bedenkt man ihre über Jahrhunderte hinweg ungebrochene Popularität. Über manche Jahrzehnte in ihrem Leben wissen wir trotzdem nichts. Sie muß um das Jahr 250 geboren worden sein, wie man allein aus ihrem Sterbedatum 329 sowie der Angabe, sie sei bei ihrem Tod etwa 80 Jahre alt gewesen, errechnen kann. Aufgrund verschiedener Quellen glaubte man lange, ihren Geburtsort angeben zu können. So wurde etwa der in Bithynien gelegene Ort Drepanum am Golf von *Nicomedia* (heute Yalova) von Constantin in *Helenopolis* umbenannt und mit Munizipalrechten versehen, was man als Hinweis auf die Herkunft seiner Mutter deutete[2]. Nun ist

Porträtmedaillon der Kaisermutter Helena, die sehr realistisch als ältliche mürrische Dame dargestellt ist.

aber eine Umbenennung und Aufwertung von Städten zu Ehren von Angehörigen des jeweiligen Herrscherhauses seit hellenistischer Zeit durchaus üblich und auch in der Spätantike nichts Besonderes. Einen vergleichbaren Namenswechsel gibt es auch im Fall des Galerius, der seinen festungsartig ausgebauten Altersruhesitz im heutigen Gamzigrad (Serbien) nach seiner Mutter Romula in *Romuliana* umbenennt und dort für sie und sich Mausoleen erbaut. Auch hier ist nicht bekannt, in welchem Verhältnis der *Caesar* zu Gamzigrad steht, man erwägt verschiedene Möglichkeiten: Ist er oder seine Mutter dort geboren? Hat seine Mutter dort auf einem Landgut gearbeitet? Will er auch nach seiner Abdankung in der Nähe der unruhigen Reichsgrenzen sein, was wiederum die kastellartige Umwehrung der Anlage erklären würde? Oder hat Galerius einfach eine persönliche Vorliebe für diesen Platz?³ Auffällig ist jedoch für beide Männer, Constantin und Galerius, eine enge Bindung an ihre Mutter, was die Bedeutung der Familie im Privatbereich des in der Tetrarchie ja nicht auf dynastischen Gesichtspunkten beruhenden Herrschaftssystems unterstreicht. Die Verbindung Helenas mit Drepanum dürfte daher eher auf ihrer besonderen Verehrung für den Lokalmärtyrer Lucian beruhen, der dort begraben ist und dessen Memoria von der Kaiserinmutter reich ausgestattet wird. Auch andere Orte im Osten des Römerreiches werden als Geburtsorte Helenas genannt, so Edessa oder Caphar Phacar in Mesopotamien. Eine Zuweisung an Städte in den Nordwestprovinzen, wie Trier, Bonn oder Essex in Britannien, läßt sich dagegen nicht vor dem Mittelalter beobachten[4].

Wahrscheinlicher ist aber, daß Helena in einem nicht näher bekannten Ort in den Balkanprovinzen zur Welt gekommen ist, der Herkunftsregion und dem Dienstort ihres aus einer illyrischen Familie stammenden Mannes Constantius Chlorus, der zunächst dort Tribun ist, später *Praeses*. Namen oder Stand ihrer Eltern sind nicht überliefert, allgemein wird aber angenommen, daß sie von niederer Abkunft ist. Auch alle Versuche, über ihren Namen Rückschlüsse auf ihre Herkunft zu ziehen, sind zum Scheitern verurteilt – der Name Helena ist durch die gesamte hellenistisch-römische Zeit hindurch ein beliebter Modename aller Schichten, von griechischen Sklaven über in klassischer Mythologie bewanderte Aristokraten bis hin zu einfachen Leuten in allen Provinzen. Helena ist von Beruf Schankmädchen oder Bedienung in einer einfachen Wirtschaft, die vielleicht ihren Eltern gehört – eine *bona stabularia*[5]. Oft wird eines der Gesetze Constantins, *de adulteriis*, in dem er gerade die Schankmädchen (nicht aber die Schankwirtinnen) von einer Strafverfolgung bei Ehebruch ausnimmt, auf die Herkunft der Helena bezogen[6]. Hohe Offiziere oder Beamte, wie es Constantins Vater Constantius Chlorus war, steigen aber normalerweise nicht in solchen Wirtshäusern ab, so daß man nicht sagen kann, wie Constantius Helena kennenlernte.

Sicher ist jedenfalls, daß sie seine Konkubine wird und mit ihm für fast 20 Jahre zusammenlebt. Für heutige Betrachter erscheint diese Art des Zusammenlebens ungewöhnlich, doch für römische Offiziere ist sie völlig normal: Sie dürfen während ihrer Dienstzeit nicht heiraten, und fast alle Soldaten und Offiziere suchen sich daraufhin Konkubinen, mit denen sie in eheähnlichen Verhältnissen leben. Diese Verbindungen dauern, wie wir auch am Beispiel von Constantius und Helena sehen können, in der Regel über viele Jahre. Trotzdem gelten die Kinder aus solchen Verbindungen als nicht ehelich und haben den gleichen, also niedrigeren, sozialen Rang wie ihre Mutter. Der heidnische Historiker Eutrop nennt Constantin sogar „ex obscuriore matrimonio", also aus einer fragwürdigen Beziehung stammend[7]. Erst nach Beendigung des aktiven Militärdienstes können Veteranen heiraten, was in der Regel heißt, daß sie bereits bestehende Beziehungen legalisieren[8]. Auch die Tatsache, daß ihn Helena überallhin, sogar auf Feldzüge, begleitet, ist für die Kaiserzeit typisch: Es gibt bei jeder Truppe eine Anzahl sogenannter „Camp followers", also Nachzügler, die die Einheit begleiten und an jedem neuen Stationierungsort für die nötige Infrastruktur sorgen. Dieser Troß besteht zum Großteil aus den Familien der Soldaten, und nicht, wie man immer wieder liest, aus Prostituierten und Bordellbesitzern.

Der wohl einzige Sohn dieses Paares, Constantin (später „der Große" genannt)[9], wird um 273/75 im serbischen Niš geboren und gilt nach römischem Recht als illegitimer Bastard. Sein Name bezieht sich auf die höchste soldatische Tugend, die Standhaftigkeit; dieser Name wird in immer neuen Varianten (Constans, Constantius, in der weiblichen Form Constantia oder Constantina) zum Kennzeichen der gleichnamigen Dynastie des vierten Jahrhunderts. Auch die von Constantin als „Neues Rom" gegründete Hauptstadt des Ostreiches wird als „Constantinopel" in das propagandistische Namensschema eingepaßt. Wenige Jahre später, Constantius Chlorus ist inzwischen einer der Herrscher der ersten Tetrarchie, muß er Helena auf Befehl seines Mitkaisers Diocletian verlassen, um im Jahr 293 eine dynastische Ehe mit dessen Stieftochter Theodora einzugehen[10]. Von diesem Moment an verschwindet Helena für lange Jahre aus der Geschichte, ihr Sohn Constantin wird nun am Hofe des Diocletian in *Nicomedia* erzogen. Möglicherweise wird er damals auch Zeuge der vom Kaiser befohlenen massiven Christenverfolgungen. Seine Haltung dazu ist nicht überliefert, auch nicht in bezug auf die angeblichen christlichen Neigungen von Diocletians eigener Frau und Tochter. Am wahrscheinlichsten ist jedoch, daß ihn das Christentum damals noch kaum interessiert. Von Helena ist dagegen nicht einmal bekannt, wo sie jene Jahre verbrachte. Ein Aufenthalt in *Nicomedia* in der Nähe ihres Sohnes wäre zwar durchaus denkbar, entweder direkt am kaiserlichen Hofe oder aber in unmittelbarer Nähe in einem Stadthaus, doch auch ein Exil weit entfernt von ihrem Sohn ist nicht auszuschließen, denn uns fehlt jeder Bericht in den Quellen.

Als Constantius Chlorus am 25. Juli 306 in Britannien stirbt, wird Constantin zu seinem Nachfolger ernannt und holt Helena sofort zurück an den kaiserlichen Hof. Man schließt daraus auf eine enge Beziehung Constantins zu seiner Mutter, die auch in den Jahren des Exils und der Verbannung nicht abbrach und nun mit allen Ehren und Vergünstigungen, die einer Kaisermutter zustehen, versehen wird. Sie darf zunächst den Ehrentitel *nobilissima femina* (übersetzt etwa: edelste Dame) führen, dann, ab 324, *Augusta*, also Kaiserin. Neben den rein symbolisch zu verstehenden Rechten wie dem Tragen eines Diadems und dem Erscheinen ihres Bildes auf Münzvorderseiten beinhaltete diese Statusverbesserung vor allem den freien Zugriff auf das Staatsvermögen, was in der Folgezeit gerade bei der Pilgerfahrt der Helena noch eine große Rolle spielen soll[11]. Auch verschiedene Porträtstatuen werden mit Helena identifiziert, doch nur sehr wenige sind, wie bei allen Frauenbildnissen dieser Zeit, sicher einer bestimmten Person zuzuordnen[12]. Die Frage, ob mit dem veränderten Status Helena nun auch wirkliche Macht zukam, ist zu verneinen. Es handelt sich bei *Augusta* um einen reinen Ehrentitel mit gewissen Privilegien, nicht aber um politische Machtausübung. Es ist daher nur vom üblichen Einfluß einer starken, dominanten Mutterpersönlichkeit auf ihren Sohn auszugehen.

Im Jahr 312 besiegt Constantin den Usurpator Maxentius an der Milvischen Brücke bei Rom. Nach Aussage von Constantins Biograph Eusebius wurde diesem in einer Vision der Sieg für den Fall prophezeit, daß er das christliche Symbol, das Christogramm oder Kreuzeszeichen, an Helm und Feldzeichen trägt („in hoc signo vinces" – in diesem Zeichen sollst du siegen). Constantin, ganz Realpolitiker, läßt die Symbole sogar an den Schilden seiner – heidnischen – Soldaten anbringen und wendet sich nach dem errungenen Sieg spontan dem neuen Glauben zu, weniger aus innerer Überzeugung, denn aus politischem Kalkül – der Christengott erscheint in dem Moment als der hilfreichste unter den vielen römischen und orientalischen Göttern. Erst auf dem Totenbett bekennt er sich endgültig zum Christentum und läßt sich taufen, was aber in der Spätantike nicht ungewöhnlich ist, denn man praktiziert damals noch nicht die heute übliche Taufe von Kleinkindern. Als unmittelbare Folge seines Sieges über Maxentius gestattet Constantin im Jahre 313 die freie Religionsausübung für alle Glaubensrichtungen einschließlich der christlichen. Es wird öfter die Frage gestellt, wer eigentlich wen bekehrt habe – Helena Constantin oder dieser seine Mutter. Das ist heute sicherlich schwer zu klären, doch hat es eine gewisse Wahrscheinlichkeit, daß Constantin Helena vom neuen Glauben überzeugt hat. Helena residiert jetzt in Rom, im sogenannten Sessorianischen Palast, einer großen und luxuriösen Stadtresidenz mit mehreren Badegebäuden, dessen Kirche, das heutige S. Croce in Gerusalemme, die später aus Jerusalem mitgebrachte Kreuzreliquie beherbergen wird[13].

Die Palastkrise von 326 oder Haben Schwiegermütter unrecht?

326 erschüttert eine Familienintrige das Kaiserhaus – möglicherweise aufgrund von Verleumdungen läßt Constantin seinen Sohn Crispus in Pola hinrichten, und kurz darauf wird Fausta, die Frau des Kaisers, als mutmaßliche Urheberin der falschen Beschuldigungen zum Selbstmord gezwungen oder ebenfalls ermordet. Eine andere Version der Geschehnisse lautet, daß Constantin hinter eine Liebesaffäre zwischen Crispus und Fausta gekommen sei und sich als betrogener Ehemann sofort und bitter an den beiden rächt. Wohlwollende Historiker drücken diesen Sachverhalt so aus: Constantin sei zum „Gefangenen seiner eigenen Gesetzgebung" geworden, die Ehebruch bei Todesstrafe verbietet – wir erinnern uns daran, daß Schankmädchen davon ausgenommen waren, offenbar aber nicht die Mitglieder der kaiserlichen Familie. Da jedoch angeblich auch viele Vertraute und Freunde des Kaisers der Beseitigungswelle zum Opfer fallen, ist wohl doch mit den in jeder Zeit üblichen politischen Säuberungen zu rechnen. Welche Rolle Helena in diesem Verwirrspiel innehat, läßt sich nicht mehr sicher feststellen. Doch sagt man von ihr, sie habe ihren Enkel Crispus sehr geliebt und – typisch Schwiegermutter – Fausta gehaßt und in den Tod getrieben, was man aber durchaus als literarischen Topos verstehen kann[14]. Die verschiedenen Schuldzuweisungen hängen natürlich auch von den sie überliefernden Autoren ab – sind sie Christen oder

Heiden und Constantin und Helena dementsprechend wohlgesonnen oder nicht? Schließlich könnte man Faustas mögliches Motiv für die Verleumdungen, nämlich ihre Sorge um die Thronfolgerechte ihrer eigenen Kinder gegenüber den Kindern von Constantins Konkubinen, durchaus nachvollziehen – vergleichbare Gründe wie im constantinischen Haus sind nicht das erste und nicht das letzte Mal in der Geschichte Auslöser von Palastrevolten gewesen.

Die Pilgerreise ins Heilige Land – Tatsachen und Legenden

Das Motiv und der genaue Zeitpunkt der Jerusalem-Reise Helenas sind umstritten. Während bei Rufinus ein Datum zur Zeit des Konzils von Nicaea (325) oder kurz danach genannt wird, interpretieren manche die Reise als unmittelbare Folge der erwähnten Palastkrise des Jahres 326, soll sie doch eine regelrechte „Sühnefahrt" gewesen sein. Viele Wissenschaftler gehen dagegen vom Jahr 327/28 aus, geschlossen aus dem Bericht des Eusebius, Helena sei kurz nach ihrer Heimkehr aus Palästina gestorben, sowie aus der Tatsache, daß man wiederum ihr Todesjahr numismatisch relativ genau auf 329 festlegen kann. Glaubwürdiger wäre jedoch eher eine Dankesreise für den Sieg des christlichen Imperiums über die Bedrohung durch Licinius (324), in deren Verlauf Helena für Constantin und seine Söhne betet und Stiftungen als Dankopfer leistet. Zugleich ist diese Reise eine sehr effektive Machtdemonstration, eine Zurschaustellung des kaiserlichen Reichtums einerseits und der Stärke und Einheit des Reiches andererseits. Das Auftreten Helenas als regierende Kaiserin, die Donative (Geldgeschenke, möglicherweise mit ihrem eigenen Münzbild?) verteilt und Gefangene aus Gefängnissen und Steinbrüchen befreit, würde daher auch gut in die Zeit unmittelbar nach dem Sieg über Licinius passen, denn all diese Tätigkeiten stellen das übliche Repertoire eines regierenden und triumphierenden Kaisers dar[15]. Einzig die christlich zu interpretierende Armenfürsorge fällt aus jenem Schema heraus. Insgesamt aber kann man die Pilgerreise der Helena eher als politische Propaganda interpretieren, denn als privaten Akt der Frömmigkeit, auch wenn die persönlichen Gefühle der Kaiserin sicher eine Rolle spielen. Diese Verbindung von staatspolitischen und religiösen Gründen wird sich über 100 Jahre später auch bei der Pilgerreise der Kaiserin Eudocia beobachten lassen. So wie die Reisen des Kaisers Hadrian die Einheit des römischen Reiches symbolisieren sollten, so versinnbildlicht die Palästinafahrt Helenas die Einheit des christlichen Imperiums unter Constantin[16].

Helena ist also als regierende Kaiserin unterwegs, mit großem Gefolge und reichem Pomp[17]. Ihre Reise durch (fast) alle östlichen Provinzen ist ein Ereignis von überregionaler Bedeutung, sie wird überall mit hohen Ehren empfangen und willkommen geheißen. Die örtlichen Honoratioren sind begeistert ob der Gelegenheit, sie bewirten zu dürfen, obwohl ein solch hoher Besuch oftmals zu Problemen in den kleineren Landstädtchen führt – schließlich muß man auch den gesamten Troß abfüttern und unterhalten. In ihrer Art zu reisen (und von der örtlichen Bevölkerung empfangen zu werden) unterscheidet sich Helena in keiner Weise von früheren Kaisern und Kaiserinnen auf Reisen (*itinera principum*). Zwar ist dies der erste belegbare Fall, in dem eine Kaiserin allein unterwegs ist, doch handelt es sich bei Helena um eine respektable Matrone fortgeschrittenen Alters, und nicht um eine jugendliche Herrscherin, die vor Avancen aller Art geschützt werden muß. Helena wird möglicherweise unterwegs nur von einer persönlichen Leibwache begleitet, nicht aber von einer Eskorte aus Prätorianern. Allerdings erscheint es fraglich, daß sie, wie Kenneth Holum annimmt, diese hätte gar nicht kommandieren können – selbst die nichtadlige Egeria hatte in Ägypten eine Militäreskorte, die sie begleitete, auch ohne direkt unter ihrem Kommando zu stehen. Holum gibt weiterhin zu bedenken, daß Constantin vielleicht bewußt auf die Militäreskorte verzichtet habe, um keine Unruhen an den Heiligen Stätten zu provozieren[18]. Nach Eusebius ist Helena trotz ihres hohen Alters von fast 80 Jahren eilig, „mit jugendlichem Eifer unterwegs", ohne Rücksicht auf ihre Gesundheit zu nehmen, was mittelbar zu ihrem Tod nach der Rückkehr geführt haben mag[19]. Vergleichbar in ihrem kaiserlichem Prunk ist diese Pilgerfahrt sicher nur noch mit der Reise der Kaiserin Eudocia, auch wenn einige andere Frauen, von denen wir noch hören werden, sich alle Mühe geben, dem entsprechenden Gepränge nahezukommen.

Die genaue Route von Helenas Reise durch das Heilige Land ist nicht überliefert, berichtet wird hauptsächlich von ihrem Besuch in Jerusalem. Die Stadt gleicht zur Zeit ihrer Ankunft einer Baustelle. Seit Kaiser Hadrian Platz der nach ihm benannten Kolonie *Aelia*

Capitolina, ist sie zwar Zentrum des antiken Palästina, jedoch nicht dessen Hauptstadt – die liegt in *Caesarea Maritima*. Bereits Hadrian läßt die Stadt aus politischen Gründen, nämlich als Illustration des Sieges der Römer über die Juden, mit monumentalen Bauten ausstatten. Im Zentrum liegt ein großer Tempel, der der Capitolinischen Trias geweiht ist. Dieser überlagert bewußt den Bereich der Stadt, in dem sich sowohl der von den Soldaten des Titus im Jahr 70 n. Chr. zerstörte jüdische Tempel als auch die Hinrichtungsstätte und das Grab Christi befinden. Man sagt sogar, nur die Überbauung durch Hadrian habe überhaupt ermöglicht, daß diese für das Christentum so zentralen Monumente sich bis ins vierte Jahrhundert erhalten konnten – bei der Ausgrabung fand man sie unter der meterdicken Aufschüttung hadrianischer Zeit. Jedenfalls wählt auch Constantin gerade diesen Platz um 325 aus politischen Gründen bewußt aus, um einen symbolträchtigen heidnischen Tempel abzureißen, darüber eine christliche Basilika zu errichten und so die Ablösung des Heidentums durch das Christentum greifbar zu machen. Zwar überzieht er ganz Palästina mit seinem Bauprogramm, doch der Schwerpunkt liegt eindeutig hier in Jerusalem. Über die übrigen Ziele von Helenas Palästinareise wissen wir wenig, sie soll außerdem noch in Bethlehem, am Jordan, in Kanaan und in Galiläa (Nazareth, Tiberias, Berg Tabor) gewesen sein.

Helena, die Stifterin und Finderin des Wahren Kreuzes

Ausführlich berichten die Quellen von den christlichen Tugenden der Kaiserin Helena – sie zeichnet sich aus durch Armenfürsorge, Verteilung von Geldgeschenken und Kleiderspenden, aber besonders auch durch reiche Weihegeschenke und prunkvolle Kirchenausstattungen, die sie entlang ihrer Reiseroute verteilt. Dabei tritt sie selbst demütig auf, kleidet sich einfach und mischt sich sogar unter die einfachen Gläubigen in der Kirche. Der Kirchenhistoriker Rufinus erzählt, Helena habe einmal eine Gruppe von Jungfrauen, also wohl Nonnen oder Asketinnen, eingeladen und bewirtet[20]. Dabei sei sie in einfachen Kleidern als Dienerin der frommen Frauen aufgetreten und habe sie bewirtet. Dies nimmt schon am Beginn des vierten Jahrhunderts die später so gängigen Tugenden einer Paula oder Melania vorweg, die es zu ihren wichtigsten Aufgaben zählen, Bedürftige zu versorgen. Ob es allerdings zur Zeit der Helena in

Jerusalem schon eine klosterähnliche Einrichtung gegeben hat, aus der diese Nonnen hätten kommen können, ist unsicher, da sich solche Konvente erst ab der zweiten Jahrhunderthälfte in großer Zahl zu entwickeln beginnen. Auszuschließen ist es aber nicht.

Einer der wichtigsten Punkte von öffentlicher Bedeutung bei der Pilgerfahrt der Helena sind ihre Kirchengründungen und die legendäre Kreuzauffindung, auch wenn man ihren genauen persönlichen Anteil daran wird wohl nie festmachen können. Gibt sie nur den Auftrag zum Kirchenbau, oder beaufsichtigt sie den Fortgang der von Constantin befohlenen Arbeiten, solange sie im Heiligen Land ist? Werden die Gründungen in ihrem Namen, als Gemeinschaftsprojekte von Mutter und Sohn oder sogar im Namen der ganzen Dynastie ausgeführt? Die Quellen dazu sind widersprüchlich. Während beispielsweise der Pilger von Bordeaux bei allen Bauten nur Constantin erwähnt, nennt Eusebius Helena bei den zwei großen Basiliken, der Auferstehungskirche (*Anastasis*) in Jerusalem sowie der Geburtskirche in Bethlehem, definitiv als Gründerin. Bei anderen von Constantin errichteten Bauten, wie der 335 geweihten Grabeskirche[21] in Jerusalem, ist von Helena dagegen nicht die Rede, was zumindest ihre Beteiligung an den zuvor genannten Projekten absichern dürfte. Im ursprünglichen Bericht über den Bau der Grabeskirche bei Eusebius wird Helena nämlich nicht genannt: Er erwähnt nur, daß im Zuge des Abbruchs der hadrianischen Tempelbauten durch Zufall der Fels Golgatha und das Grab Christi gefunden und freigelegt worden seien; es ist hier also weder von der Kaiserinmutter noch von einem Kreuz die Rede. Nach der Identifizierung des Platzes als Ort des Martyriums Christi ordnet Constantin bald nach 325 den Bau der Grabeskirche an, geweiht wird diese schließlich nach etwa zehnjähriger Bauzeit 335, einige Jahre nach Helenas Tod. Worin begründet sich aber die Entscheidung, gerade an dieser Stelle die Kirche zu errichten, wenn die Identifizierung des Ortes erst während des Baus erfolgte? Es geht primär um die oben schon erwähnte bewußte Ablösung der Kultstätten und Kulte, also den Abbruch des heidnischen Tempels, der an einem sehr prominenten Platz im Stadtzentrum liegt, und die Errichtung eines neuen, christlichen Kirchenbaus. Außerdem gibt es nicht viele geeignet große Plätze in der Jerusalemer Altstadt, was aber sicher für die Ortswahl nicht entscheidend ist. Als bedeutsam wird in diesem Fall das Schweigen des Pilgers von Bordeaux gesehen, der Anfang der 330er

Jahre, also noch während der Bauzeit der Grabeskirche, dort ist und weder das Kreuz noch seine Verehrung erwähnt. Das muß aber, wie wir hören werden, nichts besagen – schließlich konzentriert er sich in seiner sowieso sehr knappen Beschreibung nur auf diejenigen Dinge, die ihm persönlich wichtig sind[22]. Auch der Bau der Himmelfahrtskirche auf dem Ölberg wird manchmal der Helena zugeschrieben, doch wir kennen in diesem Fall die wahre Gründerin – Poemenia, die zur Zeit des Theodosius I. am Ende des vierten Jahrhunderts in Jerusalem weilt und die uns noch beschäftigen wird[23]. Das constantinische Bauprogramm sollte jedenfalls ein „Neues Jerusalem" schaffen, einen irdischen Widerschein des „Himmlischen Jerusalem" der Bibel[24]. Dabei wird schließlich die hadrianische *Aelia Capitolina* großteils überbaut, und heidnische Traditionen werden von christlichen abgelöst, so auch im Falle des Kirchweihfestes der Grabeskirche, das zum selben Zeitpunkt gefeiert wird wie zuvor das Fest der Capitolinischen Trias[25].

Spätestens ab der Mitte des vierten Jahrhunderts beginnt die Verehrung von Kreuzreliquien, noch aber ohne die spätere Verbindung zu Helena. Vielleicht hat man im Zuge der constantinischen Baumaßnahmen auf Golgatha tatsächlich Holzreste gefunden, wenn diese auch nicht notwendigerweise Kreuzform haben mußten oder im Rahmen einer richtigen Ausgrabung zutage traten. Diese Holzreste wurden dann relativ schnell als Überreste des Wahren Kreuzes interpretiert, was einerseits zu einer wahren Pilgereuphorie führt, andererseits aber zu einer weiten Verbreitung von Holzpartikeln des „Kreuzes". Bereits um 350 berichtet Bischof Cyril von Jerusalem, daß die Partikel der Kreuzreliquie inzwischen über den ganzen Mittelmeerraum verbreitet seien, und gegen Ende des vierten Jahrhunderts gibt es an so vielen Orten Splitter vom angeblichen Kreuz Christi, daß man davon nicht nur ein einfaches Kreuz, sondern einen Wald von Kreuzen, ja sogar ganze Kriegsschiffe bauen könnte. Auch von den zugehörigen Nägeln gibt es im Laufe der Zeit „mehrere Zentner"[26].

Die Legende, Helena habe das Wahre Kreuz Christi gefunden, taucht schließlich, etwa 60 Jahre später, am Ende des vierten Jahrhunderts plötzlich auf: In der Leichenrede des Ambrosius von Mailand auf Kaiser Theodosius I. („De obitu Theodosii") aus dem Jahr 395 wird Helenas Kreuzauffindung erwähnt[27]. Eine weitere Quelle ist der

Begleitbrief, den Paulinus von Nola zusammen mit einem von Melania der Jüngeren nach Italien mitgebrachten Kreuzpartikel um 402/03 an seinen Freund Sulpicius Severus schickt. Darin thematisiert er ebenfalls die Fundgeschichte und Helena, die Finderin der Reliquie[28]. Angeblich fanden also die ersten Ausgrabungen in Jerusalem unter Helena zu Anfang des vierten Jahrhunderts statt, die Kaiserin fungierte dabei als eine Art Ausgrabungsleiterin[29]. Natürlich darf man sich dabei keine archäologische Ausgrabung im heutigen Sinne vorstellen, sondern eher eine zielgerichtete Schatzsuche, besser gesagt, die Suche nach einer bestimmten Reliquie, dem Wahren Kreuz Christi. Der Grund für ihre Ausgrabung ist folgender: Helena will das Wahre Kreuz finden, nachdem sie in einer Vision von dessen Versteck erfahren hat. Im Detail unterscheiden sich die einzelnen Fassungen der Legende je nach Überlieferungstradition, unterschiedlich sind vor allem folgende Punkte: Wer zeigt Helena die Fundstelle des Kreuzes? Visionen, ein Jude, der bekehrt wurde, oder Bürger und Soldaten aus der Stadt? Helena läßt schließlich nach dem Kreuz graben und findet eines oder (nach anderer Überlieferung) drei Kreuze. Wie erkennt man das Wahre Kreuz? Es liegt in der Mitte der drei Kreuze, es hat die Beschriftung „Jesus von Nazareth, König der Juden", oder es wirkt sofort Wunder, indem es eine Kranke heilt bzw. Tote erweckt[30]. Neben dem Kreuz findet sie auch die zugehörigen Nägel und schickt sie ihrem Sohn – dieser läßt sie als Symbole mit magischem Charakter in sein Diadem und ins Zaumzeug seines Pferdes einarbeiten.

Kleine Fragmente der Kreuzreliquie trennt Helena angeblich zum persönlichen Gebrauch ab, diese werden noch heute in Rom in der nach ihnen benannten Kirche S. Croce di Gerusalemme aufbewahrt, die wohl die Hauskirche von Helenas römischer Stadtresidenz ist. Der größere Teil des Wahren Kreuzes verbleibt in Jerusalem in einer silbernen Kiste, die anläßlich des gemeinsamen Festes der Kreuzauffindung und der Kirchweihe der Grabeskirche im September bei Prozessionen den Gläubigen gezeigt wird[31]. Dabei muß die Reliquie streng bewacht werden, denn Egeria beschreibt, daß manche Pilger, anstatt das Kreuz zu küssen, Teile aus ihm herausbeißen, um sie mitzunehmen[32]. Die Folge davon ist die Einsetzung eines eigenen Reliquienaufsehers, des *Staurophylax*. Auch in vielen anderen Orten rund um das Mittelmeer werden Teile des Wahren Kreuzes als Reliquie verehrt, so in Nordafrika, wo Kreuzpartikel inschriftlich für mindestens zwei Orte gesichert sind[33]. Unklar ist aber, inwieweit die damaligen Gläubigen überhaupt die Frage nach der Echtheit der vielen Kreuzreliquien stellten – ab einer gewissen Anzahl angeblich echter Fragmente konnte man diese ja schon in Zweifel ziehen. Paulinus von Nola erklärt die ständige Vermehrung der Kreuzreliquien aber damit, daß sie immer wieder nachwüchsen, ohne etwas von ihrer Kraft einzubüßen. Gleiches gilt auch für andere von den Pilgerscharen dezimierte Reliquien, wie den Sand, in dem sich angeblich die Fußabdrücke Christi erhalten haben und der sich laut Sulpicius Severus immer wieder erneuert. Im heutigen Jerusalem sind scheinbar keinerlei Reste der Kreuzreliquie mehr zu finden[34].

Bei der Überlieferung der Kreuzauffindung handelt es sich höchstwahrscheinlich um eine Legende von unsicherem Wahrheitsgehalt, die im Laufe des vierten Jahrhunderts entstanden ist, möglicherweise, um die Fragen der vielen neugierigen Pilger zu befriedigen. Man kann sich gut die spätantiken Pilgerführer vorstellen, die, nicht unähnlich ihren heutigen Kollegen, immer phantastischere, sich von der historischen Realität immer weiter entfernende Geschichten erfinden, um ihre Kunden zufriedenzustellen und nach Abschluß der Führung eine große Belohnung zu erlangen. Sicherlich ist aber trotzdem ein historischer Kern in der Geschichte enthalten, den es herauszufiltern gilt. Die heutigen Historiker müssen wahre „Textarchäologen" sein, um ihn zu finden[35]. Nach Joan Taylor handelt es sich hierbei sogar um ein im Prinzip katholisch-protestantisches Problem: Während die Katholiken lange alles wörtlich nahmen, was überliefert ist, und dem erst in der heutigen Zeit mit etwas Skepsis begegnen, hatten die Protestanten diese Skepsis von Anfang an und bezweifelten den Wahrheitsgehalt der Heiligenlegenden[36].

Tod und Bestattung

Kurz nach ihrer Rückkehr von der Pilgerreise stirbt Helena, angeblich an Überanstrengung, im Jahre 327 oder 329[37]. Sie ist über 80 Jahre alt. Wie schon der Ort ihrer Geburt ist der ihres Todes nicht überliefert, beigesetzt wird sie jedenfalls im Mausoleum der constantinischen Familie an der Via Labicana in Rom, in einem mit einer Schlachtszene verzierten Porphyrsarkophag[38]. Dort ruht sie bis zum Jahr 842, als man den Sarkophag für einen verstorbenen Papst benötigt und die Überreste der Helena einfach ausquartiert.

Auch danach ist der Weg ihrer Gebeine, die allerdings nie als richtige Reliquien verehrt wurden, noch nicht beendet, sie gelangen nach Frankreich, wo sie heute, nach erneuten Umbettungen, in Paris aufbewahrt werden. Der Constantin-Biograph Eusebius schreibt Helenas Nachruf[39].

Helena – Ihr Nachleben als Heilige

Die Person der historischen Helena verschmilzt in den folgenden Jahrhunderten ganz mit der Legendenfigur, da reale Tatsachen die Pilgerinnen und Pilger zu keiner Zeit besonders interessierten. Bereits am Ende des vierten Jahrhunderts ist sie überaus populär, so wird die streng religiöse Schwester des Theodosius II., Pulcheria, als „neue Helena" gerühmt. Während Helena das Kreuz gefunden habe, habe Pulcheria es durch ihre frommen Taten gerettet: „crucem Christi tu defendis, invenit Helena, salvavit Pulcheria"[40]. Sie ist die Wegbereiterin für eine Vielzahl von Christen, die in der Folgezeit ins Heilige Land reisen und die Pilgerfahrt so zu einem wichtigen Bestandteil der spätantiken Frömmigkeit machen. Ab dem Jahr 1000 wird Helena schließlich selbst als Heilige verehrt, von ihren vielen tatsächlichen Taten und Stiftungen ist das entscheidende nun die – nicht sicher verifizierbare – Kreuzauffindung. Man findet Darstellungen der Heiligen Helena in mittelalterlichen Buchmalereien, in gotischen Plastiken oder in Kirchengemälden der Barockzeit. Eine Vielzahl der Helena geweihten Kirchen gibt es allein in Deutschland, an mehreren Orten werden lokale Legenden tradiert, die nichts mehr mit den historischen Begebenheiten zu tun haben[41].

Der Pilger von Bordeaux – eine Pilgerin?

Unter der Vielzahl der spätantiken Pilger ist sicherlich der sogenannte „Anonymus von Bordeaux" eine der interessantesten Gestalten. Leider kennen wir weder Namen noch Rang, geschweige denn das Geschlecht dieser Person, die sich im Jahre 333 auf die

Reise machte, und es gibt keinen detaillierten Bericht über seine Erlebnisse. Trotzdem findet man in dem von ihm verfaßten Text verschiedene Hinweise, aus denen man schließen könnte, daß dieser „Anonymus" eine „Anonyma", also eine Frau war[42]. Zwar gingen alle früheren (männlichen) Bearbeiter des Reiseberichts wie selbstverständlich davon aus, das Itinerarium stamme von einem Mann, denn nicht einmal die Möglichkeit, es könne sich beim Autor um eine Frau handeln, wurde in Betracht gezogen. Da das Geschlecht des Verfassers aus heutiger Sicht nicht mehr zu klären sein wird, soll im folgenden weiterhin die eingeführte Bezeichnung „Pilger" Verwendung finden, obwohl wir die andere Möglichkeit durchaus im Kopf behalten müssen und darauf zurückkommen werden.

Ungewöhnlich an dieser Reise, die von Südgallien ins Heilige Land führt, ist weniger die zurückgelegte Entfernung, als vielmehr die Tatsache, daß unser Pilger, im Gegensatz zu allen späteren, den mühevolleren Landweg wählt und quer durch die Provinzen des römischen Reiches in den Osten reist[43]. Das sind insgesamt um die 10.000 Kilometer, aber außer der langen und gefahrvollen Strecke gibt es vergleichsweise wenige Probleme, auch wenn im Ganzen 20 Provinzen zu durchqueren sind – alle diese Gebiete sind Teil des römischen Reiches, und man muß nicht, wie heute, eine Vielzahl von Ländergrenzen überwinden, bei Paßkontrollen warten oder ständig Geld umtauschen. Heute wäre die vom Pilger gewählte Route von Frankreich über Oberitalien, die ehemaligen jugoslawischen Staaten, Bulgarien, die Türkei, Syrien und den Libanon aufgrund der sich ständig ändernden politischen Situation zumindest problematisch, wenn nicht ganz ausgeschlossen. Für die Reise ist wohl die Benutzung des *Cursus publicus* vorauszusetzen, der in der Spätantike völlig ausgebauten und durchorganisierten Staatspost, die allen Personen, die im Besitz eines gültigen Passierscheins (*diploma* oder *evectio*) sind, kostenlose Beförderung mittels Pferd, Maultier oder, wahrscheinlicher, Reisewagen, sowie Übernachtungsmöglichkeiten und Verpflegung bietet. Zwar werden die wenigen christlichen Pilger der constantinischen Zeit dieses Reisemittel vergleichsweise selten genutzt haben, da sie meist den Seeweg bevorzugen, in späteren Jahren ist aber von einer wachsenden Zahl frommer Touristen auch auf den Reichsstraßen auszugehen. Inwieweit unser Pilger im Besitz eines solchen Passierscheines war, oder aber den *Cursus publicus* auf eigene Kosten benutzte, ist nicht zu klären[44].

Insgesamt war der Burdigalenser ein gutes Jahr, von 333 bis 334, unterwegs, wie wir aus den im Text überlieferten Consulangaben erschließen können. Allein für die Strecke Constantinopel – Jerusalem brauchte er für Hin- und Rückweg je zwei Monate. Rechnet man als maximale Aufenthaltszeit im Heiligen Land etwa drei Monate, so waren drei Viertel der gesamten Reisezeit allein für die Zurücklegung der riesigen Entfernungen nötig[45]. Durch die detailgenauen Angaben zu Wegstrecken und Rasthäusern ist der Bericht des Pilgers von Bordeaux sogar eine der besten uns überlieferten Quellen für die hochentwickelte Organisation des Transportwesens zur Römerzeit.

Über die Person des Pilgers von Bordeaux wissen wir, abgesehen von seiner Heimatstadt, nichts Genaueres. Obwohl er sicher nicht allein gereist ist, erfahren wir nichts über seine Begleiter oder etwaige ortskundige Führer. Es gibt keinerlei Hinweise darauf, daß der Pilger irgendwie zum kirchlichen Umfeld, etwas als Mönch oder Nonne, gehört haben könnte. Wahrscheinlicher ist, daß es sich um einen Bürger der Stadt Bordeaux handelt, der vielleicht in Verbindung zum römischen Beamtentum oder der provinzialen Verwaltung steht, denn die Sprache seines Berichtes erweist sich als überaus trocken und bürokratisch genau. Er nennt alle von ihm durchfahrenen Orte und alle Provinzgrenzen, die einem verwaltungstechnisch ungeübteren Menschen vielleicht nicht einmal aufgefallen wären. Auch das Fehlen bestimmter Informationen im Text, wie etwa solche bezüglich der Planung oder Organisation der Reise, könnte dafür sprechen, daß so etwas für jenen Pilger selbstverständlich und daher nicht weiter nennenswert ist. Die häufigen Erwähnungen von heidnischen Denkmälern oder Ereignissen könnten zudem auf eine erst kurz zuvor erfolgte Bekehrung zum Christentum verweisen, zumindest aber auf eine enge Bindung an das traditionelle römische Staatswesen. Vielleicht ist er ein hoher Verwaltungsbeamter, der in der Hauptstadt der Provinz Aquitania, *Burdigala*, dem heutigen Bordeaux[46], seinen Dienst versah und womöglich schon bald von dort wieder nach Rom oder Mailand versetzt werden sollte, denn schließlich wird nicht von einer Rückkehr nach Südgallien gesprochen. Eventuell werden diese beiden Regierungssitze aber auch deshalb nicht im Detail beschrieben, weil sie als potentielle Heimatstädte dem Autor gut bekannt sind.

Der Pilger erweist sich als halbwegs gebildet, aber seine Kenntnisse sind nicht besonders weitreichend, so weiß er zwar, daß Alexander

der Große im makedonischen Pella geboren wurde, verwechselt aber den karthagischen Feldherrn Hannibal mit dem unbedeutenden Neffen Constantins namens Hannibalianus. Außerdem „liebte er es, zu rechnen", denn es werden immer die Abstände zwischen den einzelnen Stationen und Orten in Meilen angegeben, insgesamt wird ganze achtzehnmal die Zwischensumme gezogen sowie viermal die Gesamtsumme der zurückgelegten Strecken. Doch erstaunlicherweise stimmen diese Angaben nie, was aber auch an den mittelalterlichen Kopisten der Handschrift liegen kann[47]. Allerdings spricht diese penible Genauigkeit doch eher für einen Mann als Autor – aus der Feder einer Frau würde man doch etwas persönlichere Bemerkungen, wenn auch knapper Natur, erwarten.

Auch zu den Geschehnissen auf der gesamten zurückgelegten Strecke werden keinerlei nähere Informationen gegeben, so als hätten Mailand, Constantinopel oder Antiochia im Vergleich zu Palästina keine Sehenswürdigkeiten aufzuweisen gehabt. Genannt werden nur die Namen der Städte *(civitates)*, Pferdewechselstationen *(mutationes)* und Herbergen *(mansiones)*, jeweils mit den Entfernungsangaben dazwischen. Es gibt aber keine Landschaftsbeschreibungen, und nach der Überquerung der Alpen scheint das Land bis nach Kleinasien keine topographischen Besonderheiten mehr geboten zu haben. Einzig der Aufenthalt im Heiligen Land wird näher kommentiert. Nach Verlassen Judaeas kehrt der Text aber wieder zum gewohnten Schema zurück – nur knappe Angaben werden verzeichnet. Von über 100 Einträgen werden nur bei acht überhaupt zusätzliche Vermerke gemacht, und das nicht etwa bei den Hauptstädten Mailand und Constantinopel, sondern bei vergleichsweise unbedeutenden Orten, die von christlicher oder allgemein historischer Bedeutung sind, beziehungsweise in Relation zum Kaiserhaus stehen, etwa Tarsus als Heimatort des Apostels Paulus. Erst mit Erreichen des Heiligen Landes wird der Pilger gesprächiger: Er berichtet von den Heiligen Stätten wie Jerusalem, Jericho oder Bethlehem und nennt zugehörige Bibelstellen (aber nicht alle), erzählt aber nichts über die Landschaft oder die Menschen dort, denn das scheint ihn nicht zu interessieren. Vielleicht mußte das auch nicht sein – da nur diejenigen Dinge verzeichnet wurden, die neu und bemerkenswert waren, nicht aber die altbekannten, könnte man auf eine frühere Reise ins Heilige Land schließen. Der Stil jener Passagen paßt aber zum übrigen Text, beides stammt somit sicher vom selben Autor.

Sicherlich ist dieser Bericht nicht als Reisehandbuch geschrieben worden, das zur Weitergabe an andere Pilger gedacht war. Es ist eher die genaue Dokumentation der zurückgelegten Wegstrecke, fast wie in einem Geschäftsdokument oder einer Spesenaufrechnung. Vermutlich diente es daher nur als persönliche Aufzeichnung für den Reisenden selbst und beschreibt nur diese eine bestimmte Reise. Es ist sogar zu vermuten, das der Reisende das Handbuch des „Itinerarium Antonini" kannte und als Grundlage verwendete, was erneut für eine Beziehung zum Staatsdienst spricht.

Auffällig ist tatsächlich, daß nur bestimmten Dingen Aufmerksamkeit geschenkt wird, vor allem Orten des Altes Testaments. Dagegen ist nur ein geringes allgemeintheologisches Interesse zu beobachten, woraus Herbert Donner schließt, daß es sich bei dem Verfasser auch um einen getauften Juden handeln könnte, der aus dem Westen des Reiches kommt und sich speziell diejenigen Plätze ansieht, die etwas mit dem Judentum zu tun haben. Hinweise bietet für Donner die Tatsache, daß der Anonymus in Jerusalem zuerst den Tempelplatz besucht statt der Grabeskirche und auch einige jüdische Riten genau beschreibt. Das wäre durchaus denkbar, auch wenn die Belege dafür im Text nicht ganz so zwingend sind, wie Donner meint. Allerdings gibt es im gesamten römischen Reich Juden, die aufgrund ihrer Handelstätigkeit vor allem in den Hafenstädten rund ums Mittelmeer ansässig sind. Sie gehören oft der Mittelschicht an, was wiederum das etwas hölzerne Latein und die mittelmäßige Bildung des Pilgers erklären könnte. Manche von ihnen lassen sich taufen und gelten fortan als „Judenchristen", die in den Schriftquellen als eigene Religionsgruppe genannt werden[48]. Natürlich ist das nicht mehr zu beweisen, ebensowenig wie folgende interessante Vermutung von Laurie Douglass:

Den Pilger lassen viele von den Dingen, die die anderen Pilger so faszinieren, wie Mönche, Märtyrer oder Reliquien, völlig kalt. Dies könnte einen Grund haben: Er (oder sie?) reist zu einem bestimmten Zweck ins Heilige Land, nämlich um all die Orte aufzusuchen, die aufgrund der alttestamentarischen Überlieferung in Zusammenhang mit Frauengestalten, genauer gesagt mit deren Fruchtbarkeit und Kindersegen stehen. Es werden im Text gerade diejenigen Szenen zitiert, die von unfruchtbaren Frauen handeln. Es gibt auch heute noch Orte, wie das Grab Rachels, wohin kinderlose Frauen gehen, um für gesunden Nachwuchs zu beten⁴⁹. Auch einige Bibelstellen, die sich mit kleinen Kindern befassen, werden ausführlich zitiert. Das sind ungewöhnliche Themen, die nicht im normalen christlich-jüdischen Pilgerrepertoire verankert sind, und daher eine persönliche Interpretation von seiten des Pilgers voraussetzen. So etwas wäre aber für einen männlichen Pilger unwahrscheinlich oder doch zumindest ungewöhnlich. Douglass vermutet daher, eine Frau aus Südgallien habe sich dringend Kinder gewünscht und gehofft, der Erfüllung ihres Begehrens durch die Pilgerfahrt und den Besuch dieser speziellen Plätze etwas näher zu kommen. Der Pilger von Bordeaux wäre nach dieser Interpretation eine Pilgerin und vielleicht die Gattin eines römischen Staatsbeamten gewesen.

Natürlich wird sich das Geschlecht des Pilgers von Bordeaux nie eindeutig klären lassen, und manche(r) wird auch fragen, ob es überhaupt wichtig ist. Von Bedeutung wird es in dem Moment, in dem wir uns entsinnen, daß sowohl aus der Spätantike als auch aus den früheren Jahrhunderten der römischen Kaiserzeit nur sehr wenige Texte erhalten sind, die mit Sicherheit aus der Feder einer Frau stammen und so ein authentisches Zeugnis davon ablegen können, wie diese in der damaligen, von Männern dominierten Zeit gedacht und gefühlt haben. Die Welle der strengen Asketinnen, die in der zweiten Jahrhunderthälfte so schillernd vor Augen tritt, hat am Anfang des vierten Jahrhunderts noch nicht begonnen, und so hätten wir hier ein einmaliges Zeugnis für den christlichen Glauben und die in ihn gesetzten Hoffnungen einer Frau aus der provinzialen Mittelschicht der constantinischen Zeit vor uns⁵⁰.

Egeria, die neugierige Abenteurerin

Mit dem Reisebericht der gallischen „Grande Dame"⁵¹ Egeria verfügen wir über ein einzigartiges Dokument: den genauen Bericht einer Pilgerfahrt, verfaßt als Brief an die daheimgebliebenen „Schwestern". Seit der Entdeckung des fragmentarischen Manuskripts⁵² im Jahre 1884 in der Bibliothek einer Marienbruderschaft im italienischen Arezzo wurde viel über die Herkunft und Identität der reiselustigen Egeria geschrieben und gestritten. Offenbar ist tatsächlich nur diese eine Abschrift des Textes erhalten, sie wurde im 11. Jahrhundert im Benediktinerkloster Monte Cassino in Italien angefertigt. Der Bericht enthält zwei eindeutig trennbare Teile: zum einen die Schilderung von Egerias Reise vom Erreichen des Berges Sinai bis zur Ankunft in Constantinopel, zum anderen eine Beschreibung der Liturgie in Jerusalem. Der Stil der beiden Teile ist unterschiedlich, trotzdem stammen wohl beide von Egerias Hand. Da sowohl Anfang als auch Ende des Manuskripts fehlen, weiß man nichts Definitives über die Absenderin des Briefs oder seine Adressatinnen. Woher also kam Egeria, und in welchem Teil der römischen Welt saßen die „dominae venerabiles sorores", die „verehrungswürdigen Damen Schwestern"[53] in freudiger Erwartung von Egerias Briefen?

Egerias Text gelangt jedenfalls schon am Ende des vierten Jahrhunderts in den Westen, und 300 Jahre später begegnet diese Reisebeschreibung wieder in einem Brief, den der galizische Mönch Valerius aus Vierzo bei Astorga an seine Mitbrüder schreibt und in dem er Egerias Leistungen und ihre christlichen Tugenden preist, dem „Brief zum Lob der gesegneten Aetheria". 1903 fällt dem französischen Gelehrten Dom M. Férotin der Zusammenhang mit dem Reisebericht der namenlosen Römerin auf. In anderen Abschriften des vergleichsweise oft kopierten Briefes des Valerius wird die Reisende auch Etheria, Heteria, Echeria, Eucheria oder sogar Eiheria genannt[54]. Glücklicherweise erwähnt Valerius einige Textstellen, die im Originalmanuskript fehlen, was darauf schließen läßt, daß er noch das komplette Werk vor sich hatte, einschließlich „Adresse" und „Absenderin". Aus der Begeisterung des Valerius für Egeria schloß man außerdem, daß auch sie Nonne sei (er nennt sie *virgo*, also Jungfrau) und vielleicht sogar ebenfalls aus Galizien (Nordspanien) stamme. Eine spätere Notiz am Rande einer der Abschriften seines Briefes nennt „Egerie abatisse", was aber wahrscheinlich schon die mittelalterliche Interpretation des Textes ist und nicht der Originalzusammenhang. Diese Identifizierung ist heute so nicht mehr zu akzeptieren. Auch Petrus Diaconus, ein italienischer Mönch aus Monte Cassino, zitiert den Reisebericht der Egeria ausgiebig, als er 1137 ein Buch über die Heiligen Stätten Palästinas schreibt. Erneut bieten sich hier Ergänzungen zu den verlorenen Partien des Originalmanuskripts. Lange wurde eine Identifizierung der Egeria als Silvia, die Schwägerin des hohen Beamten Flavius Rufinus vorgeschlagen, was sich aber als falsch erwies – Silvia ist eine eigenständige Person, die ebenfalls auf Palästinareise ging und von der noch die Rede sein wird. Noch abstruser ist ihre Gleichsetzung mit Galla Placidia, der Tochter des Theodosius I. und Stiefschwester von Honorius und Arcadius. Hätte es sich bei der namenlosen Pilgerin tatsächlich um diese Prinzessin gehandelt, wäre sicherlich mehr überliefert als ein einziges fragmentiertes Manuskript.

Ebenso umstritten wie ihre Person ist die Datierung von Egerias Reise. Zwischen den Jahren 363 als frühestem Zeitpunkt und 540 bzw. 527/57 schwanken die verschiedenen Angaben. Als frühester Zeitpunkt kommt die Zeit nach 363 in Frage, dem Jahr, als die Stadt Nisibis durch Iovian den Persern überlassen wurde, worauf Egeria in Kapitel 20,12 anspielt. Die späteren Daten erklären sich ebenfalls durch Anspielungen in ihrem Text: 540 wird Antiochia von den Persern zerstört, doch Egeria sieht die Stadt noch in voller Pracht und ist somit vorher dort; außerdem beschreibt sie in ihrem Abschnitt über den Sinai noch nicht die 527-557 durch Iustinian errichteten Neubauten der Kirchen- und Klosteranlagen, was ebenfalls beweist, daß sie zuvor dort gewesen sein muß. Diese iustinianischen Gebäude werden 1839 vom Briten David Roberts in einer seiner schönsten Lithographien verewigt[55].

Im Laufe der Zeit hat sich das spätere vierte Jahrhundert, genauer die Jahre 381-384, als Reisezeitraum herauskristallisiert, heute schließt man sich im allgemeinen der Datierung von Paul Devos an[56]. Ausgerechnet die Beschreibung der Stadt Jerusalem, die aufgrund der zahlreichen Bauprojekte dort einen genaueren Ansatz zur Datierung ihrer Reise geben müßte, ist leider nicht erhalten. Zwar erstaunt auch das Schweigen des Hieronymus, der zur gleichen Zeit in Bethlehem sitzt, aber ein Treffen der beiden oder selbst eine bloße Zurkenntnisnahme von Egerias Besuch ist keineswegs zwingend, bedenkt man die Masse an Pilgern, die in jenen Jahren dort einfallen und Hieronymus am Bibelstudium hindern[57]. Seine erbosten Äußerungen über eine mit großem Prunk und Pomp auftretende Pilgerin[58] passen überhaupt nicht auf Egeria, damit ist sicherlich Poemenia gemeint, von der wir noch hören werden. Und schließlich: „Der Heilige Hieronymus kann durchaus in seinem Gehäus zu Bethlehem gesessen haben, ohne die Anwesenheit der Etheria in Palästina wahrzunehmen oder sonderlich zu beachten"[59].

Was erfahren wir nun genau aus dem Text über Egeria, und was läßt sich daraus erschließen? Sie hat Geld gehabt, um sich so lange Zeit

Die Pilgerinnen auf ihrem Weg

Das Katharinenkloster an der Südspitze des Sinai, im Kern zurückgehend auf den iustinianischen Klosterneubau. Lithographie des englischen Malers und Orientreisenden David Roberts aus dem Jahr 1839.

auf Reisen zu finanzieren, was ebenfalls gegen eine Zugehörigkeit zum geistlichen Stand spricht: Eine Äbtissin hätte niemals solange ihrem Kloster fernbleiben können, und als einfache Nonne hätte sie die finanziellen Mittel zu dieser Reise nicht gehabt. Sie spricht die Briefadressatinnen als „Schwestern" an, womit aber sicher keine leiblichen Schwestern gemeint sind, sondern christliche Mitschwestern, die nicht notwendigerweise Nonnen gewesen sein müssen, obwohl man diese Textstelle gerne so interpretiert. Auch christliche Frauen aus dem Laienstand bezeichnen sich als Schwestern, und eine *virgo* kann auch eine aristokratische Asketin wie Marcella oder Paula sein. So tituliert Paulinus von Nola beispielsweise die Schwiegermutter von Sulpicius Severus als „soror nostra venerabilis", also „Unsere verehrungswürdige Schwester", obwohl sie keine Nonne ist, sondern nur sehr asketisch und religiös lebt[60]. Gegen Ende des vierten Jahrhunderts wird es bei den römischen Aristokratenfamilien geradezu Mode, mindestens eine ihrer Töchter in den Stand einer *virgo* zu entlassen, was vielleicht auch mit den Problemen beim Stellen einer großen Mitgift im Falle der Verheiratung zusammenhängt[61]. Die Mehrzahl der Pilger aus dem Westen des Reiches sind zu dieser Zeit jedenfalls fromme Laien, nur im Ostmittelmeerraum sind auch Pilgerfahrten von Mönchen und Nonnen üblich, wie die Reise der noch vorzustellenden „Ägyptischen Jungfrauen" beweist[62]. Pilgerberichte von Mönchen und Nonnen für ihresgleichen sehen zudem anders aus als der Text der Egeria, sie betonen mehr die Wundergeschichten, die an einem bestimmten Ort passierten, und geben ansonsten lehrreiche Gespräche wieder. All dies fehlt hier, und Egeria kennt sich auch erstaunlich wenig mit dem östlichen Mönchtum an sich aus, was von einer Nonne wohl zu erwarten wäre[63]. Unsicher ist auch die Vermutung, Egeria sei Anhängerin der als häretisch verurteilten Bewegung der Priscillianisten gewesen. Hinweise sollen ihre angeblich guten Kenntnisse der apokryphen Schriften sowie ihr großes Interesse am Asketentum bieten, doch so außergewöhnlich sind diese Dinge in der verworrenen Religionslandschaft der Spätantike nun auch wieder nicht.[64].

Egeria gehört aufgrund ihres Bildungsstandes jedoch auch nicht zur stadtrömischen Hocharistokratie, die in den diversen Provinzzentren hohe Beamtenposten besetzt. Eher könnte man vermuten, daß sie zur bürgerlichen Familie[65] eines reichen Kaufmannes zählt, der im ganzen römischen Reich seine Geschäftsverbindungen hat und so seiner Schwester – eher nicht seiner Frau[66] – eine solch lange Pilgerreise ermöglichen kann. Ihre Allgemeinbildung entspricht in etwa dem, was man von einer derart gläubigen Person erwarten kann, die mit der Bibel in der Hand reist. Sie spricht zwar etwas Griechisch und kann es auch lesen, doch ihr Latein ist näher am Küchenlatein, der alltäglichen Umgangssprache *(sermo cotidianus)*, als an der literarischen Sprache eines Cicero oder Vergil. Egeria macht immer wieder grammatikalische Fehler und verwendet nie rhetorische Stilmittel. Sie ist also relativ weit von der Bildung der stadtrömischen Aristokratinnen wie Paula oder Marcella entfernt, die ihre Klassiker im Kopf haben, mit Büchern leben und die Bibel kritisch kommentieren können[67]. Auch hat sie keine Kenntnis von anderen theologischen Texten außer der Bibel, was ebenfalls gegen ihren aristokratischen Stand spricht, denn dort sind auch andere Schriften verbreitet. Vielleicht ist Egeria Witwe, ähnlich den *mulierculae*[68] des Hieronymus in Rom, die anstelle einer zweiten Heirat das geistige Leben wählten. Nun muß man sich eine römische Witwe nicht als ältliche, grauhaarige Dame vorstellen, denn da die römischen Mädchen schon im Alter von 14 oder 15 Jahren zum ersten Mal verheiratet werden, sind einige mit 20 oder 25 Jahren bereits verwitwet. Die im Reisebericht beschriebenen Aktivitäten, besonders Egerias Liebe zum Bergsteigen, würden durchaus zu einer tatkräftigen, begeisterungsfähigen Frau in den besten Jahren passen.

So abenteuerlustig und wißbegierig sie auf der einen Seite ist, so naiv und leichtgläubig ist Egeria auf der anderen. Sie glaubt unbesehen alles, was ihr die einheimischen Mönche bei ihren Fremdenführungen auftischen, und nur ganz selten regt sich ein Fünkchen Zweifel in ihrer Beschreibung, so etwa bei der Geschichte mit der Salzsäule, die einmal Lots Frau gewesen und entgegen anderen Pilgerberichten bei Egerias Besuch angeblich im Meer versunken sein soll. Grund für Egerias mangelnde Skepsis ist sicher eine uneingeschränkte Gläubigkeit gegenüber allem, was mit Kirche und Mönchswesen zu tun hat. Jeder Mönch, der ihren Weg kreuzt, ist ein Heiliger, Bischöfe sind zumindest sehr heilig *(valde sancti)*. Trotzdem ist Egeria sicherlich keine Asketin, sie erwähnt an keiner Stelle solche Neigungen. Im Vergleich zu anderen frommen Reisenden, darunter besonders dem Pilger von Bordeaux, ist sie aber durchaus auch an Land und Leuten, an Geschichte und Archäologie interessiert. So beschreibt sie das Aussehen eines Tell, also eines vorgeschichtlichen Siedlungshügels, wie er im Vorderen Orient allerorten anzutreffen ist. Sie identifiziert zwei Statuen in der Ramsesstadt, die eigentlich einen ägyptischen Pharao darstellen, als Moses und Aaron, was die ständige Präsenz der Bibel und ihrer Protagonisten in ihrem Denken anschaulich belegt[69]. Sogar als Architekturkritikerin betätigt sie sich: Die Bauweise des Abgar-Mausoleums in Edessa wird von ihr als altertümlich abgetan. Am alltäglichen Leben der Einheimischen ist sie weniger interessiert, wohl aber an der Schönheit der Natur. Man kann daher ihre landeskundlichen Beschreibungen gut als „religiöse Geographie" betiteln[70].

Besonders auffällig ist aber ihre Begeisterung für Berge – von jedem Berg entlang ihrer Route wird berichtet, daß sie ihn bestiegen habe, so den Sinai, den Horeb, den Berg Nebo, den Tell von *Sedima/ Salumias*, die alle im erhaltenen Teil der Reisebeschreibung erwähnt werden. Darüber hinaus nennt Valerius noch den Tabor, den Hermon, den Berg der Seligpreisungen am See Genezareth, den Karmel sowie den Gebel Qarantal bei Jericho. Sollte nur die Hälfte der Angaben der Wahrheit entsprechen, so muß jeder, der einen jener Berge auch nur aus der Nähe gesehen hat, die allerhöchste Achtung vor der Energie und Ausdauer dieser Frau haben, schließlich besitzt sie bloß ihre einfache Reisekleidung und nicht etwa eine heutige Ausrüstung. Damit kann sie sogar als erste historisch belegbare Bergsteigerin die Reihe der Alpinistinnen in der Geschichte anführen, unter ihnen etwa Henriette d'Angeville, Fanny Workman oder Alison Hargreaves[71].

Zusammenfassend kann man zur Person und Herkunft der Egeria folgendes sagen: Im Text tritt sie uns als sympathische, bodenständige Frau entgegen, sehr eifrig und rastlos, unermüdlich und neugierig wie eine Katze[72]. Sie reist schnell, notiert es sofort, wenn ihr etwas zu lange dauert, wie der Übergang über den Euphrat („etwas mehr als einen halben Tag", It. Eg. 18,3). Sicher ist sie zu einem beträchtlichen Teil ihres Wesens auch Abenteurerin, nicht nur fromme Pilgerin[73]. Immer ist sie unterwegs, sie bleibt nur zwei oder drei Tage an jeder Station ihrer Reise und entschuldigt sich fast für jeden längeren Aufenthalt („necesse fuit"). Trotzdem steht sie nicht unter Zeitdruck, und insbesondere hat sie keine Eile, wieder nach Hause zurückzukehren. Das wiederum könnte nahelegen, daß dort keine nahen Angehörigen, wie etwa Kinder, auf sie warteten.

An einer Stelle vergleicht sie den Euphrat mit der Rhône[74], was immer als Hinweis auf ihre Herkunft aus dem südfranzösischen Gebiet gewertet wird, denn um diesen Vergleich ziehen zu können, muß ihr das Bild der heimischen Rhône auch in Syrien vertraut vor Augen gewesen sein. Es handelt sich hierbei sicherlich um den natürlichen Einfall einer blitzgescheiten Frau, nicht um eine bewußt eingesetzte literarische Floskel, denn im restlichen Werk Egerias findet derartiges mangels gehobener Bildung keine Verwendung, und normalerweise bezieht sich ein Vergleich immer auf das, was man gut kennt[75]. Betrachtet man nun Südgallien im fortgeschrittenen vierten Jahrhundert, so fragt man sich, welche Kreise überhaupt für eine Pilgerfahrt in Frage kommen könnten. Während die ländlichen Regionen Galliens noch längere Zeit dem Heidentum anhängen, sind die Städte schon frühzeitig christianisiert. Es gibt dort ein dichtes Netz von Kirchen und Bischofssitzen, während das Christentum im von Valerius bevorzugten ländlichen Galizien zu dieser Zeit noch kaum Einzug gehalten hat. Man kann also tatsächlich an eine der Städte entlang der Rhône als Heimat der Egeria denken, vielleicht an Arles. Nach Ausonius war *Arelate*/Arles die zweitwichtigste Stadt Galliens, ein bedeutender Hafen und Handelsstadt[76].

Doch wie muß man sich die praktische Durchführung einer solchen Reise vorstellen? Frau braucht neben Geld auch Protektion, einen Passierschein für die Benutzung des *Cursus publicus*, eine entsprechende Bildung, um überhaupt den Wunsch nach einer solchen Reise aufkommen zu lassen und diese dann angemessen würdigen zu können, außerdem Sprachkenntnisse, um sich im griechischsprachigen Ostmittelmeerraum zu verständigen. Wie wir gehört haben, besaß Egeria das alles. Sie erwähnt mehrfach die Gastfreundschaft der örtlichen Bischöfe, also muß sie auch einen gewissen Rang gehabt haben, denn die einfachen Pilger werden höchstens von Mönchen begleitet, nicht aber von Bischöfen. Der Bischof der Provinz Arabia reist Egeria sogar entgegen, und der Bischof von Edessa begrüßt sie als eine Dame, „die vom anderen Ende der Welt kommt", allerdings war für jemanden aus Edessa sicher jeder, der von weiter her kam als einige Kilometer im Umkreis, vom anderen Ende der Welt[77]. Sie war also eine berühmte Frau, deren Kommen angekündigt wurde, denn woher hätte er sonst wissen sollen, wo sie zu treffen ist. Entscheidend ist jedoch, daß Egeria im Nildelta eine militärische

Die Pilgerinnen auf ihrem Weg

Luftbild der Stadt Arelate/Arles in Südfrankreich mit der breiten Rhône-Schleife. Deutlich zu sehen sind die gut erhaltenen Bauten des Theaters und des Amphitheaters.

Eskorte erhält, die sonst nur Personen aus dem kaiserlichen Haus oder hohen Beamten zusteht[78]. Sie ist alles in allem fast vier Jahre weg von ihrem Zuhause, ohne über Probleme irgendwelcher Art zu berichten. In diesem Zusammenhang muß man betonen, daß sie mit einer Reisegruppe unterwegs ist und nicht als Einzelperson. Bereits ab dem vierten Jahrhundert kennt man das Phänomen der organisierten Gruppenreise, der Pilgerfahrt wie aus einem Reiseprospekt. Die Interessierten konnten genau das buchen, woran sie interessiert sind und dann mit dem Gebetbuch in der Hand an die Heiligen Orte fahren. Dort halten die geistlichen Fremdenführer dann Messen ab, oder man liest aus der Bibel und betet. Die Heilige Schrift wird regelrecht als Reiseführer benutzt, und ist einer der dort beschriebenen Orte nicht mehr eindeutig in der Landschaft zu verifizieren, so erklärt der Pilgerführer einfach den nächstbesten Hügel oder Fluß zur gewünschten Lokalität, und keiner der frommen Reisenden erhebt Protest. Der Weg der Egeria von Südfrankreich nach Constantinopel ist leider nicht überliefert, vielleicht nimmt sie ebenfalls den Landweg wie der Pilger von Bordeaux.

Hier kann nur eine kurze Zusammenfassung der außergewöhnlichen Route jener abenteuerlustigen Pilgerin geboten werden: Von Constantinopel aus reist Egeria nach Jerusalem, dann nach Ägypten, über Pelusium, Alexandria in die Thebais (dieser Teil ihres Berichts ist verloren) und zurück nach Jerusalem, später folgt die zweite Ägyptenreise, auf der sie den Sinai, Clysma (= Suez) und das Land Gosen sowie das östliche Nildelta besucht. Durch den Jordangraben gelangt sie zum Berg Nebo im Ostjordanland, von Jerusalem über die Ebene von Bethshean nach Carneas in Südsyrien, die Heimreise tritt sie von Antiochia aus an, doch erst nach einem Abstecher nach Mesopotamien, Edessa, Harran (Carrhae) und in die Provinz Osrhoëne. Sie reist über Tarsus und Seleucia in Cilicien nach Chalcedon und Constantinopel zurück. Dies alles reicht ihr aber noch nicht, sie kündigt ihren Anhängerinnen zum Schluß noch eine weitere Reise an, die sie von Constantinopel aus nach Ephesus führen soll.

Der zweite Abschnitt des Manuskripts befaßt sich ausführlich mit der Jerusalemer Liturgie, für die Egeria und ihr Kreis sich besonders interessieren. Vor allem der zeremonielle Ablauf der Gottesdienste ist von Bedeutung, und gelegentlich werden Besonderheiten hervorgehoben, so daß man schließen kann, daß sie in dieser Ausprägung im Westen unbekannt sind. Beispielsweise betont sie, daß in Jerusalem die Gebete und Lesungen zum jeweiligen Festtag passend ausgewählt werden, was darauf hindeutet, daß das im Westen nicht die Regel ist, sonst hätte es ja keiner Erwähnung bedurft. Die Folge solcher Berichte ist vermutlich langfristig eine Anpassung der westlichen Liturgie. Egeria beschreibt auch eingehend die Vorbereitungen, die für das Erlangen der Taufe wichtig sind, so erwähnt sie beispielsweise den Begriff der Katechese. Daraus kann man schließen, daß auch das im Westen noch unbekannt ist. Vielleicht läßt sich Egeria sogar in Jerusalem taufen, das würde ihren relativ langen Aufenthalt von drei Jahren dort erklären, denn schließlich ist eine längere Vorbereitungszeit vor der Taufe vonnöten[79]. Durch die Weitergabe solcher speziellen Informationen helfen Egeria, aber auch Paula und Eustochium, bei einer friedlichen Vermittlung zwischen der West- und der Oströmischen Kirche[80]. Möglicherweise ist mit Egerias Bericht auch eine größere Gruppe von Adressatinnen angesprochen, als momentan zu erschließen ist. In der Spätantike ist es nämlich üblich, Texte durch das Verbreiten von Abschriften unter der Leserschaft zu verteilen, und davon sind auch Briefe nicht ausgenommen: Viele der Briefe des Hieronymus sind zwar an bestimmte Adressaten gerichtet, werden aber durch Kopien in seinem ganzen Anhängerkreis weiterverbreitet und sind in der Regel sogar von vornherein derart konzipiert. So ist es auch denkbar, daß Egerias Bericht in Südgallien weitere Verbreitung findet, etwa in belesenen Bibelzirkeln[81]. Es ist sogar möglich, daß Egeria mit einer Art „Checkliste" ins Heilige Land reist, um bestimmte Orte und Begebenheiten zu überprüfen, die beim heimischen Bibelstudium Fragen unter den frommen Frauen aufgeworfen haben. Manchmal fragt sie sogar die örtlichen Führer nach Details, glaubt aber dann ohne zu zweifeln, was jene sagen. Auch besorgt sie für ihren heimischen Zirkel eine neue Abschrift der Korrespondenz zwischen Jesus und König Abgar, die vollständiger ist als die bereits vorhandene. Vielleicht ist Egeria sogar unter ihren „Schwestern" als besonders wißbegierig bekannt und wird deshalb von ihnen ausgewählt, diese Reise zu unternehmen und ihnen ausführlich Bericht zu erstatten. Legten sie sogar zusammen, um die Reise zu finanzieren? Oder wird sie als die einzige der Gruppe, die etwas Griechisch spricht, ausgewählt, übersetzt sie doch alle vorkommenden griechischen Ausdrücke im Text für ihre Mitschwestern? Christliche Bildung ist diesen Frauen jedenfalls weniger wichtig als den stadtrömischen adligen Damen, auch wenn sie ihnen vielleicht prinzipiell nacheifern. Vergleichbar in ihrem religiösen Anspruch sind allein die „Gallischen Witwen", die mit Hieronymus korrespondieren und ihm Fragen zu theologischen Themen stellen[82]. Diese haben sogar eigene Priester und Hauskirchen nach stadtrömischem Vorbild, was beweist, daß man (frau) damals noch nicht ins Kloster gehen muß, um den eigenen spirituellen Neigungen nachzukommen. Wir haben hier also die provinziale Antwort auf das kirchliche Leben in Mailand oder Rom vor uns, das den Christen Galliens als unmittelbares Vorbild gedient haben wird, bevor sie ihre Fühler auch in den weit entfernten Ostmittelmeerraum ausstrecken und zumindest eine besonders mutige Abgesandte namens Egeria auf Pilgerfahrt dorthin schicken. So schaffen sie, ohne es eigentlich zu wissen, eine neues Bindeglied zwischen den beiden Reichsteilen in ihrer gemeinsamen Unternehmung christlicher Frömmigkeit[83].

Paula und Eustochium, die frommen Bibelkennerinnen

Zum engeren Umkreis des Kirchenvaters Hieronymus gehören die beiden Römerinnen Paula und ihre Tochter Eustochium, die zu diesem Zeitpunkt einzigen Nachfahren eines uralten stadtrömischen Adelsgeschlechtes. Beide sind sehr fromm und Teilnehmerinnen am Bibelkreis ihrer Verwandten, der Adligen Marcella, wo sie Hieronymus kennenlernen und ihm schließlich ins Heilige Land folgen. Über sie und ihre Familie sind wir durch die reiche Korrespondenz ebendieses Hieronymus gut unterrichtet, der auch den Nachruf auf Paula verfaßt, sowie einen weithin verbreiteten Brief an ihre Tochter Eustochium, in dem er ihr die Freuden eines streng asketischen im Vergleich zum sorgenvollen weltlichen Leben einer verheirateten Frau vor Augen stellt[84].

Ursprünglich sollte die Familiengeschichte der adligen Erbin Paula aber ganz anders aussehen: Sie heiratet um das Jahr 360 im üblichen Alter von etwa 14 Jahren den ebenfalls aus einer Senatorenfamilie stammenden Iulius Toxotius und bekommt von ihm fünf Kinder[85].

Paula führt ihre Familienlinie durch ihre Mutter Blesilla bis auf die Scipionen und Gracchen, nämlich auf den großen römischen Feldherren Lucius Aemilius Paullus, zurück, dessen Sohn schließlich durch Adoption Mitglied der Familie des Scipio Africanus des Älteren wurde. Die Tochter ebendieses Africanus ist die spätere Mutter der beiden in der römischen Politik so berühmt gewordenen Gracchen. Somit läßt sich der Familienstammbaum Paulas über 500 Jahre bis in die römische Republik zurückverfolgen. Die Familienlinie ihres Vaters Rogatus ist dagegen eher in den Bereich der Mythologie zu verweisen – sie geht angeblich bis auf den altgriechischen Helden Agamemnon zurück, was natürlich in keiner Weise nachvollziehbar ist. Oft wird argumentiert, daß solche „Ahnenreihen" gerade von denjenigen Familien ausgewählt werden, die zwar seit einigen Generationen zum römischen Hochadel gehören, aber dennoch ihre Vorfahren nicht bis in die Zeit der Republik zurückverfolgen können. Wichtig ist damals allein eine Hervorhebung der eigenen Familientradition. Vergleichbar erscheint die Ahnenreihe von Paulas Gatten Toxotius – er führt seine Familie bis auf den vergilischen Helden und „Stammvater" des Iulischen Kaiserhauses, Aeneas, zurück. Bereits beide Elternteile von Paula bekennen sich zum christlichen Glauben, während Toxotius und seine Familie traditionsgemäß Heiden sind. Auch die Töchter dieser beiden werden im Laufe der Zeit Christinnen wie Paula, nur der Sohn Toxotius bleibt, wie sein Vater, zunächst Heide[86].

Normal bei einer solchen „standesgemäßen" Hochzeit ist eine Vermehrung des Familienbesitzes, und so nennen Paula und Toxotius in der Gegend von Rom reichen Landbesitz ihr Eigen, der ihnen auch in ihrem stadtrömischen Palast ein gutes Auskommen sichert. Ihr Lebensstil ist aufwendig und luxuriös, mit kostbaren Kleidern, prunkvollem Mobiliar und Sklaven, die sie in einer Sänfte durch Rom tragen. Die Eheleute genießen auch unter den römischen Senatoren hohes Ansehen. Aus der Verbindung der beiden entspringen die vier Töchter Blesilla, Paulina, Eustochium und Rufina sowie der Sohn Toxotius. Doch im Alter von 33 Jahren wird Paula Witwe, zu einer Zeit, als die Kinder noch kaum die Pubertät und somit das für römische Zeit heiratsfähige Alter erreicht haben. Trotzdem führt Paula zunächst weiter das Leben einer reichen römischen Matrone, lebt in standesgemäßem Luxus und einem großen Hausstand. Doch nach einiger Zeit wendet sie sich dem asketischen Leben zu, beginnt

Almosen zu geben und gründet zusammen mit ihren Töchtern einen eigenen Bibelzirkel. Sie alle lernen Griechisch und Hebräisch. Paula ist eine eifrige Bibelleserin, doch widmet sie sich nicht theologischen Problemen und Diskussionen wie etwa Marcella, sondern ist tiefgläubig und voller Bewunderung für alles Christliche. Sie betrachtet das Christentum also nicht von der wissenschaftlichen, exegetischen Seite her, sondern rein von der spirituellen. Sie geht sogar so weit, bereits das Erbteil ihrer Kinder zu verschenken, um ausreichend Almosen für die Armen spenden zu können.

Im Jahre 382 kommt Hieronymus mit anderen Geistlichen zu einer Synode nach Rom und quartiert sich im Palast der Paula ein. Der Kontakt mit diesem „Kirchenvater", der eine überaus charismatische Erscheinung gewesen sein muß, bestärkt sie in ihrem Wunsch nach konsequenter Askese und einer Pilgerfahrt ins Heilige Land. Auch ihre Kinder beginnen verstärkt, sich dem Christentum zuzuwenden, und während Blesilla der Religion gegenüber zunächst gleichgültig bleibt, ist Eustochium von klein auf Christin.

Dann trifft die Familie ein weiterer Schicksalsschlag – die älteste Tochter Blesilla, die nach alter Tradition die Familienlinie weiterführen sollte und deshalb mit dem Proconsul Furius gut verheiratet worden ist, stirbt an den Folgen einer zu extremen Askese. Blesilla, die wie üblich den Namen ihrer Großmutter mütterlicherseits trägt[87], war nach relativ kurzer Ehe[88] verwitwet und lebte, wie ihre Mutter früher, das ausschweifende, luxuriöse Leben einer verwöhnten Aristokratin. Eine schwere Krankheit bringt sie zum Nachdenken über ihr Dasein und sie, die als einzige Tochter der Paula noch Heidin ist, wendet sich ebenfalls dem Christentum zu. Sie lernt in Rekordzeit Hebräisch und fällt dabei durch besondere Geistesschärfe und Talent auf[89]. Wie oft bei sehr intelligenten und spontanen Persönlichkeiten übertreibt sie jedoch diese Hinwendung zu den geistigen Dingen, indem sie trotz gerade überstandener Krankheit extrem fastet und sich kasteit, was im Laufe von vier Monaten zu ihrem Tod im Alter von nur 20 Jahren führt[90]. Sie erhält gemäß senatorischer Tradition eine prunkvolle *Pompa funebris*, also einen reich ausgestatteten und von vielen Menschen begleiteten Leichenzug. Neben Vertretern der senatorischen Oberschicht nehmen auch Abgesandte der Kirche daran teil, ein Phänomen, das wir später auch bei Paula und Fabiola werden beobachten können.

Paula ist über diesen Verlust untröstlich, und Hieronymus fürchtet sogar, sie könnte ihr Vertrauen ins Christentum ganz verlieren. Zwar stellt er Paula gegenüber ihr und Blesillas früheres Leben als Sünde und Grund für den Tod der Tochter dar, bereitet ihr also quasi ein schlechtes Gewissen, doch schafft er es schließlich nach langem Zureden, sie wieder aus ihrer tiefen religiösen Krise herauszuholen und erneut voll und ganz von ihrem Glauben zu überzeugen. Daraufhin stürzt sie sich noch heftiger in Askese und Bibelarbeit als zuvor, und Hieronymus selbst muß sie schließlich zur Mäßigung aufrufen[91]. In Rom ist das Schicksal der Blesilla jedoch nicht unbemerkt geblieben, und es melden sich viele Stimmen, die Hieronymus und dessen Einfluß nicht nur auf Paulas Familie scharf kritisieren. Als 384 auch noch sein größter Gönner in Rom, Papst Damasus, stirbt, wird die Hetzkampagne gegen Hieronymus so stark, daß er beschließt, das Land zu verlassen und erneut nach Palästina zu gehen. Seine treuen Freundinnen Paula und Eustochium werden ihm folgen.

Zusammen mit einem großen Gefolge an Jungfrauen machen die beiden Frauen sich im Herbst oder Winter 385 auf den Weg nach Ostia, um dort ein Schiff zu besteigen, das sie nach Zypern bringen soll. Toxotius, der kleine Sohn der Paula, steht weinend am Ufer und fleht seine Mutter an, ihn nicht allein in Italien zurückzulassen. Auch Rufina, die in Kürze heiraten will, bittet Paula, doch wenigstens bis zu ihrer Hochzeitsfeier zu warten. Trotzdem machen sich die Frauen unbeirrbar auf den Weg, denn schließlich wartet in Antiochia Hieronymus auf sie.

Aus dem viele Jahre später verfaßten Nachruf auf Paula, der aus der Feder des Hieronymus stammt, kennen wir den Weg, den die fromme Reisegruppe von Antiochia aus ins Heilige Land nimmt. Er führt über *Berytus*/Beirut, über Caesarea und Lydda nach Jerusalem und Bethlehem, für spätere Zeit ist auch noch eine Reise nach Galiläa (Nazareth, Kana, Kapharnaum, Tabor) und eine Pilgerfahrt nach Ägypten belegt. In Jerusalem werden sie mit großem Prunk empfangen, lehnen aber die angebotenen Annehmlichkeiten, darunter eine Einquartierung im Palast des Statthalters, ab. Dieser Empfang spricht erneut für die große Berühmtheit der Paula und ihrer Familie, die sich bis in die entferntesten Regionen des Reiches herumgesprochen hat[92]. Trotzdem handelt es sich bei der Erzählung nicht um einen normalen Reisebericht, er ist vielmehr Teil der Heiligenvita der Paula. Auch hier wird, ähnlich wie bei der Reise Egerias, die Bibel als eine Art Reiseführer benutzt, wobei die durchreisten Orte immer mit Bibelstellen, aber auch mit klassischen Zitaten kommentiert werden.

Zusammen machen sie sich dann von Jerusalem auf nach Bethlehem und lassen sich dort nieder. Mit Paulas Vermögen und dem Erbteil ihrer verbleibenden Kinder errichten sie drei ausgedehnte Klosteranlagen, zwei Frauenklöster, denen Paula vorsteht, und ein Männerkloster unter Leitung des Hieronymus. Außerdem wird ein *Xenodochium*, eine Pilgerherberge, errichtet. Diese Einrichtungen sind im gesamten römischen Reich bekannt und berühmt, Menschen aus allen Reichsteilen kommen nach Bethlehem, um dem Konvent beizutreten. Hieronymus übernimmt den Unterricht der Nonnen und Mönche. Die Frauenklöster haben strenge Regeln[93], denen sich alle *virgines* unterwerfen müssen und die in vielen Punkten bereits die Grundlage für die uns heute bekannten mittelalterlichen und neuzeitlichen Klosterregeln sind. Kleidung und Haartracht sind genau vorgegeben, die Nonnen müssen sich ihren Habit selber anfertigen (nicht aber die Mönche), ihnen werden die Haare geschoren, und sie baden nie. Erstaunlicherweise nennt Hieronymus als Grund für das Scheren der Haare die Tatsache, daß sich sonst Läuse darin ansiedeln:

„Man will dadurch die Belästigung verhindern, welche auf die kleinen Tierchen zurückgeht, die im ungepflegten Haar sich einzunisten pflegen. Auch soll verhindert werden, daß sich schmutzige Krusten bilden".

Einen Zusammenhang mit dem den Nonnen auferlegten Badeverbot sieht er aber nicht[94]. Paula und Eustochium haben keinen Besitz als das, was sie am Leibe tragen. Pflicht ist auch die Kenntnis der Psalmen auf Hebräisch und das Auswendiglernen eines Bibelabschnittes pro Tag. Außerdem werden jede Woche Sonntagsexkursionen zur Grabeskirche nach Jerusalem oder der Geburtskirche in Bethlehem veranstaltet. Als Strafe bei Lachen und unwürdigem Benehmen wird noch strengeres Fasten auferlegt, als es sonst die Regel ist. Diese vergleichsweise strengen Grundregeln lockern sich jedoch unter der Leitung der Eustochium, die nicht das Durchsetzungsvermögen ihrer Mutter geerbt hat[95]. Wie nötig solche Regeln eigentlich sind, zeigt die Affäre um den Mönch Sabinianus, der sich mit falschem Empfehlungsschreiben bei Hieronymus eingeschlichen hat, um Schutz vor einem gehörnten römischen Ehemann zu suchen. Doch anstatt sich demütig in die Klosterwelt einzupassen, beginnt er sofort, den Nonnen von nebenan den Hof zu machen, einer stellt er sogar in Aussicht, sie übers Meer zu entführen. Als er auch noch aufgeputzt durch Bethlehem stolziert, bekommt Hieronymus Kenntnis von der Geschichte und rügt Sabinianus heftig. Leider ist der weitere Fortgang der Ereignisse nicht überliefert, es ist aber wohl damit zu rechnen, daß ein solcher Unruhestifter aus der klösterlichen Gemeinschaft entfernt wird[96].

Auch vom Heiligen Land aus bleiben Hieronymus und die beiden Frauen mit Rom in Verbindung, sie schicken in regelmäßigen Abständen Briefe an Freunde und Vertraute. So fordern sie ihre Freundin Marcella mehrmals vergeblich auf, ihnen nach Palästina zu folgen[97]. Dieser Brief ist zwar im Namen von Paula und Eustochium verfaßt, aber die Wissenschaft ist sich heute mehr oder weniger einig darüber, daß er aus der Feder des Hieronymus selbst stammt[98]. Paula und Eustochium schildern das Leben in Bethlehem in den schillerndsten Farben im Vergleich zum Moloch Rom, das als sittenloses „Babylon" bezeichnet wird. Jerusalem ist dagegen „unser Athen[99]", in Anlehnung an das Mekka klassischer Bildung. Das ländliche Leben in Bethlehem wird scharf gegen den Luxus und die Pracht in Rom abgesetzt, die einfachen Bauern und Kleriker im Geburtsort Jesu als um vieles glücklicher als die Adligen in der alten Hauptstadt bezeichnet[100]. Einige Schriften, die uns leider nicht erhalten sind, stammen auch von Paula selbst – sie schreibt Choräle und eine Pastorale, ihr Stil orientiert sich dabei, wie auch der des Hieronymus, an den klassischen Schriftstellern wie Cicero oder Vergil[101].

Neben ihren Pflichten bei der Leitung der Klöster widmen sich die beiden Frauen vor allem dem Bibel- und Psalmenstudium, und Hieronymus beginnt die lateinische Übersetzung des hebräischen Originaltextes der Bibel. Paula ist ihm dabei nicht nur finanziell, sondern auch als „Sekretärin" und treue Mitarbeiterin behilflich. Trotzdem gibt es immer wieder Textstellen im Werk des Hieronymus, die sein Verhältnis zu seinen Mitarbeiterinnen etwas seltsam erscheinen lassen. Zunächst hatte er sich ja sogar geweigert, die adligen Römerinnen zu unterweisen, weil er um seinen guten Ruf fürchtete. Schließlich, nachdem er doch einen großen Kreis treuer

Hörerinnen um sich versammelt hat, nennt er diese etwas geringschätzig seine *mulierculae*, also „Weiblein"[102]. Auch seine engste Vertraute Paula wird regelrecht herabgesetzt und verweiblicht, vor allem wenn er nur selten von ihrer großen Energie und Durchsetzungskraft spricht, ständig dagegen von ihrer fast ekstatischen Spiritualität beim Besuch der Heiligen Plätze. Er erwähnt ihr ständiges Niederwerfen auf den Boden und das andauernde Küssen der Heiligen Steine, was sie selbst nie so betont hervorheben würde. Oft werden bei der Beschreibung von Paulas Pilgerreise auch einige allein auf Frauen bezogene Topoi verwendet, die in fast identischer Form im Brief des Valerius über Egeria vorkommen, so etwa die allzeit gerne zitierte weibliche Schwachheit:

„Ihr Eifer war wundervoll, ihr Mut kaum faßlich für eine Frau. Ihr Geschlecht und die Schwachheit ihres Körpers vergessend, wollte sie mit ihren Jungfrauen unter vielen tausend Mönchen in der Thebais leben"[103].

Daraus könnte man durchaus auf ein gestörtes Verhältnis des Klerikers Hieronymus zum weiblichen Geschlecht und zur Sexualität schließen, das sich nach Jane Barr auch in einigen bewußten Fehlübersetzungen einschlägiger Bibelstellen äußert. Julia Bolton Holloway geht sogar noch weiter, wenn sie für möglich hält, daß die Übersetzungen in Wahrheit größtenteils von Paula angefertigt worden seien und Hieronymus erst nach ihrem Tod die entsprechenden Textstellen nach seinen Zwecken verändert hätte. Auch Palladius beschreibt in seiner „Historia Lausiaca" das enge Verhältnis zu Hieronymus als hinderlich für Paula und meint sogar, dieser sei eifersüchtig auf ihre geistigen Fähigkeiten und deren positive Entwicklung gewesen. Er nennt Hieronymus ein „Hindernis" für Paula, die mit ihrer großen Begabung alle hätte übertreffen können[104]. Insgesamt kommt in Hieronymus' Werk trotzdem eine große Liebe und Bewunderung für seine langjährige Freundin Paula zum Ausdruck, er rühmt etwa ihre noble Herkunft, ihre hohe Bildung, ihr hervorragendes Wesen, was ganz in der Tradition römischer Biographien steht, ergänzt um die Hervorhebung ihres christlichen Lebenswandels. Dennoch betont er ständig ihr Frausein, das zugunsten eines Lebens in Askese aufgegeben werden müsse. Ein asketisches Leben im Bewußtsein ebendieses Frauseins erscheint ihm dagegen unmöglich.

Interessant ist der oben zitierte Brief an Marcella (ep. 46) noch aus einem anderen Gesichtspunkt: In ihm wird berichtet, daß Menschen aus allen Teilen des römischen Reiches nach Jerusalem kommen, Briten und Gallier, Armenier und Inder, Äthiopier und Ägypter, Syrer und Mesopotamier, was Rückschlüsse auf einen inzwischen weitgehend ausgebauten Pilgerbetrieb zuläßt. Inwieweit aber Paula, Eustochium und Hieronymus auch vom Besuch einer ganz bestimmten Gallierin, nämlich Egeria, Notiz nahmen, wird sich wohl nicht mehr klären lassen.

Im Jahr 404 stirbt Paula im Alter von 55 oder 56 Jahren und erhält in der Geburtsgrotte von Bethlehem ein feierliches Begräbnis, eine *Pompa funebris*, wie sie ihrem Stand gebührt. Neben den Angehörigen der Klöster nehmen viele Bischöfe daran teil. Auch Eustochium und Hieronymus werden später in der Grotte unterhalb der Geburtskirche bestattet. Während Paula und ihre Tochter dort noch heute ruhen, wurden die Gebeine des Hieronymus entgegen seinem ausdrücklichen Wunsch im 13. Jahrhundert von den Kreuzfahrern wieder nach Italien gebracht und befinden sich heute in der Kirche Santa Maria Maggiore in Rom. Die Grotte in Bethlehem ist, in veränderter Form, heute noch zugänglich und wird alljährlich von vielen tausend Pilgern besucht[105].

Hieronymus schreibt einen langen Nachruf auf Paula in Form eines Trostbriefes an Eustochium, in dem er seine langjährige Gefährtin preist und rühmt. Dieser Nachruf umfaßt auch einen genauen Bericht ihrer Pilgerreise, die sie von Antiochia aus ins Heilige Land führt. All das wird aus der Erinnerung des Hieronymus heraus aufgeschrieben, schließlich liegt die tatsächliche Reise 18 Jahre zurück. Obwohl jene Reise, wie wir hörten, von Paula, ihrer Tochter und einem großen Gefolge unternommen wird, erweckt der Text den Eindruck, als sei Paula allein unterwegs. Auch Hieronymus selbst stellt sich, für ihn ungewöhnlich, völlig in den Hintergrund. Insgesamt vermittelt diese Beschreibung eher den Eindruck einer wissenschaftlichen Studienreise, ähnlich denen, die wir heute kennen[106]. Außer dem Nachruf verfaßte Hieronymus auch den in Hexametern gehaltenen Text, der sich auf der Verschlußplatte von Paulas Grab in der bethleheminischen Grotte befand[107]:

Scipio quam genuit, Pauli fudere parentes,
Gracchorum suboles, Agamemnonis inclita proles,

Die Pilgerinnen auf ihrem Weg

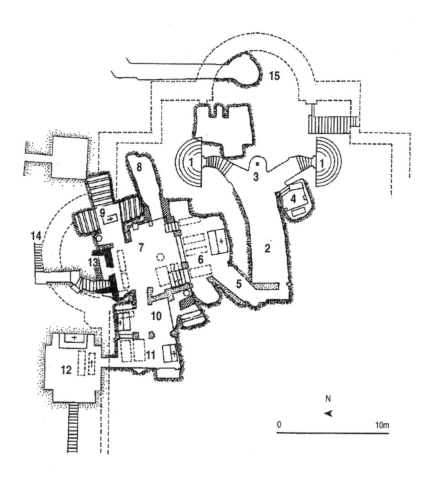

Lageplan der Grotten unter der Geburtskirche in Bethlehem: 1. Eingang, 2. Geburtsgrotte, 3. Geburtsaltar, 4. Krippengrotte, 5. Verbindungsgang, 6. Altar des Heiligen Josef, 7. Große Grotte, 8. Grotte der Unschuldigen Kinder, 9. Grotte mit Arkosolgräbern und dem Altar der Unschuldigen Kinder, 10. Grotte des Eusebius von Cremona und der Römerinnen Paula und Eustochium, 11. und 12. Grotten des Hieronymus mit dessen Grabmal, 13. vorconstantinischer Gewölbebogen und constantinisches Fundament, 14. Treppe zur Katharinenkirche, 15. Ostapsis der Geburtskirche.

hoc iacet in tumulo; Paulam dixere priores.
Eustochii genetrix, Romani prima Senatus,
pauperiem Christi et Bethlemitica rura secuta est.

Über Paulas Tochter Eustochium, die um 367 geboren wird, wissen wir wenig im Vergleich zu ihrer hochgerühmten Mutter, in deren Schatten sie den größten Teil ihres Leben steht[108]. Im Gegensatz zu ihren weltlicher orientierten Schwestern wünscht sie sich von Kind an, Nonne zu werden, wobei Paula und ihre Verwandte Marcella sie unterstützen. Dies ist nicht unbedingt die Regel, Melania die Jüngere kann beispielsweise erst nach langer Zeit den Widerstand ihrer Familie gegenüber ihrem Entschluß überwinden. Es ist auch eine Episode überliefert, in der ihr Onkel väterlicherseits, Hymetius, und dessen Frau Praetextata versuchen, dem Mädchen Eustochium das römische Luxusleben schmackhaft zu machen[109]. Onkel und Tante sind eingefleischte Heiden, sie verkehrten im Kreis des heidnischen Kaisers Iulian Apostata, der aufgrund seiner Abneigung gegenüber dem Christentum so genannt wird: „Apostata" bedeutet abtrünnig vom rechten Glauben. Sie versuchen also, Eustochium mit kostbaren Kleidern und üppigen Einladungen zu bestechen, doch sie läßt sich nicht umstimmen. Noch viele Jahre später bejubelt Hieronymus geradezu diesen Triumph des christlichen Glaubens über das Heidentum, der durch den vorzeitigen Tod von Hymetius und seiner Gattin noch größer geworden sei[110].

Im Jahr 384 schreibt Hieronymus einen Brief an Eustochium, in dem er die Vorzüge der Jungfräulichkeit in leuchtenden Farben gegenüber den Widrigkeiten der Ehe beschreibt und das Mädchen in ihrem Entschluß zur Askese bestärkt[111]. Als dieser Brief, wie allgemein üblich, mittels Abschriften in der Öffentlichkeit umläuft, erhebt sich in den senatorischen Kreisen Roms scharfer Protest, denn die gehobenen Schichten sehen unter dem Einfluß der dort verbreiteten Lehren ihre Töchter scharenweise in die Klöster gehen und sich dem „normalen" Leben einer aristokratischen Erbin, nämlich Ehe und Kindersegen, verweigern. Einige Stellen im Brieftext sind eine regelrechte Karikatur des römischen Alltags mit den dort allgegenwärtigen sittenlosen christlichen Witwen, falschen Jungfrauen und geldgierigen Geistlichen. Hieronymus kann hier aus dem vollen schöpfen, und er lebt mit Genuß seinen Hang zu Polemik und Übertreibung aus. Insbesondere seine Schilderung der Ehe ist ein Zerrbild der Realität aus der Feder eines weltfeindlichen Asketen im Mäntelchen des religiösen Lehrers[112]. Trotzdem ist dieser Brief für ihn „die Brücke, die von Rom nach Bethlehem führt"[113], und Eustochium folgt treu all seinen Worten.

In sehr anschaulicher und erotischer Sprache wird in diesem Brief aber auch die geistliche Liebesbeziehung zwischen Eustochium und Jesus geschildert, ähnlich derjenigen im Hohelied Salomons. Dies steht in völligem Widerspruch zur von Hieronymus sonst ständig gepredigten sexuellen Enthaltsamkeit, und man fragt sich, woher Eustochium überhaupt wissen soll, worum es eigentlich geht. Ein amüsanter Nebeneffekt ist außerdem, daß Paula, wenn Eustochium nun die Braut Christi ist, automatisch zur „Schwiegermutter Gottes" avanciert[114].

Eustochium leitet nach Paulas Tod die Klöster in Bethlehem, bekommt aber bald massive wirtschaftliche Schwierigkeiten, denn ihre Mutter hat ihr nur Schulden hinterlassen[115]. Die finanziellen Probleme haben schon zu Paulas Zeiten begonnen, denn diese hat trotz ihrer bekannten Geschäftstüchtigkeit permanent über ihre – eigentlich nicht geringen – Verhältnisse gewirtschaftet und vor dem Tod ihrer Kinder bereits deren Erbe aufgebraucht. Zwar kommen immer wieder Spenden von frommen Pilgern herein, aber der Unterhalt der riesigen Anlagen zehrt alles sofort wieder auf. Schließlich verkauft sogar Hieronymus den letzten Rest des Landbesitzes seiner Familie in Dalmatien, doch viel kann er mit dem Erlös nicht mehr ausrichten[116]. Er versucht außerdem, Eustochium durch die Übersetzung der Klosterregel des Pachomius[117] zu helfen, aber auch das ist nur von begrenztem Nutzen. Insgesamt ist Eustochium fast 40 Jahre mit Hieronymus in Bethlehem, der schließlich nicht nur ihre Mutter, sondern auch sie selbst überlebt.

Einige Jahre nach dem Tod der älteren Paula kommt schließlich auch ihre Enkelin Paula die Jüngere mit einer Welle von Flüchtlingen aus dem von Barbaren bedrohten Italien nach Palästina und geht nach Bethlehem ins Kloster zu ihrer Tante Eustochium. Hieronymus ist inzwischen ein alter Mann, und die jüngere Paula pflegt ihn bis zu seinem Tod im Jahr 420, und da Eustochium ebenfalls im Vorjahr gestorben ist, übernimmt sie nun das Kloster, das somit fast drei Generationen lang unter der Leitung der Frauen ihrer Familie steht.

Ihre Eltern haben die jüngere Paula schon vor ihrer Geburt der Jungfräulichkeit bestimmt, denn ihre Mutter Laeta konnte nur unter Schwierigkeiten Kinder bekommen, weshalb sie und ihr Mann Toxotius ihr einziges Kind nach der geglückten Geburt Gott weihen. Hieronymus verwendet viel Energie auf die Unterweisung seiner „geistigen Tochter", er schickt an die Eltern einen Brief, in dem er genaue Erziehungsregeln aufstellt[118]. Diese erscheinen uns nach heutigen Verhaltensmaßstäben in vielem völlig abwegig, etwa, wenn gesagt wird, die kleine Paula solle sich aus Gründen des Schamgefühls niemals baden[119]. Interessant sind dagegen die Regeln, die für die geistige Bildung des kleinen Mädchens aufgestellt werden: Sie soll auf keinen Fall Kontakt zur Außenwelt, etwa zu Musik, Gastmählern oder gar Männern haben. Nachdem man sie davon überzeugt hat, daß sie weder Spielzeug noch weiblichen Schmuck und Tand haben möchte, soll sie in genau vorgeschriebener Reihenfolge Zugang zur Heiligen Schrift erhalten, zuletzt schließlich auch zum Hohelied Salomons, dessen erotische Anspielungen dem Hieronymus gut bekannt sind. Die klassischen, also heidnischen, Schriften sollen dagegen vor ihr verborgen bleiben, was ganz dem widerspricht, was Hieronymus in seinem Kloster in Bethlehem praktiziert: Seine jungen Mönche unterrichtet er sehr wohl auch anhand der klassischen Texte, woraus man auf eine nach dem Geschlecht differenzierte Auswahl an „geeignetem Lesestoff" schließen kann. Selbst als Hieronymus in seinem Brief bemerkt, man solle für die kleine Paula einen solch guten Lehrer suchen, wie es Aristoteles für den Sohn Philipps, also Alexander den Großen, war[120], gibt er ganz automatisch ein Beispiel seiner eigenen klassischen Bildung, die der Generation von Paulas Eltern noch selbstverständlich ist und erst der ihren vorenthalten werden soll.

Paula lebt zunächst in Rom in völliger Abgeschiedenheit von der Außenwelt, flieht dann aber vor der Belagerung durch die Goten nach Bethlehem. Über ihren Weg dorthin oder die Reiseroute sind wir nicht unterrichtet, sie wird aber wohl, wie bei allen anderen, über Sizilien und Nordafrika ins Heilige Land geführt haben. Doch auch dort ist sie nicht vollkommen sicher, wie ein Überfall von pelagianischen Mönchen, den religiösen Gegnern des Hieronymus, auf das bethleheminische Kloster beweist. Dieser, Eustochium und die jüngere Paula flüchten sich in einen Wehrturm und entkommen so ihren Verfolgern, doch die Streitigkeiten gehen bis an das Lebensende des Hieronymus weiter[121]. Kurz vor seinem Tod bittet Hieronymus seinen Kollegen Augustinus, sich um die jüngere Paula zu kümmern. Leider werden wir jedoch über ihr weiteres Leben und ihren Tod nicht unterrichtet, so daß dieser Abschnitt in der Biographie der aristokratischen Damen aus dem Hause der Scipiones im Dunkel der Geschichte verschwindet.

Großmutter und Enkelin – die beiden Melanien

Auch bei den beiden Melanien ist es so, daß Großmutter und Enkelin gleichen Namens sich dem frommen und asketischen Leben verpflichten, gegen alle Widerstände ihrer reichen Familie und der senatorischen Oberschicht in Rom.

Aus Spanien ins Heilige Land – Melania die Ältere

Melania die Ältere wird um 340 geboren, ihre Familie stammt ursprünglich aus Spanien und gehört zum stadtrömischen Hochadel[122]. Schon jung mit dem Stadtpräfekten Valerius Maximus verheiratet, ist sie im Alter von 22 Jahren Witwe, und auch von ihren drei Söhnen lebt nur noch der Jüngste, Publicola. Ihren Umgang mit dem Tod ihrer drei engsten Familienmitglieder zitiert Hieronymus als Beispiel, um Paula nach dem Tode Blesillas aus ihrer grenzenlosen Trauer herauszuholen[123].

Genauso wie Paula läßt Melania schließlich ihren Buben in der Obhut von Familienangehörigen zurück und reist im Jahr 372/74 (?) zunächst mit Gefolge, zu dem neben vielen Jungfrauen (Sklavinnen?) möglicherweise auch der Theologe Rufinus von Aquileia gehört, nach Nordafrika, später nach Ägypten, um die Eremiten in der Wüste zu besuchen. In Alexandria verkauft sie den Rest ihres Besitzes und macht sich zu den Mönchen in der Nitrischen Wüste auf. Zusammen mit aus Ägypten verbannten Anhängern des Kirchenvaters Athanasius reist sie weiter nach Jerusalem, doch auf dem Weg dorthin wird sie vom Statthalter Palästinas verhaftet, der von der ihm unbekannten Frau Geld erpressen und „seine Taschen füllen" will. Er wirft ihr vor, daß sie den mitreisenden Mönchen gedient habe, denn eigentlich dürfen Mönche keine Diener haben. Melania antwortet sehr selbstbewußt und aristokratisch:

„Ich bin die Tochter des Soundso und die Frau des Soundso, und doch bin ich die Sklavin Christi. Verachte nicht die Einfachheit meiner Kleider, denn wenn ich will, steht es mir frei, mich zu erheben, und Du kannst mich nicht auf diese Weise terrorisieren oder mir etwas von meinen Gütern nehmen".

Daraufhin läßt man sie sofort frei[124].

Die Jerusalemer Konkurrenz – Melania und Rufinus auf dem Ölberg

Zusammen mit Rufinus läßt Melania sich schließlich um 380 auf dem Ölberg in Jerusalem nieder und gründet dort ein Kloster, noch vor dem Eintreffen von Paula, Eustochium und Hieronymus in Bethlehem. Das Verhältnis dieser beiden später „konkurrierenden" Klöster zueinander ist sehr wechselhaft – zunächst sind ihre geistigen Führer, Hieronymus und Rufinus, eng befreundet, verfeinden sich dann aber aufgrund von theologischen Streitigkeiten um die Schriften des Origenes, und es beginnt eine Zeit der Rivalität zwischen den Klöstern in Jerusalem und Bethlehem. Es wird beispielsweise genau darauf geachtet, welche der beiden Einrichtungen ein hoher Gast aus Italien zuerst besucht, und oftmals kritisiert Hieronymus in der ihm eigenen Art die Anhänger der „Gegenseite" aufs extremste. So bezeichnet er Rufinus als „Sardanapal", der im Ölbergkloster in üppigem Luxus statt in klösterlicher Einfachheit lebe[125]. Im Laufe der Zeit entwickeln sich die Jerusalemer Klosteranlagen zu einem großen Doppelkloster, das Melania weiterhin aus ihrem Vermögen finanziert. Leider lassen sich diese Bauten heute nicht mehr mit Sicherheit lokalisieren, sie lagen wohl auf dem Ölberg im Umkreis von Himmelfahrtskirche und Eleona-Basilika.

Das Klosterleben besteht für die ältere Melania vor allem im Studium der Schriften, das sie mit großem Eifer betreibt, sie liest alle ihr zugänglichen Bücher mehrmals und diskutiert mit Rufinus über deren Auslegung. Sie macht die Nacht zum Tag, um genügend Zeit für alle ihre Studien zu haben. Palladius nennt sie einen „geisterfüllten Vogel", der schließlich zu Gott gelangen kann[126]. Auch in ihrem Kloster werden als ein Teil der Tagesbeschäftigung Abschriften von Manuskripten angefertigt, ohne die die Verbreitung von Texten vor Erfindung des Buchdrucks ja gar nicht möglich gewesen wäre. Ein weiterer wichtiger Punkt ist die Versorgung der Pilgerscharen und der örtlichen Armen, die mit Almosen und Unterkunft versehen werden müssen, und keiner „entkam ihrer Mildtätigkeit"[127]. Als die laufenden Kosten schließlich Melanias mitgebrachtes Vermögen aufzehren, erklärt sich ihr Sohn Publicola bereit, den Klosterbetrieb auch weiterhin zu finanzieren.

Über 20 Jahre lang lebt die Pilgerin im Kreise von Nonnen und Mönchen, und erst um oder nach 400[128] reist Melania noch einmal nach Rom, um ihren der Häresie verdächtigten Freund Rufinus zu verteidigen. Mitglieder dieser Reisegruppe, die in Caesarea an Bord eines Schiffes geht, sind die Aristokratin Silvia, von der noch die Rede sein wird, Iovinus, der spätere Bischof von Askalon, und auch Palladius, aus dessen Werk wir viel über Melania erfahren. In Ägypten trennt man sich, und während Melania sich in den Westen einschifft, reist Palladius nach Bithynien, wo er Bischof von Helenopolis werden soll. Iovinus, dem die wahren asketischen Ideale noch nicht in Fleisch und Blut übergegangen sind, wäscht sich unterwegs einmal mit eiskaltem Wasser, worauf ihn Melania heftig zur Rede stellt: Es sei gefährlich, überhaupt mit Wasser in Berührung zu kommen, und sie selbst habe in ihren etwas über 60 Lebensjahren nie mehr als die Spitzen ihrer Finger befeuchtet. Weder ihr Gesicht noch ihre Füße noch irgendein anderer Körperteil sei je mit Wasser in Kontakt gekommen. Dieses Motiv asketischen Verzichts auf Reinlichkeit haben wir schon bei der jüngeren Paula gesehen, und es wird uns auch bei der Enkelin Melanias wieder begegnen. Jedenfalls scheint die zugunsten religiös motivierten Schamgefühls propagierte Unsauberkeit in einem Maße Mode unter den Asketen gewesen zu sein, daß es mit unseren heutigen Hygieneregeln im Hinterkopf überhaupt nicht mehr zu begreifen ist. Trotzdem hat es den Frauen offenbar nicht geschadet, denn die Asketinnen, von denen wir wissen, wurden alle vergleichsweise alt, berücksichtigt man die durchschnittliche Lebenserwartung einer römischen Frau von etwa 30 Jahren[129].

Zurück in die alte Heimat – der Italienbesuch Melanias der Älteren

Melania ist bereits zu ihren Lebzeiten eine berühmte Frau, und so äußert ihr Verwandter, der ebenfalls aus Spanien stammende Lokalpolitiker und Mäzen Pontius Meropius Paulinus, auch bekannt als Paulinus von Nola, in einem Brief an seinen Freund Sulpicius Severus große Bewunderung für die fromme Frau und sagt, daß über sie ganze Bücher geschrieben wurden[130]. Sie besucht ihn bei ihrem Italienaufenthalt im ersten Jahrzehnt des fünften Jahrhunderts und bringt als kostbare Reliquie ein Partikel vom Wahren Kreuz für die Basilika in Nola mit. Paulinus teilt gleich ein Stück davon ab und schickt es – zusammen mit einem Begleitbrief[131] – weiter an Sulpicius für seine Basilika in Primuliacum. Auch dieser Lobbrief wird kopiert und im Freundeskreis verlesen, was den Bekanntheitsgrad der Melania weiter erhöht und das gebildete Publikum in Ehrfurcht vor der Heiligen versinken läßt. Man rühmt sie gar als „nobilissima mulierum Romanarum" und als „neue Thekla"[132]. Ihr glanzvoller Einzug in Nola wird in jenem zweiten Brief genau beschrieben, und besonders wird der Kontrast herausgestellt zwischen den reich gekleideten Familienangehörigen Melanias und Einwohnern Nolas und der in einen einfachen schwarzen Habit gekleideten Äbtissin. Auf einem kleinen mageren Pferdchen reitet sie vom Hafen aus nach Nola, während alle um sie herum prächtige Wagen und Sänften benutzen und die Straßen verstopfen. Im Speiseraum der Kirche des Heiligen Felix findet ein großer Empfang statt, an dem Melania nur widerwillig teilnimmt. Zu Ehren des hohen Gastes aus Jerusalem wird die von Sulpicius Severus verfaßte Vita des Heiligen Martin von Tours vorgelesen, und Melania zeigt sich überaus interessiert, denn sie liebt solche historischen Werke[133].

Einige ihrer Verwandten kann sie bei diesem Besuch in Italien zum Christentum bekehren, und sie bestärkt ihre Enkelin Melania die Jüngere in deren Entschluß, sich der Askese zuzuwenden. Trotzdem weigert sich ihr Sohn Publicola, seine öffentlichen Ämter zugunsten eines frommen Lebens aufzugeben, und vielleicht spielt dabei auch die lange gehegte Trauer über den Verlust der Mutter in seiner Kindheit eine Rolle. Immerhin kann sie ihn aber dazu bewegen, wegen der Bedrohung durch die Barbaren nach Sizilien zu übersiedeln. Doch sie selbst vermag das Leben in der ehemaligen Reichshauptstadt und in Italien nicht mehr zu locken, sie kehrt nach Jerusalem zurück und stirbt dort um das Jahr 410[134].

Der zweite Brief des Paulinus an Sulpicius ist noch aus einem anderen Grund wichtig – er beschreibt dort die Fundgeschichte des

Wahren Kreuzes durch die Kaisermutter Helena und gilt somit als eine der besten Quellen zur Entstehung der Kreuzauffindungslegende, von der wir oben bereits gehört haben.

Die „Überwindung der weiblichen Schwachheit" oder Das asketische Neutrum

Interessant ist, daß auch im zweiten Brief des Paulinus betont wird, Melania habe die ihrem Geschlecht eigene weibliche Schwäche überwunden und sei nun eine „femina Melani", ohne die weibliche Endung „a". Auch „Melanius" in der männlichen Form, oder gar ein „Melanion", also Neutrum, kommen vor, beispielsweise bei Hieronymus. Das Motiv der Überwindung weiblicher Schwachheit haben wir genauso bei Egeria und bei Paula gesehen, es ist fest im männlichen Denken jener Zeit verankert. Die Asketinnen wie auch die Märtyrerinnen erheben sich sozusagen über ihr weibliches Wesen, hin zu einem übergeordnet „männlichen". Dies gilt beispielsweise für die karthagische Märtyrerin Perpetua, die in ihrer Vision in der Nacht vor der Hinrichtung „zum Mann gemacht wird[135]" und den auf sie gehetzten Gladiator tötet. Ein Hinweis auf jene Überschreitung der Grenzen der Weiblichkeit findet sich auch in der Wortwahl einiger Texte, sei es, daß man die Asketen beiderlei Geschlechts als *Militia Christi*, also als „Soldaten" Christi bezeichnet oder Hieronymus den Einzug von Melania der Jüngeren in Jerusalem mit fast militärischem Vokabular beschreibt. Das „männliche" Christentum dieser Frauen sollte dadurch jedenfalls betont und hervorgehoben werden[136].

Damnatio Memoriae?

Die lebenslange Freundschaft mit Rufinus wird sich jedoch in der Folgezeit negativ auf das Bild der älteren Melania auswirken – selbst als er der Ketzerei und Häresie verdächtigt wird, hält sie zu ihm und wird nun ebenso wie er verteufelt und aus der Erinnerung gelöscht. Es findet etwas statt, was in der römischen Kultur seit langem Tradition hat: die *Damnatio Memoriae*. Diese Verurteilung des Andenkens bedeutet im Normalfall, daß die betroffene Person, etwa ein unbeliebter Kaiser, nach ihrem oftmals gewaltsamen Tod aus der Erinnerung der Bevölkerung getilgt wird, sei es durch das Eradieren ihres Namens in Inschriften, sei es durch bewußte Geschichtsfälschung mittels der Überlieferung falscher Angaben. Meist aber breitet sich nur allgemeines Schweigen aus, damit die unliebsame Person möglichst bald in Vergessenheit gerät. Im Falle der Melania äußert sich dieser Tatbestand so, daß sie in manchen Quellen auch an den Stellen verschwiegen wird, an denen ihre Erwähnung sicher vorauszusetzen wäre – bestes Beispiel ist die von Gerontius verfaßte Vita der jüngeren Melania, von der wir noch hören werden, in welcher ihre Großmutter mit keinem Wort erwähnt wird. Hieronymus hingegen ergeht sich in Haßtiraden auf Melania, wobei er selbst auf simple Wortspiele wie die wörtliche Übersetzung ihres Namens zurückgreift, der auf griechisch „die Schwarze" bedeutet. Er münzt es auf ihr Wesen und ihre Seele und nennt diese „nigrido", also dunkel, ihr Name bedeutet für ihn die „Finsternis des Unglaubens"[137]. Der Konflikt gipfelt im Jahr 410, als Sohn und Schwiegertochter der Melania, Publicola und Albina, nach ihrer Flucht aus Sizilien zunächst bei Paula und Hieronymus in Bethlehem Zuflucht suchen – Hieronymus triumphiert ob jener Tatsache, nimmt die beiden aber trotzdem freundschaftlich auf, auch wenn er dies noch Jahre später bei Bedarf süffisant anmerkt. Im Endeffekt beraubt aber der persönliche Zwist zwischen Hieronymus und Rufinus die ältere Melania der Stellung, die ihr aufgrund ihrer eigenen Leistungen im Rahmen der Geschichte des spätantiken Asketentums zukommen müßte[138].

Der Apfel fällt nicht weit vom Stamm – Melania die Jüngere

Als Melanias Sohn Publicola zu einem gebildeten und frommen christlichen Jüngling herangewachsen ist, heiratet er Albina Caeonia, die ebenfalls aus einer christlichen Familie stammt. Sie bekommen eine Tochter, die den Namen ihrer Großmutter erhält: Melania die Jüngere, geboren etwa 383/85, und einen Sohn, der nach seinem Vater ebenfalls Publicola genannt wird. Die Tochter wird trotz früher asketischer Neigungen im Alter von 13 Jahren zur Ehe mit ihrem siebzehnjährigen Cousin, dem Aristokraten Valerius Pinianus gezwungen, einem Mitglied der Gens Valeria. Ehen zwischen solch nahen Verwandten sind bei den römischen Aristokraten nicht selten, sie dienen dazu, das in der Regel große Familienvermögen nicht allzu sehr zu zerstreuen. Melania ist sehr gut erzogen und von hoher Bildung, sie beherrscht fehlerfrei und elegant Latein und Griechisch und ist in allen Sparten der Literatur, Philosophie und Rhetorik bewandert.

Melanias Vita wird um 450 von einem Mönch ihres Klosters, Gerontius, verfaßt und ist in mehreren Versionen in Griechisch und Latein überliefert[139]. Beide Fassungen wurden, ähnlich dem Reisebericht der Egeria, erst um die Wende zum 20. Jahrhundert entdeckt. Die in einer Abschrift des 10. Jahrhunderts überlieferte lateinische Fassung fand Kardinal Rampolla im Jahr 1884, doch bis zur Veröffentlichung dauerte es noch fast 20 Jahre. Beinahe gleichzeitig, im Jahr 1900, fanden die Bollandisten eine Abschrift der griechischen Fassung, angefertigt im 11. Jahrhundert, die sie 1903 veröffentlichten[140]. Beide Lebensbeschreibungen gehen offenbar auf einen gemeinsamen, nicht erhaltenen Urtext zurück, auch wenn trotz aller Übereinstimmungen bestimmte Passagen unterschiedlich sind oder andere Details enthalten. Ob diese Urfassung nun in Griechisch oder Lateinisch geschrieben war, läßt sich nicht mehr sicher klären, doch spricht vieles für eine ursprünglich griechische Fassung[141]. Im Gegensatz zum Brief des Paulinus von Nola über Melania die Ältere ist die Vita nicht für ein gebildetes Publikum verfaßt, eher für den Hausgebrauch der Nonnen und Mönche in ihren Klöstern, um an bestimmten Tagen daraus vorzulesen und die Tugenden der jüngeren Melania zu rühmen. Auch erzählt diese Vita nicht objektiv die Lebensgeschichte der Heiligen, sondern verschweigt nach Belieben Dinge, die nicht ins gewünschte Bild passen. Dahinter stecken eindeutig theologische Gründe, welche Gerontius zur Geschichtsfälschung veranlassen[142]. Er instrumentalisiert die jüngere Melania als „Muster an Orthodoxie und Kämpferin gegen Häretiker [...], was sie nach anderen Quellen überhaupt nicht war"[143].

Bedrohtes Leben im goldenen Käfig – Rom um 400

Obwohl sie schon als Mädchen unter dem Einfluß ihrer Großmutter ein Gelübde der Jungfräulichkeit abgelegt hat, muß Melania in die von ihren Eltern arrangierte Ehe einwilligen. Sie bekommt zwei Kinder, die aber beide bald sterben. Nach dem Tod ihrer Kinder und Erben bringt sie ihren Mann Pinianus schließlich doch dazu, sich mit ihr zusammen einem asketischen Leben zuzuwenden, was auch die eheliche Keuschheit mit einschließt. Fortan leben sie in einer „geistlichen Ehe". Zwar wahren sie nach außen hin noch den schönen Schein eines aristokratischen Paares, doch unter ihren seidenen Kleidern tragen sie bereits rauhe Bußgewänder. Später legen sie die weltliche Kleidung völlig ab und erscheinen bei allen Gelegenheiten nur noch im schwarzen Habit[144].

Melanias Familie gehört zu den reichsten Aristokraten Roms, weswegen die Angaben in ihrer Vita sicherlich für eine Sozialgeschichte der Spätantike mehr hergeben als für die Kirchenhistorie[145]. Leider sind die diesbezüglichen Quellen nicht einheitlich, es ist von 1.600 Pfund Gold oder 120.000 *aurei solidi* Jahreseinkommen die Rede, nur wissen wir nicht, ob diese Summe als gemeinsames Einkommen des Ehepaars Melania und Pinianus gerechnet ist, was sie etwa im Mittelfeld der Senatorenschicht ansiedeln würde, oder aber für jeden einzeln. Wenn jede der beiden Personen über die genannte Summe hätte verfügen können, stünden sie mit den reichsten der Senatoren Roms auf einer Stufe. Trotzdem ist auch das „mittlere Einkommen" der Senatoren nach heutigem Standard riesig. Zum Vergleich: Nach Gregor dem Großen waren 80 Pfund Gold ausreichend, um 3.000 Nonnen ein Jahr lang zu versorgen, und man kann leicht hochrechnen, was 1.600 Pfund Gold einer Wohltäterin zu tun ermöglichen können[146].

Dem jungen Paar gehört ein großer Palast auf dem Caelius, einem der sieben Hügel Roms. Er umfaßt ein riesiges Gebiet, das heute unter dem mittelalterlichen Kloster St. Erasmus gelegen ist. Ab dem 16. Jahrhundert wird dieser Bereich archäologisch untersucht. Man findet neben einigen Inschriftsteinen auch eine Lampe mit christlichen Symbolen, die aufgrund einer Inschrift einem Vorfahren von Pinianus, Valerius Severus, gehörte. Im Bereich des Palastes kommt auch ein beim Goteneinfall verschütteter Edelmetallhort zu Tage, der silbernes Tisch- und Auftragegeschirr mit christlichen Emblemen enthält[147]. Auch hier ist, wie im Falle des Barvermögens, nicht ganz klar, welcher Familie der Palast eigentlich gehört, was aber aufgrund der nahen Verwandtschaft der beiden Eheleute wahrscheinlich sowieso keine große Rolle spielt. Es ist jedenfalls das gemeinsame Domizil der beiden Jungvermählten. Im Bereich des Palastes befindet sich auch eine *domestica ecclesia*, also eine Art Hauskirche, in dem ein eigens dafür angestellter Priester zweimal wöchentlich die Messe lesen konnte. Solche Hauskirchen gibt es in den meisten Palästen der frommen Adligen, die es aus Gründen der persönlichen Askese vermeiden, die öffentlichen Gottesdienste in den Gemeindekirchen zu besuchen. Melanias Hauskirche ist sogar mit Reliquien ausgestattet, was ungewöhnlich und ein weiterer Beweis für ihren großen Reichtum ist.

Das fromme Paar will Melanias riesiges Vermögen veräußern, um es den Armen geben zu können, doch Melania und Pinianus bekommen bald aufgrund der Größe des Besitzes[148] und ihres noch jugendlichen Alters Schwierigkeiten, denn sie sind nach römischem Recht noch nicht volljährig und damit geschäftsfähig. Daraufhin bitten sie die Gattin des germanischen Heermeisters Stilicho, Serena, um Hilfe. Diese hat großen Einfluß bei Hofe, denn sie hat den gerade regierenden Kaiser Honorius als kleinen Jungen erzogen, und ihre beiden Töchter waren nacheinander mit ihm verheiratet. Sie erreicht tatsächlich eine Erlaubnis für den Verkauf der Güter Melanias und Pinianus'. Dies nehmen ihr die römischen Senatoren übel, und bald nach der Beseitigung ihres Mannes Stilicho und des Sohnes Eucherius wird auch sie im Jahr 408 unter dem Vorwand des Landesverrats hingerichtet[149]. Der Grund für den Unmut der Senatoren liegt allein in dem Umstand, daß bei Ausfall einer senatorischen Familie die anderen um so mehr an Geld aufbringen müssen, um die Kosten für den Unterhalt der öffentlichen Einrichtungen, wie Verwaltungsgebäude oder Wasserleitungen, die Verköstigung von Staatsgästen oder die Ausrichtung von Spielen finanzieren zu können. Trotzdem gelingt es den beiden, den größten Teil ihrer Habe zu veräußern. Palladius beschreibt das so: „all dies entriß sie für Gott dem Maul Alarichs"[150].

Noch mehr Klöster – Melania und Pinianus in Thagaste und Jerusalem

Angesichts der Bedrohung durch die Barbaren zieht sich das Ehepaar aus Rom zurück und bewohnt eine Zeitlang ein Landgut, vielleicht die *Villa suburbana* der Quintilier an der Via Appia. Auch dort beschäftigen sie griechische Priester und geben Almosen. Während Melania zusammen mit ihren Mägden arbeitet, Textilien anfertigt und Bücher abschreibt, betätigt sich Pinianus als Gärtner. Beide können Italien gerade noch vor der Belagerung durch Alarich verlassen, doch ein Großteil ihres Besitzes, darunter auch der Palast auf dem Caelius, wird ein Raub der Flammen. Dieses riesige Anwesen war zunächst nicht zu verkaufen gewesen, denn nicht einmal die Mitglieder des Kaiserhauses hätten es sich leisten können. Erst nachdem es beim Brand großteils zerstört wird, geht es zu einem Spottpreis weg. Als die Horden Alarichs immer näher rücken, fliehen Melania und Pinianus zunächst nach Sizilien, von wo aus sie mit dem Schiff nach Nordafrika reisen. Bei der stürmischen Überfahrt erleiden sie beinahe Schiffbruch. Schließlich lassen sie sich auf ihren Besitzungen in Thagaste nieder, wo sie ihre ersten Klöster gründen. Angeblich ist das dortige Landgut von der Fläche her größer als die daneben liegende Stadt, was ein gutes Bild vom Ausmaß senatorischen Besitzes in der Spätantike gibt[151].

Zunächst wird der Landbesitz in Britannien, Gallien, Aquitanien und der spanischen Provinz Tarraconensis verkauft[152], die italischen und nordafrikanischen Ländereien behalten die Eheleute einstweilen noch. Die Verkaufserlöse werden allein für den Unterhalt der Klöster verwendet. Der afrikanische Klerus unter Führung des Augustinus setzt deshalb alles daran, den drohenden Verkauf der dortigen Ländereien zu verhindern und statt dessen das Paar zur Übereignung derselben an die Kirche zu überreden, was schließlich auch gelingt. Bereits damals ist den geschäftstüchtigen Klerikern klar, daß es auf längere Sicht für die Kirche ertragreicher sein würde, den Landbesitz übertragen zu bekommen, als daß der Erlös eines Verkaufs an Dritte sofort und restlos von den Armen verbraucht werden würde. Trotzdem schenken Melania und Pinianus der Kirche in verschiedenen Provinzen noch Unsummen, etwa 10.000 bis 15.000 Goldstücke pro Provinz von Ägypten bis Kleinasien. Als aber Melania in Ägypten dem Abt Hephaistion Gold schenken will, weist der es zurück, und als sie versucht, es ihm mit einer List unterzuschieben, wirft er es in einen Fluß. Diese spontane Reaktion dürfte in der Kirchengeschichte singulär sein[153].

Der Verkauf des Landbesitzes der Eheleute bringt außerdem die Freilassung von 8.000 ihrer Sklaven mit sich, die darüber allerdings alles andere als erfreut sind – waren sie bisher Teil der *familia* ihrer Herren und vergleichsweise gut versorgt, so müssen sie sich jetzt allein um ihr Auskommen kümmern oder ein neues Abhängigkeitsverhältnis eingehen[154].

417 brechen Melania und Pinian nach Palästina auf, mit einem Passierschein versehen benutzen sie den *Cursus publicus*. Erstes Domizil in Jerusalem ist das Gästehaus der *Anastasis*, noch innerhalb der Umfriedung der Grabeskirche gelegen, wo es möblierte Zimmer für Pilger und Verfolgte gibt. „Normale" Zimmer in Jerusalem sind dagegen schon damals nicht zu bezahlen. Bereits eine Generation später sind diese Unterkünfte bei der Grabeskirche für die vielen Besucher nicht mehr ausreichend, weshalb Eudocia 444 am Zugang zur *Anastasis* ein großes Pilgerheim sowie eine bischöfliche Residenz erbauen läßt. Melania und Pinianus lassen sich ins Kirchenregister eintragen, was ihnen eine offizielle Teilnahme an der Armenspeisung erlaubt. Dies spricht dafür, daß die nordafrikanischen Klöster den Besitz des frommen Paares endgültig aufgezehrt haben und sie demnach mittellos im Heiligen Land ankommen. Die spanischen Besitzungen können aufgrund der Barbarengefahr zunächst nicht verkauft werden, das ist erst 419 möglich, und deshalb bleibt der Nachschub an Geld für längere Zeit aus. Diese Tatsache und die Umstände ihres Aufenthaltes inmitten von Pilgerscharen machen Melania krank, wochenlang kann sie nur auf dem Bett liegen und ein wenig in der Bibel lesen[155]. Vom überfüllten Gästehaus gehen Pinianus und sie in eine Zelle am Ölberg, wo sie bleiben wollen.

Auch eine Pilgerfahrt zu den ägyptischen Mönchen ist für diese Zeit belegt, denn die dortigen Mönche gelten der ganzen spätrömischen Askesebewegung als Vorbild und Ideal. Mit der Errichtung von Klöstern, ob nun in Jerusalem oder anderswo, versucht man, ein Stück der ägyptischen Wüste nachzubauen und ins eigene Land zu holen, also eine „künstliche Wüste" zu schaffen, weshalb auch so oft vom Rückzug auf ein Landgut die Rede ist.

Nach Melanias Rückkehr aus Ägypten, bei der sie wie ein Triumphator (!) gefeiert wird, zieht sie endgültig in ihre Zelle am Ölberg, wo ihr auch ihre Schülerin Paula die Jüngere, die ebenfalls 410 vor Alarich aus Italien geflohen ist, zur Seite steht. Ihre restliche Familie sieht sie dagegen nur noch selten. Nach dem Tod ihrer Mutter Albina um 430 gründet sie ein Kloster, das 90 *parthenoi*[156], also Jungfrauen, Platz bietet. Melania unterrichtet sie in den christlichen Tugenden wie Fasten, Askese, Demut, Auswendiglernen der Liturgie und der Bibel. Das fromme Paar verschreibt sich zudem einer extrem strengen Askese, von Melania wird berichtet, sie habe nur jeden zweiten oder gar fünften Tag etwas gegessen. Auch die Grundregeln der Hygiene ignorieren sie, wie viele andere Asketen, und so wird von der betagten Melania berichtet, sie habe nur einmal im Jahr, zu Ostern, ihre Zelle verlassen und das Gewand gewechselt, worauf dann beim Ausschütteln von Sackkleid und Matratze dicke Maden aus diesen herausfielen. Dies wiederum war für Gerontius ein Zeichen der absoluten Askese, der *tali tolerantia*[157].

435/36 stirbt Melanias Mann Pinianus und wird in der Apostelkirche in Jerusalem in der Nähe der Märtyrergräber beigesetzt. Zu Ehren von Pinianus gründet Melania nun auch ein Männerkloster, dessen Mönche die Gesänge in den Kirchen auf dem Ölberg ausführen sollen.

In den Jahren nach dem Tod ihres Gatten lebt die jüngere Melania in noch strengerer Askese als zuvor und widmet sich voll und ganz dem Klosterleben. Sie erweitert die Klosterbauten immer wieder, so wird ein Oratorium für die gemeinsamen Gottesdienste gebaut und mit vielen Reliquien ausgestattet. Zu diesen gehören die Körper des Propheten Zacharias, der zur Zeit des Theodosius II. gut konserviert bei *Eleutheropolis* gefunden wurde, außerdem ein Teil der Gebeine der 40 Märtyrer von Sebaste in Armenien, eigentlich römische Soldaten der *Legio XII fulminata*, die unter Licinius 320 den Märtyrertod starben. Am wichtigsten sind aber Reliquien des Protomärtyrers Stephanus, um die sie mit ihrer Freundin, der Kaiserin Eudocia, lange ringen muß und deren endgültige Aufteilung sich dem heutigen Leser nur schwer erschließt. Ein Teil jener Reliquien ist sicher für die von Eudocia erbaute Stephansbasilika in Jerusalem belegt, ein weiterer wird von Eudocia nach Constantinopel mitgenommen, und ein dritter muß im Martyrium der Melania verblieben sein. Reste dieses Martyriums wurden im 20. Jahrhundert von „Franziskanerarchäologen" auf dem Ölberg gefunden[158].

Über die Pilgerstraße nach Constantinopel und zurück

Im Jahr 437 erreicht Melania die Nachricht, daß ihr Onkel, der hohe Staatsbeamte Volusianus[159], in Constantinopel schwer erkrankt ist und nach ihrem Beistand verlangt. Auf dem Weg in die Hauptstadt des oströmischen Reiches wird Melania allerorten mit großen Ehren empfangen, nur ein römischer Provinzbeamter hält sie auf, weil seiner

Meinung nach ihr vom Hofe sehr allgemein gehaltener Passierschein nicht in Ordnung ist. Erst nach langem Hin und Her darf sie mit ihrem Gefolge passieren. Während der Wartezeit besucht Melania das Martyrium des Heiligen Leontinos und führt den positiven Ausgang der Affäre auf dessen Eingreifen zurück. Ihr Onkel Volusianus soll am Hofe des Theodosius II. die Hochzeit von dessen Tochter Licinia Eudoxia mit dem westlichen Kaisererben Valentinian III. arrangieren. Volusian ist nach wie vor Heide, weil er sich nie entschließen kann, zum Christentum überzutreten. Melania trifft ihn auf dem Totenbett an und kann ihn kurz vor seinem Tod bekehren, denn er verstirbt nur wenige Stunden nach seiner Taufe[160]. Auch Melania ist nicht bei bester Gesundheit, weshalb sie noch länger in Constantinopel bleibt. Insgesamt ist sie schließlich über zwei Jahre dort und freundet sich mit den Damen des Kaiserhauses an. Da ist zunächst Eudocia, die ehemalige heidnische Philosophentochter Athenaïs, zu nennen, von der wir noch hören werden, sowie deren spröde Schwägerin Pulcheria, die Schwester des Kaisers Theodosius II. Von diesem erbittet Melania im Jahr 438 die Erlaubnis für eine Pilgerfahrt der Kaiserin ins Heilige Land, bei der sie auch ihre Klöster in Jerusalem besuchen wird[161]. Für einen großen Teil dieser Reise wird Melania ihren hohen Gast begleiten, sie reist der Kaiserin nach Sidon entgegen und bringt sie schließlich wieder nach Caesarea, von wo aus Eudocia nach Constantinopel zurückfährt.

Bald nach dem Besuch der Eudocia fühlt Melania ihr Ende nahen und bereitet sich auf ihren Tod vor. Noch einmal feiert sie das von ihr so geliebte Weihnachtsfest mit allen Liturgien und Gesängen und stirbt friedlich am 31. Dezember 439. Für ihr Begräbnis wird sie mit Gewändern und Trachtbestandteilen aus dem Besitz von Heiligen bekleidet, auch das Kissen, auf dem ihr Kopf ruht, ist mit den Haaren eines Heiligen gefüllt. Durch dieses Umkleiden sollte eine Übertragung der Tugenden der Heiligen auf die Verstorbene herbeigeführt werden. Somit ist deutlich der Wechsel von heidnischer zu christlicher Beigabensitte zu beobachten, die aber beide den gleichen Zweck erfüllen – die oder der Tote soll auf dem Weg ins Jenseits gut versorgt sein, sei es mit Speise, Trank und persönlichen Gegenständen wie bei den Heiden, sei es mit Berührungsreliquien bei den Christen. Nur selten sind solche Rituale in den Quellen, wie hier der „Vita Melaniae" überliefert, und archäologisch unterscheiden sich die christlichen Gräber dann durch ihre scheinbare Beigabenlosigkeit von den mit Gegenständen des täglichen Lebens gut ausgestatteten heidnischen

Bestattungen. Man kann in den meisten Fällen durchaus organische „Beigaben" wie Kleider oder Reliquienpäckchen mit besonderer spiritueller Bedeutung voraussetzen, die sich aber in der Regel nicht erhalten, und sollte also nicht von einer generellen „Beigabenlosigkeit" der christlichen Gräber sprechen. Nicht die Beigabensitte an sich ändert sich, nur die Art der Beigaben ist eine andere als zuvor[162].

Wie schon ihre Großmutter ist auch die jüngere Melania tief in die theologischen Kontroversen des späten vierten und frühen fünften Jahrhunderts verstrickt, und es ist anzunehmen, daß auch sie dem Lager des Origenes[163] nahesteht. Rufinus, der lebenslange Freund der älteren Melania, ist der Übersetzer der Schriften des Origenes ins Lateinische, und als diese am Beginn des fünften Jahrhunderts nach Italien reist, tut sie dies wohl auch, um „ihre Enkelin davor zu bewahren, von schlechten Lehrern ruiniert zu werden"[164]. In Rom hat sich damals die antiorigenistische Lehre des Hieronymus durchgesetzt, und Melania will verhindern, daß ihre Enkelin sich davon auch überzeugen läßt. Betrachtet man deren weiteren Lebensweg, so scheint das der sorgenvollen Großmutter gelungen zu sein, denn die jüngere Melania und Pinianus bleiben zeit ihres Lebens den Lehren des Origenes verbunden, auch wenn ihr Biograph Gerontius im nachhinein zu gerne das Gegenteil bewiesen hätte[165].

Eudocia, die widerspenstige Kaiserin aus heidnischem Hause

Eine andere Pilgerin hat beim Antritt ihrer Pilgerfahrt schon eine bemerkenswerte „Karriere" hinter sich: Als Tochter aus gebildetem heidnischen Hause wird sie Christin und die Kaiserin des oströmischen Reiches.

Aschenputtel Eudocia?

Die sehr kluge und sehr schöne junge Frau mit Namen Athenaïs ist die Tochter des athenischen Philosophen und Sophisten Leontinos

Münzportrait der byzantinischen Kaiserin Eudocia/Athenaïs.

und hat die Liebe zur Wissenschaft und Literatur sozusagen mit der Muttermilch aufgesogen. Der Fortgang der Geschichte gleicht einem Märchen, in dem der Prinz den schönen Bücherwurm entdeckt und vom Fleck weg heiratet: Der junge Theodosius II. wird auf sie aufmerksam, nachdem seine ältere Schwester Pulcheria im gesamten oströmischen Reich nach einer geeigneten Heiratskandidatin für ihn Ausschau gehalten hat, und er beschließt sofort, sie zur Frau zu nehmen. Leider ist Athenaïs Heidin, und deshalb muß sie vorher zum Christentum konvertieren, was auch mit einer Änderung ihres Namens in Eudocia[166] einhergeht. Nun ist die letzte Hürde genommen und Eudocia/Athenaïs heiratet Theodosius II. am 7. Juni 421.

Diese märchenhafte Geschichte wird zwar in verschiedenen byzantinischen Quellen tradiert, ob sie aber so der Wahrheit entspricht, ist mehr als fraglich. Zu viele der Motive entsprechen dem bekannten, tausendmal erzählten Märchen vom Aschenputtel, einer Bilderbuchgeschichte, die mit den Motiven des unabwendbaren Schicksals spielt. Auch wird die Liebesgeschichte mit jedem Abschreibvorgang märchenhafter, was ebenfalls für eine bloße Erfindung spricht. Leider stammt der Bericht nämlich von Johannes Malalas, einem den Quellen gegenüber absolut unkritischen Autor, der alles das schreibt, was seine – nicht sehr gebildeten – Leser hören wollen. Und Eudocia ist schließlich alles andere als ein Aschenputtel[167].

Auch der Anteil der Pulcheria an der Heiratsvermittlung ist fraglich und kann, bedenkt man die lebenslange Rivalität zwischen den beiden Frauen, nicht übermäßig groß gewesen sein. Es wird im Gegenteil sogar vermutet, daß Pulcheria gänzlich gegen eine Hochzeit ihres Bruders war, die ihre – Pulcherias – Macht auf jeden Fall begrenzen und auch ihren asketischen Neigungen zuwiderlaufen würde: „Es scheint im Endeffekt so gewesen zu sein, daß Pulcheria das Theodosianische Haus [durch ihre rigiden religiösen Ansichten] zum dynastischen Selbstmord geführt hat"[168].

Versuchen wir also, nach „harten Fakten" zu suchen. Da ist zunächst die Herkunft der Athenaïs. Als Tochter eines griechischen Philosophen ist sie gut in allen Bereichen der Sprache, Rhetorik und Wissenschaft ausgebildet und hätte auch einen anderen Weg verfolgen können als den einer byzantinischen Kaiserin. Aus der Spätantike sind mehrere Frauen bekannt, die als Töchter von Philosophen entsprechend ausgebildet sind und in Folge selbst eine Lehrtätigkeit übernehmen. Sosipatra lehrt beispielsweise Philosophie in Pergamon[169] Hypatia Philosophie, Mathematik und Astronomie in Alexandria.

Die Biographie der Hypatia[170] ist in unserem Rahmen so interessant, daß sie einen kleinen Exkurs rechtfertigt. Die Heidin Hypatia ist eine über die Landesgrenzen hinaus wegen ihrer Klugheit berühmte Person und zieht heidnische, aber auch christliche Schüler aus allen Teilen des römischen Reiches an. Ihre Vorlesungen sind sehr gut besucht, und manche ihrer Schüler kommen sogar zu Pferd über weitere Strecken. Sie tritt in der Tracht männlicher Philosophen auf und lebt, vergleichbar den römischen Aristokratinnen, in freiwilliger Virginität. Sie ignoriert sogar ihre Weiblichkeit und lebt nur für die Wissenschaft. Das alles ist natürlich für eine antike Frau ungewöhnlich, auch wenn es seit der klassischen Zeit immer wieder Beispiele für solche Philosophinnen gibt. Ihr Erfolg in der Lehre ist bald der Kirche ein Dorn im Auge, und so läßt Patriarch Cyril von Alexandria sie als Ketzerin und Hexe anschwärzen. Schließlich ist es leicht, ungebildeten Menschen Astronomie als Astrologie zu verkaufen, und von dort ist es nicht weit zur Hexerei. Der der Kirche hörige christliche Mob, bestehend vorwiegend aus Eremiten, Wandermönchen und sonstigem Pöbel, läßt sich aufwiegeln und zieht schließlich in der österlichen Fastenzeit des Jahres 415 zu dem Haus, in dem sie Vorlesungen hält. Hypatia wird auf grausamste Weise gelyncht, und die zerfetzten Teile ihres Körpers werden in Alexandria verteilt. Die früheren Christenverfolgungen sind nun in Heidenverfolgungen umgeschlagen, und die „Christen" zeichnen sich dabei durch eine weit extremere Brutalität aus, als sie einst die Römer an den Tag legten. Ein weiterer Grund für den Lynchmord ist eine tiefsitzende Frauenfeindschaft, die teils wohl in der männlichen Urangst vor der Frau, teils aber auch in den Lehren der Kirche begründet ist und die die Wut des Mobs um ein Vielfaches steigert. Mit einem männlichen Philosophen wäre man sicherlich anders verfahren als mit Hypatia, einer Frau. Auch soziale Spannungen spielen eine Rolle, denn nur Reiche haben überhaupt die Zeit, Vorlesungen zu besuchen oder extra deswegen anzureisen, während das Volk nur staunend zuschauen kann. Genauso entscheidend ist die Frage der Bildung – der alexandrinische Stadtpöbel glaubt unreflektiert alles, was Cyril ihm erzählt, und die Lehren der Hypatia sind ihm sowieso suspekt. Eigentlich ist es also politischer Mord aus simplem Neid, angestiftet von Vertretern der Kirche und ausgeführt von deren Handlangern. Insofern hat sich seit der Antike nicht soviel zum Besseren verändert, wie wir immer geneigt sind zu glauben.

Nun aber aus den finsteren Gassen Alexandrias zurück an den kaiserlichen Hof in Constantinopel und zu Eudocia. Auch sie ist hochgerühmt für ihre rhetorischen Fähigkeiten, und auch in ihren Jahren als Kaiserin bleibt sie eng mit der literarischen Beschäftigung ihrer Jugend verbunden. Sie schreibt bei allen möglichen Gelegenheiten Gedichte, so rezitiert sie bei der Durchreise durch Antiochia im Jahr 438 eine selbstverfaßte Rede auf diese Stadt, wofür ihr zum Dank eine Statue errichtet wird. Neben einem weltlichen Thema wie dem Sieg der Römer über die Perser unter dem Kommando ihres Gatten, dem sie einen *Panegyricus* (Lobrede) widmet, beschäftigt sie sich vor allem mit christlichen Motiven. Sie schreibt Heiligenviten, so diejenige des Heiligen Cyprian, poetische Paraphrasen der ersten acht Bücher des Alten Testaments und schließlich auch einen christlichen *Homercento*. Dabei handelt es sich um eine besondere literarische Form: Verse aus einem allen bekannten klassischen Werk werden in neuer Anordnung zusammengestellt, um einen eigenen Sinn zu ergeben. Die Aristokratin Faltonia Betitia Proba (oder ihre vermutliche Enkelin Anicia Faltonia Proba?), die dem Kreis der römischen Asketinnen nahesteht, verfaßt beispielsweise einen bis ins Kaiserhaus berühmten *Cento*, der aus Versen Vergils besteht und sich mit dem Leben Christi beschäftigt[171]. An diesem Vorbild orientiert sich der *Cento* der Eudocia, der ebenfalls eine christliche Thematik hat. Doch der überkritische Hieronymus sieht in dem Werk eine Herabwürdigung der Bibel, und die offizielle Kirche beeilt sich, diesem Urteil zuzustimmen[172]. Eudocia ist weit entfernt von literarischen Höhenflügen, und genauer betrachtet schreibt sie nicht mehr als halbwegs gute Gebrauchslyrik im Stil ihrer Zeit mit christlichem Inhalt, aber nach klassischem Muster[173].

Ein Neufund konnte vor einigen Jahren die literarischen Werke der Eudocia um ein weiteres Gedicht ergänzen: In Hammath Gader, einem schon in der Antike beliebten Heilbad am See Genezareth, wurden die Fragmente einer Marmorplatte gefunden, auf denen in Griechisch die Zeilen eines Gedichts und die Worte „Kaiserin Eudocia", zwischen zwei Kreuzen eingraviert sind. Im folgenden Text rühmt Eudocia ausführlich die Schönheit des Bades, wobei sie auch antike Motive mit einfließen läßt. Dieses Gedicht war vielleicht an prominenter Stelle im Bereich des Bades angebracht [174].

Auch bei der Erneuerung der Universität in Constantinopel nimmt Eudocia Einfluß, schließlich will das Kaiserpaar das Geistesleben der Hauptstadt reformieren. Sie holt sieben Philosophen aus Athen, die in Constantinopel wirken sollen, was dafür spricht, daß sie sich auch noch Jahre nach ihrem Weggang gut mit den athenischen Verhältnissen auskennt. Von Theodosius sind einige *Constitutiones*, also Gesetze, über die Erziehung überliefert, auch die Ernennung eines verdienten Philosophen zum *Comes primi ordinis* war Sache des Kaisers.

Über die Familie der Athenaïs wissen wir wenig, außer, daß sie zu den höchsten Kreisen der athenischen Aristokratie gehört. Zwei ihrer Brüder und ihr Onkel haben hohe Staatsämter im byzantinischen Reich inne, und, glaubt man der etwas verworrenen Chronologie, waren schon im Staatsdienst, bevor Eudocia die Frau des Kaisers wurde und eventuell ihre Verwandten mittels der allgemein üblichen *Kedeia*, also der Vergabe von Ämtern auf Gunstbasis, in diesen hätte einsetzen können. Sie erinnert sich jedenfalls zeit ihres Lebens

☩ ΕΥΔΟΚΙΑC ΑΥΓΟΥCΤΗC ☩
ΠΟΛΛΑΜΕΝΕΝΒΙΟΤΩΚΑΠΙΡΟΝΑΘΑΥΜΑΤΟΠΩΠΑ
ΤΙCΔΕΚΕΝΕΞΕΡΕΟΙΠΟCΑΔΕCΤΟΜΑΤΩ̈ΚΛΙΒΑΝΈCΘΛΕ
CΟΝΜΕΝΟCΟΥΤΙΔΑΝΟCΓΕΓΑΩCΒΡΟΤΟC·ΑΛΛΑCΕΜΑΛΛΟ̄
5 ΩΚΕΑΝΟΝΠΥΡΟΕΝΤΑΝΕΟΝΘΕΜΙCΕCΤΙΚΑΛΕΙCΘΑΙ
ΠΑΙΑΝΑΚΑΙΓΕΝΕΤΗΝΓΛΥΚΕΡΩΝΔΟΤΗΡΑΡΕΕΘΡΩΝ
ΕΚ́CΕΟΤΙΚΤΕΤΑΙΟΙΔΜΑΤΟΜΥΡΙΟΝΑΛΛΥΔΙCΑΛΛΗ
ΟΠΠΗΜΕΝΖΕΙΟΝΠΗΔ̓ΑΥ ΚΡΥΕΡΟΝΤΕΜΕCΟΝΤΕ
ΤΕΤΡΑΔΑCΕCΠΙCΥΡΑCΚΡΗΝΩΝΠΡΟΧΕΕΙCCΕΟΚΑΛΛΟC
10 ΙΝΔΗ·ΜΑΤΡΩΝΑΤΕ·ΡΕΠΕΝΤΙΝΟC·ΗΛΙΑCΑΓΝΟC·
ΑΝΤΩΝΙΝΟCΕΥC·ΔΡΟCΕΡΑΓΑΛΑΤΙΑ·ΚΑΙΑΥΤΗ
ΥΓΕΙΑ·ΚΑΙΧΛΙΑΡΑΜΕΓΑΛΑ·ΧΛΙΑΡΑΔΕΤΑΜΙΚΡΑ·
ΜΑΡΓΑΡΙΤΗC·ΚΛΙΒΑΝΟCΠΑΛΕΟC·ΙΝΔΗΤΕ·ΚΑΙΑΛΛΗ
ΜΑΤΡΩΝΑ·ΒΡΙΑΡΗΤΕΜΟΝΑCΤΡΙΑ·ΚΗΠΑΤΡΙΑΡΧΟΥ
15 ΩΔΕΙΝΟΥCΙΤΕΟΝΜΕΝΟCΟΒΡΙΜΟΝΗΝΕ[
ΑΛΛΑΘΕΟΝΚΛΥΤΟΜΗΤΙΝΑΕΙCΟΜ[
ΕΙCΕΥΕΡΓΕCΕΙΗΝΜΕΡΟΠΩΝΤΕΧ[

1   ☩ Εὐδοκίας Αὐγούστης ☩

Πολλὰ μὲν ἐν βιότῳ κ(αὶ) ἀπίρονα θαύματ' ὄπωπα,
τίς δέ κεν ἐξερέοι, πόσα δὲ στόματ', ὦ κλίβαν' ἐσθλέ,
σὸν μένος, οὐτιδανὸς γεγαὼς βροτός; Ἀλλά σε μᾶλλο(ν)
5 ὠκεανὸν πυρόεντα νέον θέμις ἐστὶ καλεῖσθαι,
Παιάνα καὶ γενέτην γλυκερῶν δοτῆρα ῥεέθρων.
Ἐκ σέο τίκτεται οἶδμα τὸ μυρίον, ἄλλυδις ἄλλῃ,
ὅππῃ μὲν ζεῖον, πῇ δ'αὖ κρυερόν τε μέσον τε.
Τετράδας ἐς πίσυρας κρηνῶν προχέεις σέο κάλλος.

10 Ἰνδή • Ματρῶνα τε • Ῥεπέντινος • Ἠλίας ἁγνός •
Ἀντωνίνος εὖς • Δροσερὰ Γαλάτια • καὶ αὐτὴ
Ὑγεία • καὶ χλιαρὰ μεγάλα • χλιαρὰ δὲ τὰ μικρά •
Μαργαρίτης • κλίβανος παλεός • Ἰνδή τε • καὶ ἄλλη
Ματρῶνα • βριαρή τε Μονάστρια • κ'ἡ Πατριάρχου.
15 Ὠδείνουσι τεὸν μένος ὄβριμον ἠνε[κὲς αἰέν,]
ἀλλὰ θεὸν κλυτόμητιν ἀείσο[μαι ‿ υ υ – –]
εἰς εὐεργεσείην μερόπων τε χ[ρ υ –υυ– –].

Gedicht, verfaßt von der Kaiserin Eudocia und angebracht im römischen Heilbad von Hammath Gader am See Genezareth.

ihrer Herkunft und verwendet auch noch als *Augusta* ihren eigentlichen Namen Athenaïs weiter[175].

Doch eigentlich ist auch Theodosius II. nicht der strahlende Märchenprinz, als den ihn Malalas darstellt, sondern ein schwacher Herrscher, der unter der Fuchtel seiner Schwester steht. Er regiert nicht gerne, statt dessen kopiert er lieber Manuskripte oder widmet sich religiösen Dingen. Die eigentliche Macht im Staate besitzt seine um zwei Jahre ältere Schwester Pulcheria, die zusammen mit dem Stadtpräfekten von Constantinopel das oströmische Reich verwaltet. Pulcheria, die im Alter von zehn Jahren nach dem Tod ihres Vaters Arcadius die Regierung für ihren Bruder übernimmt und als Dreizehnjährige das Reich mit fester Hand beherrscht, ist eine fanatische und bigotte Frau. Wer ihr mißfällt, hat nichts Gutes zu erwarten, so auch Eudocia. Als Theodosius nach seiner Hochzeit auch auf seine Frau statt allein auf seine Schwester hört, ist der Konflikt vorprogrammiert. Pulcheria entwickelt eine dauernden Haß auf die ungeliebte Schwägerin, der schließlich auch mit der Grund für deren Weggang aus Constantinopel ist.

Beide haben nur eine Gemeinsamkeit – die Religion. Sowohl Pulcheria und ihre Schwestern Arcadia und Marina als auch die frisch getaufte Eudocia sind dem Christentum sehr zugetan, und die ersteren leben sogar in klösterlicher Abgeschiedenheit in ihrem Palast, der fast ein ganzes Stadtviertel von Constantinopel einnimmt[176]. Dieses asketische Leben ist gut vergleichbar dem, das wir bei den christlichen *Clarissimae* Roms gesehen haben, nur noch eine Spur extremer und rigider. Bestimmendes Element ist auch hier die völlige Ablehnung von Ehe und Familie zugunsten der Askese und der spirituellen Verbindung mit Gott. Ausschlaggebend für die komplette Abwendung von allen weltlichen Dingen dürfte vor allem das Schicksal von Pulcherias Mutter Eudoxia gewesen sein, die in ihren neun Jahren Ehe mit Arcadius fünf Kinder bekommt und bei der sechsten Schwangerschaft schließlich an einer Fehlgeburt stirbt. Eudocia äußert ihren Glauben statt dessen lieber in ihrem literarischen Werk und in persönlicher, tiefer Frömmigkeit.

Im Jahr 422 bekommt Eudocia ihre erste Tochter, die Licinia Eudoxia getauft wird, wobei der zweite Vorname wiederum von der Großmutter des Kindes und Mutter des Theodosius, Aelia Eudoxia, der

Tochter des fränkischen Heermeisters Bauto, stammt. Von dieser Eudoxia wird erzählt, sie habe nicht nur Frömmigkeit, sondern auch „barbarische Energie" ins Kaiserhaus gebracht[177]. Im folgenden Jahr erhält Eudocia, vielleicht auch als Dank für die Geburt einer Erbin, den Titel *Augusta* verliehen, der seit der constantinischen Dynastie für etwa 100 Jahre nicht wieder vergeben worden war. Die zweite Tochter Flacilla stirbt dagegen relativ bald, im Jahr 431, was von manchen Wissenschaftlern als einer der Gründe für das Gelübde der Pilgerreise gesehen wird. Eudocia schwört, ins Heilige Land zu reisen, wenn sie nur die glückliche Verheiratung ihrer nunmehr einzigen Tochter Licinia Eudoxia miterleben darf.

Schließlich findet sich 437 mit dem westlichen Thronerben Valentinian III. der geeignete Kandidat, und es wird eine politische Heirat mit diesem Sohn der Galla Placidia arrangiert. Der mit den Verhandlungen beauftragte Diplomat ist der Onkel der jüngeren Melania, Volusianus, der aber schwer erkrankt und an dessen Sterbebett Melania sofort eilt. Zwar kann Volusianus die Verhandlungen nicht mehr selbst zu Ende führen, denn er stirbt kurz nach Melanias Ankunft, doch die Hochzeit kommt trotzdem zustande. Vor ihrer Heimreise bittet Melania Theodosius für Eudocia um die Erlaubnis, eine Pilgerfahrt antreten zu dürfen, was der genehmigt. Sollte diese Information des Gerontius der Wahrheit entsprechen, so wäre das sehr aufschlußreich für das Verhältnis der Eheleute zueinander. Aber vielleicht ist das Geschehen auch nur auf eine uns unbekannte Regelung im Hofzeremoniell Constantinopels zurückzuführen, etwa daß der Kaiser in jedem Fall gefragt werden muß. Denkbar wäre auch ein Stilmittel des Gerontius, der durch diese Szene die Bedeutung der Melania unterstreichen will[178].

Im folgenden Jahr, 438, tritt Eudocia die Jahre zuvor gelobte Pilgerreise an, und Melania, mit der sie sich angefreundet hat, reist ihr nach Sidon entgegen. Unterwegs hält Eudocia in Antiochia ihre oben erwähnte selbstverfaßte Rede. In Motiv und Durchführung ist die Palästinareise der Eudocia sicherlich mit einer anderen politischen Pilgerfahrt vergleichbar – es gibt deutliche Parallelen zur Reise der Kaisermutter Helena. Auch jene reist offiziell aus Dankbarkeit für den Sieg der constantinischen Dynastie (oder aber für die Überwindung der Palastkrise von 326) und gibt großzügig Largitionen an die Kirchen und Gemeinden entlang des Wegs. Erst in zweiter Linie ist die tiefe persönliche Frömmigkeit der beiden Frauen ausschlaggebend. Bei Eudocia kommt noch eine große Bewunderung für das asketische Leben der jüngeren Melania dazu, die im gemeinsamen „Wettkampf" der beiden frommen Frauen um die Reliquien des Heiligen Stephanus gipfelt.

Stephanus, der allgegenwärtige Heilige

Des Stephanus Reliquien waren einige Zeit zuvor an einer durch eine Vision geoffenbarten Stelle nahe Jerusalem gefunden worden und wurden jetzt in der dortigen Bischofskirche auf dem Berg Zion aufbewahrt. Melania überführt einige von dessen Reliquien in ihr neu errichtetes Martyrium im Kloster auf dem Ölberg, und Eudocia ist bei dieser Zeremonie zugegen. Stellenweise wird sogar Eudocia, nicht Melania, als Erbauerin des Martyriums genannt, was aber ungewöhnlich wäre. Möglicherweise gibt Eudocia auch nur eine Spende als Zuschuß zum Bau, was auch die Anbringung der in manchen Quellen genannten Inschriftentafel erklären würde. Während ihres Aufenthaltes auf dem Ölberg verletzt sich Eudocia am Fuß und wird nur durch die Fürsprache des Heiligen Stephanus rasch geheilt, so daß sie ungehindert die Heimreise antreten kann. Sie schreibt ihm ein Dankgedicht, das an einer der Stationen unterwegs, an der Kirche von *Theodoroupolis*/Zapharambolou in Paphlagonien, angebracht wird. Angeblich stiftet sie auch einen Fuß des Heiligen aus Dank der dortigen Kirche. Vielleicht kann sogar das Gedicht von Hammath Gader mit dieser wundersamen Heilung in Verbindung gebracht werden – möglicherweise sucht Eudocia Linderung ihrer Schmerzen in dem schon damals berühmten Heilbad mit seinen warmen Quellen. Als sie schließlich 439 nach Constantinopel zurückkehrt, hat sie in ihrem Gepäck einige weitere Partikel der heilkräftigen Stephansreliquien. Interessant ist auch die Tatsache, daß Stephanus einer der bevorzugten Heiligen der Monophysiten war, der Anhänger der Einnaturenlehre des Apollinaris von Laodicea[179], denen Eudocia lange Zeit ihres Lebens angehörte, was ihre besondere Verehrung gerade für diesen Märtyrer erklären dürfte. Melania hatte aber möglicherweise ebenfalls weitere Stephansreliquien, die sie bei Bedarf weiter aufteilt. Nach ihrem Tod will sie in der Nähe dieser Reliquien bestattet werden, was bekanntlich auch Wunsch der Eudocia ist. Letztere erfüllt ihn sich mit Anlage ihres Grabes in der Stephanskirche in Jerusalem. Im Endeffekt ist die Verwirrung, die um Eudocia, Melania und die Stephansreliquien noch heute herrscht, auf die verschiedenen Loyalitäten der jeweiligen antiken Autoren zurückzuführen – während Gerontius immer auf seiten der Melania blieb, war für Petrus Ibericus, den Autor der entgegengesetzten Quelle, Eudocia die bestimmende Person[180].

Ein Apfel mit weitreichenden Folgen: die Palastintrige gegen Eudocia

In der Zeit nach Eudocias Pilgerfahrt verschlechtert sich das Verhältnis zwischen Eudocia, Theodosius und Pulcheria. Johannes Malalas berichtet von einer angeblichen Liebesaffäre, die die Kaiserin mit dem Hofbeamten Paulinus gehabt haben soll. Auslöser ist ein phrygischer Apfel, der die Runde macht: Theodosius schenkt ihn Eudocia, die gibt ihn Paulinus, der ihn an Theodosius zurückgibt, ohne zu wissen, daß er ursprünglich von ihm kommt. Theodosius erkennt den Apfel wieder und vermutet das naheliegendste – eine Affäre zwischen Eudocia und Paulinus, was scheinbar dadurch bestätigt wird, daß Eudocia auf Rückfrage sagt, sie habe den Apfel gegessen. Das Ende ist voraussehbar – Paulinus wird hingerichtet, Eudocia verbannt. Nun erinnert diese Geschichte fatal an das von Autoren zu allen Zeiten, und auch schon vor William Shakespeare, immer gern verwendete Othello-Motiv: Ein eifersüchtiger Ehemann glaubt aufgrund eines geschenkten Taschentuchs, Apfels oder ähnlichem an die Untreue seiner Frau und rächt sich bitter. Auch die Nähe zur Sündenfallgeschichte der Genesis ist offensichtlich, nicht nur durch das Motiv des verräterischen Apfels. Würde man einer so frommen und gebildeten Frau wie Eudocia eine derartige Affäre und eine so alberne Lüge zutrauen? Ist der Beamte Paulinus ein schwärmerischer jugendlicher Romeo oder doch eher ein zutiefst loyaler Diener seines Herrn? Wahrscheinlicher ist doch, daß es sich einmal mehr um eine Palastintrige um Korruption und Macht handelt, an der Pulcheria sicher nicht ganz unschuldig ist, schließlich hat sie Eudocia nach und nach mit Erfolg aus ihrer Machtposition verdrängt. Jedenfalls erfolgt 442/43 die endgültige Trennung von Eudocia und Theodosius.

Dieser ist über das Ende der Ehe mit seiner geliebten Gattin alles andere als glücklich, was sicher anders gewesen wäre, hätte die Apfel-

Affäre tatsächlich stattgefunden. Er erlaubt Eudocia jedoch, endgültig nach Jerusalem überzusiedeln. Sie hat auch nach seinem Tod noch Zugriff auf das Staatsvermögen und bleibt *Augusta*, was eindeutig gegen eine offizielle Verbannung spricht. Eudocia geht also wieder nach Jerusalem und bezieht einen Palast in der Nähe des Stephanstores, der Stephansbasilika und somit der Stephansreliquien. Zwar sind die Verhältnisse in Jerusalem inzwischen etwas anders als bei ihrem Besuch, und ihre „geistige Mutter", die jüngere Melania, ist 439 gestorben. Trotzdem genießt Eudocia in der Stadt großes Ansehen und unterhält gute Beziehungen nicht nur zum örtlichen Klerus. In diese Zeit fällt auch die Erweiterung der Stadtmauer Jerusalems am südlichen Tempelberg, die Eudocia unter Bezug auf eine Bibelstelle durchführen läßt[181].

Nach dem Tod des Theodosius II. entschließt sich Pulcheria doch noch, im Alter von 51 Jahren, aus politischen Gründen zu heiraten, allerdings nur unter der Bedingung, daß ihr neuer Ehemann ihr Gelübde der Keuschheit wahrt. Sie wählt Marcian aus, einen ältlichen Beamten, der für kurze Zeit neuer Herrscher des oströmischen Reiches wird. In der Folgezeit wird Pulcheria nicht müde, sich in politische und theologische Streitfragen einzumischen, was bis zu ihrem Tod 453 so bleibt. Eudocia überlebt sie um sieben Jahre, die sie mit frommen Studien in Jerusalem verbringt. Ihre einzige Tochter Licinia Eudoxia residiert mittlerweile als weströmische Kaiserin in Ravenna und Rom und hat zwei Töchter: Eudocia und Placidia, beide nach ihren Großmüttern benannt. 455 wird Licinia Eudoxias Mann Valentinian III. ermordet, und sie wird gezwungen, den Usurpator Petronius Maximus zu heiraten, ihre Tochter Eudocia dessen Sohn. Damit nicht genug – die weiblichen Mitglieder der weströmischen Kaiserfamilie werden im selben Jahr vom Vandalen Geiserich nach Nordafrika verschleppt, wo Eudocia erneut eine erzwungene Ehe eingehen muß: mit Geiserichs Sohn Hunerich. Erst 462 gelingt es dem Nachfolger von Pulcherias „Scheinehemann" Marcian, zumindest Licinia Eudoxia und Placidia aus den Händen der Vandalen zu befreien, doch die jüngere Eudocia bleibt – sicher nicht ganz freiwillig – in Nordafrika. Diese ganze Sorge um ihre Tochter und deren Kinder bringt Eudocia schließlich dazu, sich vom Monophysitentum abzuwenden und wieder zum orthodoxen Glauben zurückzukehren. Sie stirbt 460 und wird in der Stephansbasilika beigesetzt.

Die weniger bekannten Pilgerinnen: Eutropia, Poemenia, Silvia und die anderen

Eutropia, die Schwiegermutter Constantins

Eine kaum bekannte Pilgerin der constantinischen Zeit ist die Schwiegermutter Constantins des Großen und Mutter der unglückseligen Kaiserin Fausta, Eutropia. Die Überlieferung, auch sie sei im Heiligen Land gewesen, ist relativ unklar, denn leider wird nirgends genau gesagt, wann. Eine oft zitierte Überlegung lautet, sie könne nur mit Helena vor 326 dort gewesen sein, da sie sicher nach dem gewaltsamen Tod ihrer Tochter keinen Einfluß mehr bei Hofe gehabt haben wird[182]. Diesen aber benötigte sie, um sich bei Constantin über den Verfall des Heiligtums in Mamre zu beschweren und den Bau der dortigen Kirche anzuregen. Doch da nirgends eindeutig belegt ist, daß sie und Helena gemeinsam unterwegs waren, ist es wohl am wahrscheinlichsten anzunehmen, daß Eutropia unabhängig von Helena und eben vor dem Jahr 326 in Palästina war.

Die ägyptischen Jungfrauen

Bei den ägyptischen Jungfrauen handelt es sich um eine Gruppe von Nonnen aus einem nicht näher spezifizierten Kloster, die um die Mitte des vierten Jahrhunderts auf Pilgerfahrt in Jerusalem weilt. Überliefert ist diese vergleichsweise selten berücksichtigte Reise in einem Brief des griechischen Kirchenvaters Athanasius von Alexandria an diesen Konvent, in dessen Einleitung er die Nonnen zu ihrer glücklichen Rückkehr beglückwünscht[183]. Leider befaßt sich der Brief nicht ausführlicher mit der Reise selbst, er dreht sich mehr um den richtigen Lebenswandel der Nonnen. Trotzdem kann man erschließen, daß diese Gruppe auf einer vergleichbaren Route wie Egeria unterwegs ist und sich stark an der Heiligen Schrift orientiert. Der erste Ort, den die Schwestern besuchen, ist die Geburtsgrotte in Bethlehem, von Athanasius „das Paradies auf Erden" genannt. Von da geht es nach Jerusalem, wo die Jungfrauen Golgatha und die Grabeskirche besuchen. Sie werden unterwegs in anderen Klöstern und Konventen aufgenommen und können dort übernachten, bei ihren Besichtigungen werden sie von ortskundigen Priestern geführt, die die jeweils passenden erbaulichen Textstellen zitieren. Ihr Rückweg führt sie über den Sinai, der ebenfalls von Egeria ausführlich beschrieben wird.

Diese bislang fast unbeachtet gebliebene Textstelle ist aus verschiedenen Gründen wichtig – erstens belegt sie die Reise einer Gruppe von Nonnen für das mittlere vierte Jahrhundert, also für eine Zeit, aus der wir noch vergleichsweise wenig über den Pilgerbetrieb im Heiligen Land wissen – an sicher belegten weiblichen Reisenden vorausgegangen sind ihnen nur Helena, Eutropia und – sofern es sich um eine Frau handelt – der Pilger von Bordeaux. Zweitens wird hier ein Phänomen geschildert, daß sich noch mehrmals in den Pilgerberichten beobachten lassen wird: Die Jungfrauen wollen nicht wieder in ihre Heimat zurück, sondern lieber im Heiligen Land bleiben. Auch Paula und Hieronymus, Melania die Ältere und Rufinus blieben über längere Zeit vor Ort an den Heiligen Plätzen, und nur die letzteren kehrten schließlich widerwillig und für kurze Zeit nach Rom zurück. Dies allerdings wird von Athanasius ausdrücklich kritisiert, denn nach streng theologischer Auslegung der Schriften ist eine Pilgerreise nach Jerusalem gar nicht notwendig für das Seelenheil und ein frommes Leben hierfür genauso wichtig, wenn nicht wichtiger. Eine entsprechende Kritik findet sich auch bei anderen Theologen der Zeit, etwa bei Gregor von Nyssa, und selbst Hieronymus rät gelegentlich vom Antritt einer Pilgerreise ab – allerdings nicht immer, schließlich sitzt er selbst in Bethlehem.[184] Der wahre Weg zur Rettung der Seele ist den Kritikern zufolge die innere Pilgerreise, die nicht auf die körperliche Anwesenheit an einem bestimmten Platz rekurriert, sondern auf die spirituelle Umsetzung der religiösen Inhalte.

Poemenia, die Angeberin

Die römische Pilgerin Poemenia oder Pomnia stammte aus reicher Familie, höchstwahrscheinlich ist sie sogar mit dem Kaiserhaus verwandt[185]. Dafür könnte ihr außerordentlich großes Gefolge sprechen, zu dem neben Eunuchen und maurischen Dienern auch einige Bischöfe und Priester gehörten. Ihren „Hofstaat" kann man sich gut vorstellen, mit einer ganzen Flotille größerer und kleinerer, reich aufgeputzter Boote, ein ganzer Hausstand unterwegs mit Dienstboten, Köchen und Kammerherren. All dies wäre für normale Pilger, die nicht dem Kaiserhaus angehören, ungewöhnlich und vergleichsweise unwahrscheinlich. Selbst reiche Privatleute, die durchaus die nötigen Mittel hätten, reisen anders als Poemenia. Egeria wird zwar unterwegs von Bischöfen in Empfang genommen, doch einen mitreisenden Trupp von Geistlichen hat auch sie nicht vorzuweisen. Nun ist uns Poemenia zwar nicht namentlich als ein Mitglied des theodosianischen Kaiserhauses bekannt, doch ist ihre Verwandtschaft mit der regierenden Dynastie durchaus denkbar. Theodosius und seine Familie stammen ursprünglich aus Spanien, und gerade dort könnte man „maurische", also aus Nordafrika stammende Diener bevorzugt haben, wie sie zum Gefolge der Poemenia gehören. Und vielleicht taucht ihr Name auch deshalb nicht in den antiken Quellen auf, weil die damaligen Leser genau wußten, von wem die Rede ist, auch wenn es nicht explizit ausgeführt wurde. Sicher wissen wir aber, daß Poemenia trotz aller Weltlichkeit eine sehr fromme, sehr keusche, aber eben auch sehr reiche Frau ist, da ihr Auftreten sicher nicht dem von „diskreter und privater Devotion" entspricht[186]. Als eine der wenigen Pilgerinnen tritt Poemenia ihre Reise nicht im Westteil des römischen Reiches an, sondern kommt aus einem östlichen Zentrum, womit nur Constantinopel gemeint sein kann.

In seinem Brief an Furia beschwert sich Hieronymus über eine nicht namentlich benannte weibliche Person, die „vor kurzem" mit großem Gepränge und Getöse durch Palästina gereist sei und hinter der sich Poemenia verbergen könnte:[187]

„Wir haben neulich ein skandalöses Subjekt durch den ganzen Osten flittern sehen. Ihr Alter, ihr Stil, ihre Kleidung, ihr Gehabe, die unmögliche Gesellschaft, in der sie sich bewegte, und der königliche Prunk ihrer aufwendigen Diners, alles das machte sie zu einer passenden Braut für einen Nero oder einen Sardanapallus".

Früher dachte man immer, daß mit dieser Stelle Egeria gemeint sei, doch heute ist sicher, daß das nicht richtig sein kann. Bedenkt man, als welche Art Frau wir die abenteuerlustige Egeria kennengelernt haben, würde die Beschreibung auch überhaupt nicht zu ihr passen.

Poemenia reist wohl von Constantinopel aus ins Heilige Land und nach Ägypten, wo sie als erstes in der Thebais Station macht, um den berühmten Mönch Johannes von Lycopolis zu besuchen, den „man 48 Jahre lang nie dabei beobachtet hatte, wie er aß oder trank und der in all der Zeit nie sein Auge auf eine Frau oder ein Geldstück warf"[188]. Dieser heilige Mann soll sie von einer nicht näher bezeichneten Krankheit heilen, und tatsächlich verschwinden ihre Beschwerden bei dem Besuch in der Wüste. Für die Rückreise erhält sie die eindringliche Warnung, nicht den Weg über Alexandria zu nehmen, doch leichtfertig ignoriert sie diesen Ratschlag. Vielleicht liegen einfach ihre Schiffe dort vor Anker. Bei einem Halt in Nikioupolis geraten ihre Leute in eine Schlägerei mit Fellachen, die sich am hochmütigen Gepränge der fremden Reisegruppe stören. Beim nun folgenden Kampf wird einer ihrer Eunuchen getötet, ein mitreisender Bischof in den Nil geworfen. Es gibt viele Verletzte auf beiden Seiten. Poemenia selbst wird aufs Übelste beschimpft und bedroht. Einer der Gründe für den Konflikt dürfte sein, daß in einem solchen Fall wie selbstverständlich erwartet wird, daß die einheimische Bevölkerung eine Reisegruppe wie die der Poemenia verpflegt und all den Mitreisenden Quartier bietet. In einem armen Fellachendorf kann das schon zu Mißstimmungen führen, die noch besonders durch die hochmütige Art der Reisenden angestachelt wird[189]. Doch Poemenia ist auch die klassische Touristin, die in Alexandria „die Stadt erforschen" will, ganz in der Tradition eines Hadrian[190].

Nachdem sie ihre Fassung wiedergefunden hat[191], reist Poemenia weiter nach Palästina. Unterwegs sieht sie auf dem Berg Garizim in Samaria ein heidnisches Idol stehen, das sie prompt vom Sockel stürzt. Dies könnte mit dem 392 erlassenen Verbot der Ausübung heidnischer Kulte durch Theodosius I. zusammenhängen, was einen *terminus post quem* für die Reise bieten könnte. Da aber eine solche Verbindung nicht explizit genannt ist, wäre es genauso gut möglich, daß diese Tat auch nur einer persönlichen Laune der Poemenia entspringt. In Jerusalem angekommen, stiftet sie auf dem Ölberg die Himmelfahrtskirche an der Stelle, die den angeblichen Fußabdruck Christi trägt. Im sehr genauen Reisebericht der Egeria wird diese Kirche noch nicht erwähnt, was einen weiteren Hinweis für die Datierung von Poemenias Pilgerfahrt bietet – sie muß nach 384 stattgefunden haben. Sollte sie tatsächlich Familienangehörige des Theodosius gewesen sein, kann die Reise auch nicht später stattgefunden haben als 395, als Theodosius I. stirbt, denn dann hätte sie kaum solches kaiserliches Gepränge an den Tag legen können.

Da sich auch der Brief des Hieronymus an Furia ziemlich genau auf das Jahr 394 datieren läßt und die darin geschilderten Begebenheiten im Vorjahr stattgefunden haben, können wir die ereignisreiche Reise der edlen Poemenia in die Jahre 392/93 setzen. Hieronymus hat zwar sicherlich wieder einmal übertrieben, doch man kann sich den Zug der von ihm ungenannten Person durch den Ostmittelmeerraum bildlich vorstellen. Vielleicht hat aber alles auch ganz andere Hintergründe: Bedenkt man, daß „Sardanapallus" ein beliebter Schimpfname des Hieronymus für seinen Ex-Freund und jetzigen Lieblingsfeind Rufinus ist, dann könnten mit der „unmöglichen Gesellschaft" einfach Melania die Ältere und eben Rufinus im Kloster auf dem Ölberg gemeint sein. Das Ganze liefe also wieder einmal, wie so oft, auf die theologischen Streitigkeiten zwischen den beiden Kirchenvätern hinaus, und alle, die irgendwie auf der Gegenseite darin verwickelt sind, werden attackiert. Für diese Interpretation spricht auch die genannte Kirchengründung der Poemenia in Jerusalem – ohne Wissen der Melania hätte sie auf dem Ölberg nicht einmal einen Stein umdrehen können[192].

Noch eine reiche Witwe: Fabiola

Auch die aus einem der ältesten Adelsgeschlechter Roms, der Gens Fabia, stammende Fabiola gehört zu den reichen Römerinnen, die sich nach dem frühen Tod ihres Gatten völlig der Askese und Wohltätigkeit hingeben[193]. Ihre erste, von den Eltern arrangierte Ehe funktioniert nicht, und sie läßt sich bald von ihrem ungezügelten, wilden Mann scheiden. Erst in der zweiten Ehe findet sie das Glück, das jede junge Frau auf der Welt sucht. Doch bald darauf stirbt ihr Mann und läßt eine untröstliche Fabiola zurück. Offenbar haben die beiden keine Kinder, denn sie kann sich sofort, ohne jeden Hinderungsgrund, in ihre karitative Arbeit stürzen. Zusammen mit einem älteren Witwer, Pammachius, dem Schwiegersohn der Paula und Gatten von deren zweiter Tochter Paulina, eröffnet sie in Ostia ein Pilgerhospiz mit angeschlossenem Krankenhaus[194], in dem sie selber pflegt und sogar Kranke auf den Straßen Roms und Ostias einsammelt. Pammachius ist der einzige Witwer, von dem wir wissen, daß er sich nach dem Tod seiner Frau der Askese und Wohltätigkeit verpflichtet, wofür sicher auch die enge Beziehung zur Familie seiner verstorbenen Gattin Paulina ausschlaggebend gewesen sein dürfte[195]. Auch Fabiola verschenkt Teile ihres riesigen Vermögens und vermacht der Kirche hohe Spenden.

Im Herbst 394 macht sich Fabiola mit ihrem geistigen Freund Oceanus, einem Schulfreund des Hieronymus, ins Heilige Land auf. Zunächst finden sie im Kloster von Melania der Älteren Unterschlupf, begeben sich aber bald auf den Weg nach Bethlehem zu Hieronymus und Paula, wo Fabiola den charismatischen Mönch endlich persönlich kennenlernt. Auch sie wendet sich mit großem Eifer den von ihm angeregten Bibelstudien zu, und erneut kann der sonst so kritische Gelehrte die Bildung einer römischen Aristokratin rühmen[196]. Schon trägt sich Fabiola mit dem Gedanken, in Bethlehem zu bleiben und nicht mehr nach Rom zurückzukehren, als sie von den Hunneneinfällen in Syrien aufgeschreckt wird. Offenbar hat das oströmische Reich die Gefahr in dieser Region unterschätzt, denn Theodosius hat viele der Truppen aus dem Osten nach Italien verlegt, um den dortigen Barbareneinfällen zu wehren. So verläßt Fabiola voller Angst Bethlehem und besteigt doch ein Schiff Richtung Rom. Auch Hieronymus und Paula ziehen sich vorsichtshalber in die Nähe der Küste zurück, um im Notfall sofort an Bord gehen zu können, doch sie bleiben schließlich im Heiligen Land. Hieronymus versucht mehrmals, Fabiola zum Bleiben zu überreden, doch ohne Erfolg. Diese Bitten haben einen durchaus realen Hintergrund – wie immer sind Hieronymus und Paula knapp bei Kasse, und sie hätten das Geld der Fabiola gut in Bethlehem gebrauchen können. Angeblich ist ein Streit mit Hieronymus mitentscheidend für Fabiolas Entschluß, das Heilige Land wieder zu verlassen, doch vielleicht ist ihr auch nur aufgefallen, daß es ihm mehr um ihr Vermögen als um ihre Person geht.

Fabiola bleibt auch nach ihrer Rückkehr nach Ostia mit Hieronymus in Kontakt, doch 399 stirbt sie, noch während dieser eine theologische Abhandlung für sie vorbereitet. Für Oceanus, der eine fromme Freundin und gute Gefährtin verloren hat, schreibt er einen Nachruf auf Fabiola. Diese erhält in Rom eine außerordentlich prachtvolle Leichenfeier, an der halb Rom teilnimmt und die von Hieronymus als „Fabiolas Siegesfeier" bezeichnet wird. Gemeint ist hier der spirituelle Triumph über den eigenen Körper, über den sie sich durch ihren Tod erhebt. Dies wird mit den heroischen Siegen vieler römischer Feldherren über ihre Feinde verglichen[197].

Silvia aus Aquitanien?

Wohl etwas später, um das Jahr 400, begegnet uns in Palästina eine weitere fromme Frau, die in der Forschung lange Jahre mit anderen Pilgerinnen gleichgesetzt wurde: Silvia. Sowohl ihre Identifizierung als Egeria als auch als Poemenia ist vorgeschlagen worden, und anscheinend ist die diesbezügliche Diskussion noch nicht beendet[198].

Silvia ist die Schwägerin des Prätorianerpräfekten Flavius Rufinus[199], der eigentlich aus Gallien oder Aquitanien stammt, während der theodosianischen Zeit ab etwa 388 hohe Staatsämter im Ostreich innehat und dessen Tochter ursprünglich als Braut des Arcadius vorgesehen ist[200]. Doch 395 wird Rufinus ermordet, und seine Frau und Tochter erhalten die Erlaubnis, sich in Jerusalem niederzulassen, möglicherweise im Rahmen einer klösterlichen Gemeinschaft, was aber den Quellen nicht zu entnehmen ist[201]. Unklar ist auch, ob Silvia ihre Schwester und Nichte dort wiedertrifft, oder ob sie bei deren Ankunft schon wieder in Richtung Westen abgereist ist. Sicher jedoch kommt auch Silvia von Constantinopel aus nach Palästina, nicht aus dem Westen.

Höchstwahrscheinlich nimmt sie im Kloster Melanias der Älteren auf dem Ölberg Quartier. Durch die Wahl dieser Unterkunft hat sie ebenfalls Partei in dem gegen Ende des vierten Jahrhunderts lodernden Kirchenstreit um die Lehre des Origenes genommen, ob nun wissentlich oder nicht, wird nicht mehr zu klären sein. Wie wir eben gesehen haben, wird auch Poemenia bei Melania zu Gast gewesen sein. Melania beherbergt also viele noble Reisende, sie sind sogar höhergestellt als die bei Paula und Hieronymus in Bethlehem, was ständiger Anlaß zu Eifersüchteleien von seiten des Hieronymus ist.

Es ist unsicher, ob Melania und Rufinus Silvia bei ihrer Abreise nach Ägypten begleiten, oder ob sie sich nur zufällig gemeinsam auf den Weg machen. Wir erinnern uns an die Episode, in der Melania den Mitreisenden Iovinus wegen seiner Waschgewohnheiten tadelt. Jedenfalls ist noch nicht ganz geklärt, warum Melania erst nach Ägypten fährt, um dann von Caesarea aus nach Rom aufzubrechen. Vielleicht sind es auch nur zwei verschiedene Reisen, die in der Quelle vermischt werden.

Möglicherweise kann Silvia nach der Ermordung ihres Schwagers nicht mehr nach Constantinopel zurückkehren und entschließt sich daher, nach Westen in die alte Heimat aufzubrechen. Wo lag aber die „alte Heimat" genau? Man hat vermutet, Silvia wäre ebenfalls in Gallien beheimatet gewesen wie ihr Schwager, doch das ist keineswegs zwingend, bedenkt man die hohe Mobilität, die die römischen Beamten an den Tag legen[202]. Eine völlig andere Quelle könnte auf eine Herkunft aus dem oberitalischen Brescia deuten[203]. Brescia ist eine wichtige Stadt an der römischen Straße, die von Gallien durch Oberitalien via Mailand und Aquileia in die Balkanprovinzen führt und auf der beispielsweise der Pilger von Bordeaux ins Heilige Land reist. Sie ist ein wichtiges monastisches Zentrum im vierten und fünften Jahrhundert, Bollwerk gegen den Arianismus, der aus dem Osten bis Illyricum reicht. Der dortige Bischof, Gaudentius, ist ebenfalls Anhänger des Origenes, mit dessen Übersetzer Rufinus von Aquileia er korrespondiert und Schriften tauscht. Auch Gaudentius ist in Palästina gewesen, und vielleicht hat er Silvia dort kennengelernt. Über beide wird berichtet, daß sie mit zahlreichen Reliquien nach Hause zurückkehren. Gaudentius wird jedenfalls von Rufinus als der „Erbe" der Silvia bezeichnet, was sich möglicherweise auf deren Reliquien, vielleicht aber auch auf die von Rufinus zur Verfügung gestellten Schriften bezieht. Sowohl Gaudentius als auch eine gewisse Silvia werden in Brescia als Lokalheilige verehrt, und es scheint verlockend, diese Frau mit der Pilgerin Silvia gleichzusetzen. Sie wäre dann eine fromme Stifterin, die der Kirche große Geldsummen und reiche Reliquienschätze überlassen hätte. Zwar schweigen die Quellen, besonders die Dedikationsrede des Gaudentius, diesbezüglich, aber wenn wir uns vergegenwärtigen, wie reich die anderen hier besprochenen Frauen die Kirchen nicht nur ihrer Heimatorte mit Spenden bedenken, so scheint diese Lösung sehr plausibel. Solche Stifterinnen gibt es viele in der Spätantike, man denke nur an die Jungfrau Manlia Daedalia, die in der Basilika Ambrosiana in Mailand bestattet ist und deren Reliquienkapsel bereits erwähnt wurde.

... und eine, die nicht pilgern wollte: Marcella

Nachdem wir bislang von jenen Frauen hörten, für die die Krönung ihres Lebens eine Pilgerreise nach Jerusalem ist, soll zuletzt noch von einer bemerkenswerten Römerin die Rede sein, die für sich einen ganz eigenen, andersartigen Weg zur religiösen Erfüllung gesucht und gefunden hat, in dem solch eine Unternehmung keine Rolle spielt: Marcella. Sie verstößt gegen alle herrschenden Konventionen und beweist „unglaublichen persönlichen Mut und große Charakterstärke"[204].

Über ihr Leben als reiche römische Asketin sind wir durch ihre Korrespondenz mit Hieronymus gut unterrichtet, sie ist diejenige Adressatin, von der die meisten an sie gerichteten Briefe des Kirchenvaters erhalten blieben und mit der er vielleicht auch am häufigsten korrespondiert hat[205]. Sie steht eindeutig unter seinem Einfluß, auch wenn sie die einzige ist, die ihr Leben dennoch nach eigenen Vorstellungen einrichtet und mit Hieronymus mehr auf wissenschaftlicher denn auf spiritueller Ebene verbunden ist.

Marcella, geboren um 325 und damit etwa 20 Jahre älter als Hieronymus, ist die erste der römischen adligen Frauen, die die von ihrer Familie geforderte zweite Ehe strikt ablehnt und sich statt dessen der Nächstenliebe und Askese zuwendet. Sehr jung verheiratet und nach nur sieben Monaten Ehe verwitwet[206], widersetzt sie sich standhaft dem Willen ihrer Mutter Albina, die einen neuen Ehemann für die einzig praktikable Lösung für eine Frau in ihrem Alter hält. Einen reichen, aber ältlichen Bewerber weist sie mit den Worten „wenn ich heiraten wollte, würde ich mir einen Mann und keine Erbschaft suchen"[207] zurück. So bleibt Marcella allein und führt selbst ihren Haushalt und ihre Geschäfte weiter – eine für die Römerzeit zwar nicht ausgeschlossene, aber doch ungewöhnliche Entscheidung. Auch nimmt sie weiter ihre Standespflichten wahr und bleibt im Familienpalast wohnen, anstatt wie die anderen Asketinnen der Welt völlig zu entsagen. Sie lebt zwar vegetarisch und fastet, doch beides vergleichsweise moderat; anstelle der rauhen dunklen Bußkleider trägt sie gute, aber einfache und schlichte Kleider, gelegentlich auch weite, sie ganz umhüllende Gewänder[208]. Sie empfängt viele Besucher, gibt Feste und verzichtet keineswegs auf ihr ererbtes Vermögen, von dem sie nur einen Teil für Almosen ausgibt. Kein Wunder, daß Hieronymus dieses Verhalten des öfteren als bei weitem zu weltlich kritisiert.

Am wichtigsten ist ihr jedoch das Bibelstudium, das „geistige Abenteuer", das sie mit ganzem Herzen und „einem unglaublichen Feuer der Begeisterung" betreibt[209]. Hieronymus lobt ihren Verstand, nennt ihn „ratio" und „ingenium". Im Laufe der Zeit sammelt sie in ihrem Palast eine ganze Bibliothek zum Teil singulärer theologischer Schriften, und die geistlichen Männer Roms stehen Schlange, um sich etwas davon auszuleihen oder zu kopieren. Sie wird quasi die „Bibliothekarin" des Hieronymus, dessen Schriften sie nach seiner Abreise weiterverbreitet. Im Laufe der Jahre wird sie sogar zu *der* exegetischen Autorität in Rom, an die sich alle in Fragen der Bibelauslegung wenden. Sie unterrichtet fromme Mädchen und Frauen nach einem festgelegten Lehrplan, doch erst nach der Erledigung ihrer Pflichten als Hausfrau, was Hieronymus ganz neidisch sagen läßt, sie schaffe mehr als er, obwohl er doch seine Zeit nur für seine Studien verwende. In ihrer Korrespondenz mit dem Kirchenvater werden theologische Probleme gewälzt, Psalmen ausgelegt oder die allgemeine Situation von Kirche und Gesellschaft diskutiert. Marcella erlaubt sich aber auch, Kritik zu üben an den oftmals polemischen Äußerungen ihres Freundes, den sie manchmal sogar zu neuen Interpretationen strittiger Fragen anregen kann. Als sie jedoch beginnt, Interesse an verschiedenen Sekten zu zeigen, greift Hieronymus sofort ein, und dieses eine Mal hört Marcella tatsächlich auf ihn. Von Zeit zu Zeit schreibt er ihr aber auch galante Briefchen und stellt doppeldeutige Rätsel[210]. Dieser Schriftverkehr belegt eine große Vertrautheit der beiden miteinander, die etwa im Verhältnis des Hieronymus zu Paula nicht so ausgeprägt sichtbar wird.

Marcella unterhält einen eigenen Bibelkreis, der als „der Zirkel auf dem Aventin" weithin Berühmtheit erlangt. Der Aventin, einer der sieben Hügel Roms, liegt im Süden der Stadt oberhalb des Tibers und bietet einen großartigen Blick auf das „Ewige Rom". Dort liegt der Stadtpalast der Familie der Marcella, der Caeonii, den sie zu einem Zentrum religiöser Aktivitäten umwandelt. Die für Rom um die Mitte des vierten Jahrhunderts noch ungewöhnliche Einrichtung eines privaten Bibelzirkels ruft Erstaunen, ja sogar Empörung hervor, erfährt aber auch weitreichende Bewunderung. Wie auch einige der späteren Asketinnen, Paula zum Beispiel, wird Marcella ursprünglich durch den Besuch östlicher Wandermönche bei ihrer Familie zu einer Hinwendung zum Glauben angeregt. Ausschlaggebend sind auch in ihrem Fall die Lebensgeschichten (Viten) der Heiligen, von denen sie ihre erste, die „Vita Antonii", vom alexandrinischen Bischof Athanasius als Abschiedsgeschenk erhält, als sie noch ein Kind ist. Ab 365 wird ihr Palast schließlich zu einem Konvent für gleichgesinnte Frauen.

Eines will Marcella aber auf keinen Fall: dem Drängen des Hieronymus nachgeben, ihr eigenes, selbst gestaltetes Universum in Rom aufzugeben und nach Bethlehem zu ziehen. Mehrfach fordert er sie dazu auf, einmal auch im Namen von Paula und Eustochium, wobei manche Wissenschaftlerinnen und Wissenschaftler meinen, auch dieser Brief (ep. 46) stamme zur Gänze aus seiner Feder[211]. Doch Marcella bleibt standhaft und verfolgt weiter ihren eigenen Weg zu Gott.

Sie bleibt ihr Leben lang in Rom, und als 410 die Horden Alarichs dort einfallen, wird Marcella, die mittlerweile fast Neunzigjährige, in ihrem Haus von den Plünderern schwer mißhandelt. Doch Alarich sagt ihr zu, ihr Leben und das ihrer Schülerin Principia zu schonen, und die beiden Frauen werden in den Schutz der Kirche S. Paolo fuori la mura gebracht. Bald darauf stirbt sie, offenbar aber nicht an den Folgen der Mißhandlungen[212]. Auch auf Marcella verfaßt Hieronymus im Jahr 412 einen rühmenden Nachruf, gerichtet an ihre „geistige Tochter" Principia.

4. Reiserouten ins Heilige Land Von Römerstraßen und Wüstenpfaden

Reisen in der römischen Kaiserzeit

Auf eine größere Reise zu gehen, ist im römischen Kaiserreich[1] durchaus keine Seltenheit, sondern gehört zum alltäglichen Leben zumindest eines Teils der Bevölkerung. Gut ausgebaute Straßen stehen für Dienst- und Privatreisen zur Verfügung, Herbergen *(Mansiones)* und Pferdewechselstationen *(Mutationes)* bieten Unterkunft und Versorgung.

Die Forschungen zum antiken Reiseverkehr beschränken sich daher auch meist auf die Analyse von Straßennetzen und Schiffahrtswegen, Gasthäusern und Meilensteinen, vielleicht auch noch von antiken Straßenkarten und Reisehandbüchern. Erforscht wird jedoch kaum der soziale Hintergrund der Reisenden selbst. Welchem Stand gehören sie an? Erlaubt ihnen ein hohes privates Vermögen die teuren Reisen oder reisen sie in kaiserlichem Auftrag als Beamte oder Politiker? Daher zunächst zu den Reisenden selbst, ehe wir uns ganz traditionell ihren Reisewegen und Verkehrsmitteln zuwenden.

Warum reist ein Mensch in der Antike überhaupt? Aus den gleichen Gründen wie wir heute: Beamte und Militärs reisen auf Anordnung von oben, Geschäftsleute reisen aus beruflichen Gründen, Händler reisen, um ihre Waren einzukaufen und wieder teurer an die Frau und den Mann zu bringen, Eltern reisen zu ihren Kindern und Kinder (seltener) zu ihren Eltern, Priester reisen zu ihren Schäfchen, Lehrer zu ihren Schülern. Touristen reisen in exotische Länder, und ob diese nun *Aegyptus* und *Pontus* oder Thailand und Dominikanische Republik heißen, spielt keine Rolle. Und wer zurückkommt, kann seinem Nachbarn etwas erzählen, ob es nun wahr ist oder auch nicht. Letztendlich reisen Pilger zu jenen Zielen, die ihnen Trost,

Heilung und Hilfe versprechen: Delphi, Jerusalem, Lourdes. Das alles spielt sich also damals schon genauso ab wie heute, nur mit anderen Verkehrsmitteln und unter anderen Rahmenbedingungen. Die Grundvoraussetzung für Fernreisen ist denn auch heute noch die gleiche wie damals: Geld. Wer das nicht hat, bleibt zu Hause auf seinem Landgütchen sitzen und überläßt die Geschäfte und die Politik den Leuten mit den nötigen Mitteln.

Trotzdem kommt in der römischen Kaiserzeit jede Reise einem Abenteuer gleich[2] und ist nur für Leute mit Geld überhaupt zu bewerkstelligen, denn jene haben wenigstens die Möglichkeit, sich Annehmlichkeiten unterwegs zu kaufen. Die ganz Glücklichen haben darauf sogar einen Rechtsanspruch, nämlich die Erlaubnis, den *Cursus publicus* für Dienstreisen zu benutzen. Im Vergleich zu heute läuft der oder die Reisende aber die viel größere Gefahr, „räuberischen Überfällen" zum Opfer zu fallen, insbesondere natürlich im Orient. Dazu kommen primitive Fortbewegungsmittel und verwahrloste Unterkünfte. Am besten ist es daher, entlang der Wegstrecke bei Freunden oder Bekannten zu übernachten, was wiederum nur für die Reichsaristokratie überhaupt denkbar ist. Das Reisen dient bei diesen Leuten als Mittel zum Zurschaustellen des eigenen Reichtums, sie machen sich beinahe mit ihrem ganzen Hausstand auf den Weg.

Römerstraßen: Die Highways der Antike

Gepflasterte Straßen sind zur Römerzeit Standard, und nicht nur Palästina wird von einem dichten, über 1.000 römische Meilen Weg umfassenden Netz dieser „Highways" überzogen. Sie sind nach üblichem römischen Muster angelegt und mit Baumaterial aus der Umgebung realisiert. Nötig ist auch die Einrichtung von Straßenstationen mit ausreichender Wasserversorgung, außerdem gibt es an gefährlichen Streckenabschnitten in regelmäßigen Abständen Wachtposten gegen Überfälle. Der Verlauf der Straßen ist durch Meilensteine gekennzeichnet, von denen über 500 allein in dieser Provinz gefunden wurden. Das Straßennetz kann als das größte Bauprojekt der Römer in Judaea bezeichnet werden. Es dient vor allem dem Zweck, den Transport von Truppen und Verwaltungsbeamten möglichst schnell und problemlos abzuwickeln. Schließlich ist Judaea eine unruhige Provinz, und die Legionen müssen im Falle eines Aufstandes schnell von hier nach da kommen können. Die ebenfalls gängige zivile Nutzung der Routen ist dagegen die Folge des Straßenbaus, nicht dessen Grund. Das römische Straßennetz bleibt bis ins siebte Jahrhundert in Benutzung und wird unterhalten, in dieser Spätzeit frequentieren es dann vor allem die zahllosen Pilger. Die Quellen dafür sind insbesondere die Itinerare wie die des Pilgers von Bordeaux oder der Heiligen Paula[3].

Eine Reise über Land kann vergleichsweise gut geplant werden und ist unabhängig von der Jahreszeit realisierbar, während Schiffsreisen nur zu bestimmten Zeiten im Jahr möglich sind. Trotzdem muß man etwa ein Jahr vorher beginnen, die Vorbereitungen zu treffen – die römischen Reisen sind sicherlich keine Last-Minute-Angelegenheit wie heute.[4] Die Reisegeschwindigkeit beträgt etwa 21 Meilen pro Tag, doch für das letzte Stück seiner Reise von Constantinopel nach Jerusalem braucht der Pilger von Bordeaux trotzdem über acht Wochen, während Melania die Jüngere die gleiche Strecke gut 100 Jahre später trotz winterlicher Bedingungen in nur sechs Wochen zurücklegt – bedingt allein durch ihre große Eile, um zur Osterliturgie wieder in Jerusalem zu sein, und nicht durch etwaige zwischenzeitlich verbesserte Reisebedingungen[5]. Als Verkehrsmittel dient in der Regel der Reisewagen, aber oft benutzt man, gerade für kürzere Strecken, auch Pferd oder Maultier. Egeria soll sogar auf einem Kamel geritten sein, was für die damalige Zeit sicher ungewöhnlich ist, verglichen mit den in der Region verkehrenden Reisenden des 19. Jahrhunderts, die alle das obligatorische Foto „zu Kamel" zu Hause stehen hatten. Für Reisende aus dem Westen des Reiches ist aber das häufigste Verkehrsmittel für die lange Strecke nach Palästina das Schiff[6].

Reisen auf Staatskosten

Bei den Beamten und Politikern ist das Reisen ein wichtiger Bestandteil ihrer Amtstätigkeit, sie müssen in allen Orten ihres Aufgabengebietes persönlich gewesen sein und sich informiert haben.

Dabei dürfen sie durchaus einen zeremoniellen Empfang *(adventus)* durch die örtliche Oberschicht erwarten, der auch Unterkunft und Verpflegung für sich und ihre Begleiter mit einschließt. Dies wird nach dem Vorbild der Herrscherreisen inszeniert, die besonders in der frühen Kaiserzeit mit großem Prunk durchgeführt werden. Bestes Beispiel dafür ist Hadrian, der mehr als die Hälfte seiner Regierungszeit auf Reisen im Reich unterwegs ist (121-125 und 128-132 n. Chr.). Dabei wird er von seiner spröden Gattin Sabina, aber auch wahlweise von seinem jugendlichen Geliebten Antinoos[7] begleitet und von Prätorianertruppen beschützt. Er verhält sich sehr ähnlich einem heutigen *Culture Vulture*, also einem kulturhungrigen Touristen, da er etwa den Ätna auf Sizilien oder den Mons Casius in Syrien besteigt, die Memnons-Kolosse im ägyptischen Theben bestaunt und am Grab dem griechischen Politiker Alkibiades gedenkt[8]. Sogar in die Eleusinischen Mysterien läßt Hadrian sich einweisen. Vergleichbar ist dies durchaus der Palästinareise der Kaiserin Helena, die an allen Stationen entlang ihres Weges als Staatsgast empfangen und verköstigt wird[9]. Nur die militärische Eskorte fehlt in ihrem Fall, vielleicht um Unruhen an den Heiligen Stätten und unter den frommen Pilgern zu verhindern. Egeria jedenfalls hat durchaus militärischen Schutz, als sie durch die ägyptische Wüste reist[10].

Privatreisen in der Kaiserzeit – nicht nur nach Palästina

Gehört man nicht zum unmittelbaren kaiserlichen Umfeld, so kann man trotzdem ein Anrecht auf die Benutzung des *Cursus publicus* haben, der römischen Staatspost, die in der Spätantike in verstärktem Maße nicht mehr nur von Staatsbediensteten, hohen Militärs und staatlichen Meldereitern, sondern auch von Bischöfen und Klerikern auf dem Weg zu den vielen Synoden und Konzilien benutzt wird. Auch die berüchtigten kirchlichen Boten, die *tabellarii*, verstopfen nun die Straßen, Rasthäuser und Pferdewechselstationen, denn auch sie haben Anspruch auf Beförderung durch den Staat[11]. Aber auch Privatleute wie Händler oder einfache Reisende können die Annehmlichkeiten dieser Einrichtung nutzen, wenn sie die nötigen Mittel haben, dafür zu bezahlen, und sofern nicht ein „offizieller" Reisender Vorrang hat. Man reist mittels Passierscheinen, den sogenannten *diplomata* oder *evectiones*, die die Vergabe von Reit- oder Zugtieren oder Unterkunft und Verpflegung regeln. Dabei kann es gelegentlich auch Probleme mit den örtlichen Beamten geben, die den Verkehr streng überwachen sollen: Als die jüngere Melania im Jahr 436 von Jerusalem nach Constantinopel an das Krankenbett ihres Onkels reist, wird sie unterwegs aufgehalten, da sie angeblich zu viele Begleitpersonen auf ihren Passierschein mitreisen läßt. Erst nach langem Hin und Her und erneuter Auslegung des vergleichsweise allgemein gehaltenen Textes des Passierscheins wird die Weiterreise der ganzen Gruppe schließlich genehmigt[12].

Es gibt einige für den Privatreisenden unverzichtbare Dinge, die neben Pferd und Reisewagen mitgeführt werden müssen: vor allem wetterfeste Kleidung und Schuhwerk, Decken oder Zeltplanen, Kochgeschirr und Trinkflasche (oftmals in Anlehnung an die frommen Reisenden auch „Pilgerflasche" genannt) sowie eine eiserne Ration an Proviant, für den Fall, daß man durch Gegenden kommt, in denen man sich nichts beschaffen kann. Außerdem kann, sofern man handwerklich etwas geschickt ist, Werkzeug für kleinere Reparaturen an Wagen oder Zaumzeug nicht schaden, ebensowenig Schreibgerät zum Hinterlassen von Nachrichten. Verfügt man über genügend Geldmittel, so kann man auch eigene Maultiertreiber und Dienstboten für die Reise anwerben. Dagegen muß an Bargeld, also etwa Münzen aus Edelmetall, gewichtsmäßig nicht allzuviel mitgenommen werden, denn mit vier bis fünf goldenen Solidi kann eine Person ein Jahr lang gut mit Grundnahrungsmitteln versorgt werden, und zur Zeit des Diocletian entsprechen sechzig dieser *aurei solidi* einem römischen Pfund Gold, also nach heutigen Maßeinheiten knapp 330 Gramm. Bei Silbermünzen *(argentei)* wiegen 96 Stück ein römisches Pfund. Den Umtausch in Silber- oder Kupfermünzen von geringerem Wert besorgen die *nummularii*, die Geldwechsler, die es in jeder größeren Ansiedlung gibt[13].

Die Herbergen

Wer nicht auf die Gastfreundschaft von Verwandten, Freunden oder Geschäftspartnern zählen kann, der ist für die Dauer seiner Pilgerreise auf öffentliche Herbergen angewiesen[14]. Diese *Mansiones* sind ursprünglich so konzipiert, daß sie nur den allernötigsten Komfort bieten. Man verweilt dort nur solange, wie es dauert, die Pferde zu wechseln und etwas zu essen, nur wenn unbedingt nötig, bleibt man auch über Nacht. Im Laufe der Zeit kommen diese Herbergen allerdings sehr herunter und haben einen entsprechend schlechten Ruf. Der Reisende muß nun vorsichtig sein, damit er nicht seiner Barschaft und Reisekasse oder gar seines Lebens beraubt wird. Das ist sicher auch der Grund, warum Frauen zur damaligen Zeit so gut wie nie auf Reisen gehen, und wenn, dann nur in Begleitung. Auch Hieronymus und Gregor von Nyssa warnen ihre Anhänger noch vor solch unsicheren Rasthäusern[15]. Wer es sich leisten kann, übernachtet in den *Palatia*, den besseren Unterkünften für den kaiserlichen Hofstaat und die hohe Beamtenschaft. Als die Zahl der frommen Pilger im vierten Jahrhundert dann immer größer wird, errichtet man allerorts für sie eigene Herbergen, sogenannte *Xenodochien*, die sie von den Unannehmlichkeiten und der Unmoral öffentlicher Unterkünfte abschirmen sollen. Das Wort *Xenodochium* kommt aus dem Griechischen, „xenos" bedeutet Fremder, später wird es auch im Sinne von Pilger gebraucht. Hieronymus beglückwünscht 398 n. Chr. den christlichen Senator Pammachius und die Pilgerin Fabiola zur Einrichtung einer großen Pilgerherberge in *Portus*/Ostia[16]. Auch Paula in Bethlehem gründet solch eine Herberge, ebenso Melania die Jüngere, die Palladius in seiner „Historia Lausiaca" lobt, „im Westen Kirchen, Klöster und Xenodochia in großer Zahl erbaut und so dem Löwen Alarich einen schönen Teil der Beute entzogen zu haben"[17]. Die Anspielung auf Alarich datiert ins Jahr 410, dem Jahr der Plünderung Roms. Ab dem sechsten Jahrhundert werden dann die Nachrichten über *Xenodochien* zahlreicher[18]. Schließlich ziehen diese Herbergen jedoch nicht nur reisende Pilger an, sondern auch andere Obdach und Hilfe Suchende, so daß manche der Einrichtungen unter christlicher Leitung schließlich eine Kombination aus Herberge, Krankenhaus, Armen- und Waisenhaus sowie Altenheim werden, die sich im Mittelalter und der frühen Neuzeit dann zu getrennten Einrichtungen entsprechend der unterschiedlichen Funktionen weiterentwickeln, alle eingerichtet unter dem Einfluß christlicher Nächstenliebe, der *Philanthropia*. Zum Schutz vor „Pseudo-Pilgern und anderen parasitären Randgruppen" wird nun die Ausstellung von Empfehlungsschreiben („Pilgerpaß") für die ernsthaften Pilger üblich[19]. Archäologisch lassen sich solche Pilgerherbergen allerdings so gut wie nirgends fassen, und auch Bauspuren der großen Häuser der Paula, Fabiola und Melania fanden sich bislang nicht. Allein aus dem östlichen Teil des römischen Reiches gibt es einige Hinweise, die in die Zeit nach dem beginnenden fünften Jahrhundert datieren[20].

Ohne Umweg ins Paradies: Von den Gefahren antiker Seereisen

Besonders wichtig für die Palästinapilger ist die Reise mit Schiffen, an denen es in allen Mittelmeerhäfen keinen Mangel gibt[21]. Diese nehmen bei Bedarf auch einige Privatreisende mit, man muß nur einfach zum Hafen gehen und solange herumfragen, bis man die gewünschte Passage hat. Es gibt zwei Möglichkeiten der Reise zu Schiff: entweder die schnelle, gefährlichere Route über die offene See oder die langsamere, aber trotzdem nicht weniger riskante entlang der Küste. Meist aber legt man nicht die ganze Strecke ins Heilige Land auf einmal zurück, sondern fährt etwa aus Südgallien zuerst nach Sizilien oder Nordafrika. Von Karthago aus geht es dann meist nach Alexandria, seltener nach Zypern. Zum Vergleich hier die Route, die Melania und Pinianus im Jahr 410 nahmen: Sie reisen von Rom aus mit Zwischenstationen in Sizilien und Thagaste über Alexandria schließlich nach Jerusalem.

Pilger aus dem Westen des Reiches kommen entweder in Antiochia in Kleinasien oder Alexandria an, einige von ihnen auch in Caesarea oder Jaffa, was ebenfalls wichtige Pilgerhäfen im Mittelalter sind. Besonders Caesarea verdient einen kurzen Blick[22]: Ihre künstliche Hafenanlage mit zwei winklig angeordneten Wellenbrechern, in der Antike *Sebastos* genannt, ist das Ziel von einigen der hier besprochenen Pilgerinnen. Entweder kommen sie dort an, oder sie treten von dort aus die Heimreise an. Der Pilger von Bordeaux landet zuerst in Tyrus, später in Caesarea. Paula kommt aus Antiochia via Sarepta dorthin, von wo sie dann den Landweg nach Jerusalem wählt. „Hierosolymam navigavit", sagt Hieronymus dazu[23]. Melania die Ältere reist von hier aus zu ihrem Besuch in Italien, und Eudocia fährt von hier aus zurück nach Constantinopel. Im sechsten Jahrhundert verlandet der Hafen dann, und vielleicht infolge eines um 500 stattgefundenen Erdbebens fallen die Konstruktionen in sich zusammen, wie wir aus einer Beschreibung des Procopius von Gaza wissen. Möglicherweise versuchte der byzantinische Kaiser Anastasias (491-518) noch einmal, den Hafen wieder benutzbar zu machen, doch es gelingt ihm nicht. Trotzdem ist Caesarea auch heute noch überaus eindrucksvoll in seiner Anlage, und wer einmal dort war, vergißt es nie wieder.

Hat man endlich ein passendes Schiff gefunden, darf man seinen Fahrpreis natürlich im voraus entrichten, und die Pilger, die nicht

Reiserouten ins Heilige Land

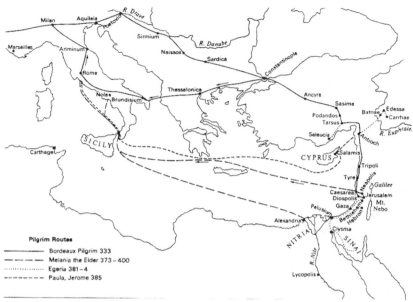

Darstellung der verschiedenen Reiserouten, die die spätantiken Pilger auf ihrem Weg ins Heilige Land nahmen.

zahlen können, müssen als Schiffsjungen arbeiten. Nur wenige Kapitäne geben sich nämlich, wie jener des Heiligen Hilarion, mit einer Kopie der Bibel als Entgelt zufrieden.[24] Die mutigen Pilger reisen dann eng zusammengepfercht auf den meist nicht sehr großen Schiffen, oft genug ohne Schutz auf dem offenen Deck. Männer und Frauen sind durch eine einfache Plane getrennt, und wenn es schon keinen Komfort gibt, so werden wenigstens die Keuschheitsregeln beachtet. Viele werden natürlich seekrank, und durchweicht sind sie sowieso – da hat man keine Gelegenheit, sich unfrommen Gedanken hinzugeben. Die größte Gefahr sind Stürme und Unwetter, die das Schiff zum Kentern oder Sinken bringen können und nicht selten alle Reisenden mit in die Tiefe reißen. Im günstigsten Fall enden die Passagiere als Schiffbrüchige auf einer Insel, und Melania die Jüngere schickt ein Dankgebet zum Himmel, als sie und ihr Mann von diesem Schicksal verschont bleiben. Stumme Zeugen der sehr gefahrvollen Seereisen sind die zahllosen Schiffswracks, die die Küsten des gesamten Mittelmeers säumen und den heutigen Archäologinnen und Archäologen bemerkenswerte, gut datierbare Fundensembles liefern[25]. Ein weiteres, wenn auch nicht so fatales Problem sind die Abfahrts- und Ankunftstermine, die sich natürlich nicht vorhersagen lassen, wenn Naturgewalten im Spiel sind. Die Folge ist, daß man nicht richtig planen kann und oft im Hafen festsitzt, weil entweder das Wetter zu schlecht ist oder man keine Mitfahrgelegenheit findet[26]. Reiche Pilger wie Paula und Eustochium haben es da leichter – sie können sich bessere Fahrgelegenheit leisten, sie mieten sicher ein eigenes Schiff mit größerem Komfort. Unterwegs machen sie mehrmals Station und besuchen auch Pilgerziele wie die Insel Pontia und die zyprischen Klöster oder machen Aufwartungen, denn obwohl Hieronymus ihnen vorausgefahren ist, haben sie offenbar keine Eile.

Die eben geschilderten Gefahren der Seereisen werden gut illustriert von einem Graffito, einer Ritzzeichnung, die im Bereich der Grabeskirche bei Ausgrabungen entdeckt wurde[27]. Sie zeigt ein Schiff, dessen Mast offenbar gebrochen ist, und darunter steht in ungelenken Buchstaben in lateinischer Sprache:

Domine invimus
Herr, wir sind (an-)gekommen.

Diese Zeichnung stammt sehr wahrscheinlich von einem Pilger aus dem lateinisch sprechenden Westteil des Reiches und wurde aus Dank für seine glückliche Ankunft am Ziel der Reise angebracht. Bevor man sich mit der Bitte um einen guten Ausgang seiner Reise an den Christengott oder seine Abgesandten, wie den Heiligen Isidor, wenden konnte, bewahrte Isis die Reisenden vor den Unbilden einer Schiffspassage. Auch in den Pilgerandenken spiegeln sich oftmals die Gefahren, die eine solche Reise birgt: Der auf dem Wasser wandelnde Christus soll dem Träger dieses Andenkens ähnliches ermöglichen, und die auf einer Pilgerampulle angebrachte Inschrift „Öl vom Holz des Lebens, das uns zu Lande und zu Wasser geleitet" weist ebenfalls auf eine Heimreise übers Meer hin[28].

Trotzdem haben Schiffsreisen auch viele Vorteile: Am wichtigsten dürfte sein, daß sie in der Regel billig sind, wie wir aus dem Diocletianischen Maximalpreisedikt wissen[29]. Auch geht es viel schneller voran als auf dem Land, man braucht nur etwa eine Woche von

Ritzzeichnung (Graffito) eines Schiffes mit gebrochenem Mast, gefunden unter der Kapelle des Heiligen Vartan im Bereich der Grabeskirche in Jerusalem. Darunter die Inschrift „Domine invimus" – „Herr, wir sind (an-)gekommen".

Italien bis Alexandria, von Gallien ein paar Tage mehr[30]. Im Vergleich dazu benötigt der Pilger von Bordeaux auf dem Landweg um die vier Monate bis ins Heilige Land. Und allein für die Strecke Constantinopel – Jerusalem braucht er zwei Monate, mit dem Schiff ist das in zehn Tagen zu schaffen. Der Rückweg per Schiff in den Westen dauert zwar aufgrund der widrigen Winde schon drei bis vier Wochen, was aber immer noch bloß ein Drittel der Zeit für den Landweg ist.

Reise nach Jerusalem: Itinerare und antike Karten

Landkarten sind aus der Antike nur selten erhalten, doch der heutigen Forschung stehen trotzdem drei wichtige kartographische oder topographische Quellen zum römischen Reiseverkehr zur Verfügung. Da ist zunächst das sogenannte „Itinerarium Antonini", ein Reisehandbuch mit Angabe der Rastplätze und Streckenabschnitte aus dem späten dritten Jahrhundert. Es enthält eine Liste von Orten und ist nach Provinzen eingeteilt, dabei fehlt jede Abstufung innerhalb der einzelnen Orte, es ist reine Aufzählung[31].

Die bekannteste Karte der Antike ist die „Tabula Peutingeriana", die, für den heutigen Betrachter, der genaue Atlanten gewöhnt ist, in etwas absurder Perspektive alle Teile des römischen Reiches mit Orten, Flüssen und Straßen auf einem langrechteckigen Pergamentstreifen abbildet. Überliefert ist eine Kopie des 11./12. Jahrhunderts, die auf ein Original des vierten Jahrhunderts zurückgeht. Ihren Namen hat diese Kopie daher, daß sie in der Frühen Neuzeit im Besitz des Conrad Peutinger, des großen Augsburger Humanisten, war. Heute wird sie in der Nationalbibliothek in Wien aufbewahrt[32]. Im Gegensatz zum „Itinerarium Antonini" werden hier einzelne Orte durch Vignetten hervorgehoben und auch Berge und Flüsse fast naturalistisch wiedergegeben.

Außerdem gibt es noch die kaum bekannte Weltkarte des Ptolemaios aus dem Jahr 1475, deren Original um 150 n. Chr. entstanden, aber inzwischen verschollen ist. Eine aus dem 12. Jahrhundert stammende Kopie einer Karte des Hieronymus, die etwa auf das Jahr 385 zurückgeht, gehört ebenfalls zu den weniger bekannten Quellen[33].

Spannend ist ein Vergleich zwischen den im „Itinerarium Burdigalense", also dem Reisebericht des Pilgers von Bordeaux, genannten Orten und denen, die im „Itinerarium Antonini" oder der „Tabula Peutigeriana" vorkommen. Man kann so den Weg aus Südfrankreich durch die Balkanprovinzen und Kleinasien nach Palästina und zurück über das italische Mutterland genau nachvollziehen. Des Pilgers Reiseroute verläuft auf einer der strategisch wichtigsten West-Ost-Verbindungen, die regelmäßig auch von den Kaisern selbst oder deren Militärverbänden benutzt wird. Entlang dieser Reichsstraße konzentrieren sich die bedeutendsten städtischen Zentren tetrarchischer bis theodosianischer Zeit: Mailand und Aquileia in Oberitalien, die pannonisch-illyrischen Hauptorte *Emona*/Ljubljana, *Poetovio*/Ptuj, *Mursa*/Osijek, *Sirmium*/Sremska Mitrovica, *Naissus*/ Niš und *Serdica*, und schließlich, als Endpunkt, die neue Reichshauptstadt Constantinopel. Von dort aus reist er auf der nicht von ungefähr so genannten „Pilgerstraße" durch Kleinasien über Antiochia nach Caesarea und dann nach Jerusalem.

Eine weitere wichtige Quelle bildet das sogenannte „Onomastikon". Hierbei handelt es sich um die spätantike Beschreibung der biblischen Ortsnamen und ihrer Lage aus der Feder des Eusebius von

Caesarea, das er 331 auf Drängen des Bischofs Paulus von Tyrus veröffentlicht[34]. Dieses geographische Bibellexikon stellt den vierten Teil eines großen Werkes dar, das außer der Ortsbeschreibung (IV) eine Übertragung der hebräischen Völkernamen ins Griechische (I), eine Beschreibung des alten Palästina in den Grenzen der zwölf Stämme Israels (II) und eine Ortsbeschreibung von Jerusalem und dem Tempel (III) umfaßt. Eigentlich ist es also ein Kommentar zur Heiligen Schrift, verfaßt für ortsansässige Priester und Pilgerführer als Handbuch zur Beantwortung von Fragen. Hieronymus übersetzte es ins Lateinische und bearbeitete es neu[35]. Einer der wichtigsten Reiseführer bleibt für die spätantiken Pilgerinnen und Pilger jedoch die Bibel selbst, die die meisten von ihnen, wie Egeria, auf allen Stationen ihrer Reise dabei hatten, um sich jeweils vor Ort über die Ereignisse und Sehenswürdigkeiten aus erster Hand zu informieren[36].

5. Heilige Stätten und eilige Pilger
Die bevorzugten Pilgerziele im Ostmittelmeerraum

Leider ist es im hier gesteckten Rahmen nicht mehr möglich, ausführlich von den beliebtesten Orten zu berichten, die die westlichen, aber auch die kleinasiatischen Pilgerinnen und Pilger jener Zeit in so großen Scharen anziehen. Werfen wir daher nur noch einen kurzen Blick auf Ägypten und den Sinai, auf Jerusalem, Bethlehem und Galiläa, diejenigen Regionen, in denen die Pilgerströme die gesamte Spätantike hindurch das Leben und den Alltag der Menschen bestimmen.

Nordafrika und insbesondere Ägypten sind seit alters her die Kornkammer des römischen Reiches, aber auch wichtige Lieferanten von Wildtieren für die allseits beliebten Zirkusspiele. Das oftmals idyllisch geschilderte, in Wahrheit aber beschwerliche Leben auf den Landgütern ist in zahlreichen Darstellungen auf Bodenmosaiken nordafrikanischer Villen überliefert. Eine weitere bedeutende Quelle für das antike Leben sind die im trockenen Wüstenklima zahlreich erhaltenen Papyri, also auf Papyrus geschriebene Briefe oder Reskripte. Wichtig ist auch in dieser Provinz der Handel, der über die mit Wachtposten gesicherten Straßen Ägyptens ans Rote Meer und weiter bis über die Grenzen des römischen Imperiums hinaus abläuft, die Bevölkerung mit exotischen Gewürzen oder Rohmaterialien versorgt und im Gegenzug dazu die römische Kultur bis Afghanistan oder Indien verbreitet[1].

Reiche Edelstein- und Porphyrminen liegen ebenso in den ägyptischen Wüsten wie eine Vielzahl von Klosteranlagen und Einsiedlerzellen, angefangen mit den Klöstern des Antonius und Pachomius bis hin zum iustinianischen Bau des Katharinenklosters auf dem Sinai. Die stetig zunehmenden Pilgerströme hinterlassen ihre Spuren gerne in Form von Graffiti, die sich besonders im Wadi Haggag (dem „Tal der Pilger") heute noch zu Hunderten finden[2]. Die verschiedenen Mönchsgruppen sind auch politisch einflußreich, und nicht immer spielen sie eine so traurige Rolle wie beim Lynchmord an der alexandrinischen Philosophin Hypatia. Eine der wichtigsten Quellen für das ägyptische Mönchtum ist die dem byzantinischen Hofbeamten Lausos gewidmete „Historia Lausiaca" des Palladius, von der schon mehrfach die Rede war. Durch Kopien verbreitet sich nicht nur diese Schrift im gesamten römischen Reich und wird so zum Vorbild für das europäische Klosterwesen des Mittelalters[3]. Trotzdem ist das Urteil der Allgemeinheit über die Mönchshorden nicht immer positiv, so nennt Libanios sie bezeichnend: „Männer in schwarz, die mehr essen als Elefanten"[4].

Die rebellische Provinz Palästina hat nicht erst seit den Tagen von Jesus und Bar Kochba eine bewegte Geschichte. Das Verhältnis der Juden zur Besatzungsmacht Rom ist allzeit ein gespanntes, diese Spannungen entladen sich in immer neuen Aufständen und Hinrichtungswellen als Antwort darauf – Jesus von Nazareth ist nur einer unter vielen, die der römischen Staatsmacht zum Opfer fallen[5]. Ab dem zweiten Jahrhundert ist ein deutlicher wirtschaftlicher Aufschwung zu beobachten, der durch die zahlreichen Pilger noch intensiviert wird, denn sie kurbeln in allen Bereichen die Wirtschaft an. Der oben erwähnte Ausbau der Fernstraßen als Pilgerwege beispielsweise ist sowohl als Folge als auch im gewissen Sinne als Ursache der wachsenden Anzahl an Reisenden zu bewerten. Besonders aus den westlichen Reichsteilen strömt also Kapital nach Palästina, denn wie wir gesehen haben, überbieten sich viele reiche Frauen in Stiftungen für die dortige Kirche. Allerdings werden auch zahlreiche Wandermönche und Bettler angezogen, die nur auf Kosten der Klöster und Hospize leben möchten.

Wichtigster Wallfahrtsort im ganzen Ostmittelmeerraum ist Jerusalem, bis heute das religiöse Zentrum dreier Weltreligionen: für die Juden ist es die Stadt Davids, für die Christen der heiligste Ort der Passion Jesu, für die Moslems eine der drei bedeutendsten Städte, genannt „al-Quds", „die Heilige". Nicht erst für die Christen der Spätantike ist die Stadt ein Pilgerziel, denn schon die Juden wallfahren seit Jahrhunderten dorthin, zum Ort ihres wichtigsten Heiligtums, dem Tempel Salomons[6]. Leider ist das antike Jerusalem – und besonders das Jerusalem der Zeit Christi – heute nur an wenigen Punkten eindeutig archäologisch faßbar, denn viele Plätze wie der Tempelberg sind der Archäologie nicht zugänglich. Der sichere Nachweis von in der Bibel erwähnten Personen oder Lokalitäten gelingt noch seltener, was biblische Archäologen aller Nationen erst recht zu immer neuen Identifikationen anspornt[7]. Das Alltagsleben im römischen Jerusalem, *Aelia Capitolina*, wird gut durch die Ausgrabungen im jüdischen Viertel illustriert, die vergleichsweise großflächig private Wohnquartiere mit luxuriöser Ausstattung sowie Werkstätten freigelegt haben[8]. Rein römische Einrichtungen wie das Praetorium oder die Legionsziegeleien lassen sich ebenfalls nachweisen. Der monumentale Tempel für die Staatsgötter der Capitolinischen Trias, an der Stelle des im ersten Aufstand zerstörten jüdischen Heiligtums erbaut, wurde dagegen schon im Auftrage Constantins komplett abgetragen[9]. Diesem ersten römischen Kaiser christlichen Glaubens sind – errichtet als Teil seines Bauprogramms in Palästina – die wichtigsten Kirchenbauten in Jerusalem und Bethlehem zu verdanken, so die Grabeskirche, die Eleona-Basilika und die Geburtskirche. Erstere wurde über dem – wohl aufgrund von Beschreibungen als Felskammergrab zu bestimmenden – Grab Jesu sowie dem legendären Grab Adams angelegt und ist noch immer einer der heiligsten Plätze der Christenheit. Heute erhebt sich dort ein von den verschiedenen christlichen Glaubensrichtungen gemeinsam verwaltetes, seit der Spätantike ständig umgebautes Kirchen- und Kapellenkonglomerat. Es wird nach alter Tradition von einer muslimischen Familie täglich auf- und zugeschlossen, da sich die Christen nicht auf eine Verteilung der Zuständigkeiten untereinander einigen können[10].

Der auch heute noch mystische Charakter der Grabeskirche wird deutlich an einer Episode, die Joan E. Taylor in der Einleitung zu ihrem Buch „Christians and Holy Places" schildert: Bei einem Besuch in der Grabeskirche bemerkt sie Ausgrabungsarbeiten, die rund um den Golgotha-Felsen durchgeführt werden. Sie bittet den Aufseher darum, einige Fotos machen zu dürfen, und als er es erlaubt, tritt sie etwas näher und auf den heiligen Felsen. Noch bevor sie fotografieren kann, flüstert der Aufseher: „Machen Sie schnell! Dies ist ein heiliger Ort – und Sie sind eine Frau!"[11]. Mit einem Mal kommen hier also wieder die alten männlichen Vorurteile über die Unreinheit der Frau hervor, gepaart mit einer tief religiösen Scheu, sich den heiligen Orten zu nähern oder gar in direkten Kontakt mit ihnen zu treten. Auch in der sogenannten modernen, aufgeklärten Zeit werden sich manche Dinge, wie die Einstellung der Männer zum weiblichen Geschlecht, offenbar nie ändern; andere, wie die

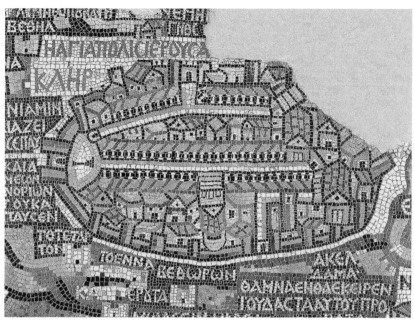

Mosaikkarte, gefunden als Fußboden der Kirche von Madaba in Jordanien. In der Mitte die Vignette der Stadt Jerusalem mit ihren sehr realistisch wiedergegebenen Gebäuden und Straßenzügen.

fromme Scheu vor heiligen Orten, sollen es auch nicht. Schließlich gibt es schon genug westliche Touristinnen, die die Klagemauer oder den Felsendom in sommerlich ausgeschnittener Kleidung besuchen wollen und sich wundern, wenn nicht entrüsten, wenn man sie bittet, sich etwas zu bedecken.

Eine bedeutende Quelle für die Topographie des antiken Jerusalem ist die aus dem mittleren sechsten Jahrhundert stammende Darstellung des byzantinischen Palästina auf der Mosaikkarte von Madaba. Jerusalem ist dort, wie die anderen Großstädte auch, als naturalistische Vignette wiedergegeben, auf der man deutlich die römische Hauptstraße des *Cardo Maximus* erkennen und einige Bauten wie die Grabeskirche identifizieren kann[12].

Die Geburtskirche in Bethlehem geht ebenfalls auf einen constantinischen Bau über einem abgebrochenen römischen Heiligtum zurück, allerdings ist von diesem im Gegensatz zur Grabeskirche nichts mehr erhalten. Einzig die unter dem Kirchenbau gelegenen Grotten sind heute noch zugänglich. Man kann die durch einen silbernen Stern markierte Stelle der Geburt Christi ebenso besichtigen wie die Grotte, in der der Heilige Hieronymus seine Bibelübersetzung anfertigte. Auch die Grabmäler des Kirchenvaters und der beiden frommen Römerinnen Paula und Eustochium befinden sich dort. Doch nur die beiden Frauen liegen heute noch in den ihnen zugedachten Sarkophagen, die Gebeine des Hieronymus wurden dagegen im Mittelalter nach Italien überführt.

In eine völlig andere – und im Vergleich mit den Orten Jerusalem und Bethlehem von den Pilgerinnen und Pilgern vergleichsweise selten besuchte – Landschaft führt eine Reise nach Galiläa, der Wirkungsstätte Jesu[13]. Kaiserin Helena soll hier gewesen sein, doch Genaueres ist nicht überliefert. Leider ist auch der Bericht der Egeria über diesen Abschnitt ihrer Reise nicht erhalten, und der Weg der Paula wird von Hieronymus nur in einem Absatz abgehandelt, in dem der Kirchenvater vor allem die Eile betont, mit der die Römerin unterwegs ist[14]. Das Land um den See Genezareth ist in der Spätantike stark ländlich geprägt und kaum romanisiert. Nur in einigen größeren Orten wie Sepphoris, Tiberias und Capharnaum leben auch Menschen aus anderen Teilen des römischen Reiches, wie Händler oder Handwerker; römische Soldaten sieht man dort dagegen seltener. Nazareth, der Heimatort Jesu, ist nichts weiter als ein Bauerndorf[15].

Galiläa ist seinerzeit in wirtschaftlicher Hinsicht von großer Bedeutung. Die Region ist bekannt für ihre Textil- und Glasherstellung sowie für die überregional bedeutende Fischerei am See Genezareth, die schon der griechische Schriftsteller Strabo beschreibt und die öfter auch in der Bibel erwähnt wird. Ein bedeutendes Zeugnis dieser Fischerei stellt ein Bootswrack aus frührömischer Zeit dar, das in der Nähe des Kibbuz Ginosar gefunden wurde[16]. So ist es nicht erstaunlich, daß es auch heute noch zum Pflichtprogramm der Galiläa-Pilger gehört, in einem Restaurant am See einen „St. Peter's Fish" (*Zeus faber Linné*), die dortige Spezialität, zu essen.

Trotzdem ist noch einmal daran zu erinnern, daß in der Spätantike eine jede Pilgerfahrt nicht ohne Gefahren für Leib und Leben ist, man muß immer und überall mit Überfällen und Wegelagerei rechnen. Insbesondere die feindlichen Beduinenstämme der Sarazenen bedrohen die Reisenden, und erst nach Jahren gelingt es, ihre „Königin" Mavia zum christlichen Glauben zu bekehren. Zwar bemühen sich die römischen Truppen ständig, die Sicherheit der Pilger zu gewährleisten, wie wir an der Eskorte der Egeria gesehen haben. Dennoch bleiben manche Ziele bis in spätere Jahrhunderte unzugänglich, wie der spätmittelalterliche Bericht über die Pilgerreise der Maria Hippolyta von Calabrien beweist, die Galiläa wegen der drohenden Arabergefahr nicht besuchen kann[17].

Ausblick: Pilgerinnen in Mittelalter und Neuzeit

In den letzten Jahren ist die Untersuchung von – vorwiegend mittelalterlichen[1] – Pilgerberichten zu einem eigenen Forschungszweig geworden, und langsam fängt man auch an, die Frage nach der Rolle der Frauen in der Entwicklung des Pilgerwesens zu stellen. Von der inzwischen herausgearbeiteten Vorbildfunktion der Kaisermutter Helena haben wir schon erfahren, und auch im „Dunklen Zeitalter" nach dem Ende der Römerherrschaft gibt es ab und zu noch Überlieferungen über reisende Frauen. Aufgrund ihrer geringen Zahl könnte man vermuten, die Frauen hätten das Reisen aufgegeben, doch das stimmt nicht – nach wie vor gibt es viele von ihnen, die sich auf den Weg nach Rom oder ins Heilige Land machen. Die meisten sind nur nicht mehr in der Lage, ihre Erlebnisse für die Nachwelt festzuhalten, weil sie nicht lesen und schreiben können. So erklärt sich, daß fast alle Pilgerberichte dieser Zeit von Männern verfaßt wurden, und die Männer berichten natürlich mit Vorliebe über sich selbst anstatt über etwaige mitreisende Frauen, und falls doch, dann nur herablassend oder verächtlich. Der Anteil von Frauen an den mittelalterlichen Pilgerfahrten ist nämlich durchaus beachtlich – viele reisen zusammen mit ihren Männern oder mit ihrer gesamten Familie, und oft sind es gerade die sie begleitenden Männer, Brüder oder Söhne, die die Unternehmungen der Frauen schließlich zu Papier bringen. Viele, aber nicht alle Pilgerinnen dieser Zeit sind ebenfalls Adlige, aber auch einfachere Frauen wie Margery Kempe sind darunter.

Allerdings erschweren ihnen nun vor allem die verschärften Verbote der Kirche die Pilgerreise, denn die Kleriker fürchten um die Tugend der reisenden Frauen. Das kommt nicht von ungefähr, wie wir bereits an verschiedenen Stellen gehört haben. Daß die Bedrohung der weiblichen Tugend aber von den männlichen Mitreisenden ausgeht, ist den Kirchenmännern völlig fremd – es ist kein einziges Reskript überliefert, daß den Männern Übergriffe auf mitreisende Frauen verboten hätte. Viele der unterwegs „zu Prostituierten gewordenen" Frauen taten das bestimmt nicht freiwillig, sondern sie wurden von solchen Männern dazu gezwungen, die jede ihrer Notlagen auszunutzen verstanden. „Offenbar wurde die reisende Frau ohne männliche Begleitung als Freiwild betrachtet, und ein geflügeltes Wort besagte: Als Pilgerin fortgehen und als Hure zurückkommen"². Schließlich verweigert man den Frauen sogar die Erlaubnis für Pilgerreisen überhaupt und rät ihnen, zur Erlangung der Ablässe statt dessen „geistige Pilgerfahrten" zu unternehmen, die schon Hieronymus im vierten Jahrhundert so vehement propagiert hat.

Man(n) meinte außerdem, eine solche Reise sei rein körperlich für Frauen zu anstrengend, und interessanterweise verwendet ein Jerusalempilger des 15. Jahrhunderts, Felix Fabri, genau jenes Motiv von der „weiblichen Schwachheit" für seine Beschreibung der mitreisenden Frauen, das schon 700 bzw. 1.000 Jahre zuvor von Valerius und Hieronymus mit fast den gleichen Worten auf Egeria und Paula bezogen wurde:

„Es waren da außerdem mit uns zusammen einige hochbetagte Frauen, sechs fromme und reiche Matronen, die wünschten, über das Meer zu den heiligen Stätten zu fahren. Ich war erstaunt über die Kühnheit dieser alten Frauen, die sich vor Altersschwäche kaum auf den Beinen halten konnten und doch ihre eigene Gebrechlichkeit vergaßen, sich in die Gesellschaft junger Ritter begaben und die Mühsal starker Männer auf sich nahmen."³

Es bleibt noch zu erwähnen, daß unterwegs alle Ritter auf diesem Pilgerschiff seekrank wurden und die von ihnen zuvor so verachteten „hochbetagten Frauen" sie aufopferungsvoll versorgten. Viele Frauen schreckt all das also nicht ab, und eine Reise in Männerkleidern bietet einen vergleichsweise guten Schutz vor Nachstellungen aller Art. Dies scheint den Berichten zufolge gar nicht so selten vorgekommen zu sein, und es bleibt bis in unser Jahrhundert hinein eine beliebte Verkleidung reisender Frauen, man denke an Hester Stanhope oder Isabelle Eberhardt. Auch für sie ist eine Orientreise noch gefährlich, weniger wohl für ihr Leben, als vielmehr für ihre Tugend, denn westliche Frauen – erst recht solche, die mit blonden Haaren gesegnet sind – werden im Nahen Osten noch heute gerne gefragt, wieviele Kamele sie denn eigentlich kosten würden.

Betrachten wir zum Schluß noch einige dieser reiselustigen Damen des Mittelalters und der Neuzeit:

Da ist zunächst die englische Adlige Margareta von Beverley[4], die im Jahr 1187 auf abenteuerlichen Wegen ins Heilige Land und zurück reist, worüber ihr Bruder, der Mönch Thomas von Froidmont, in einer kaum bekannten Handschrift berichtet. Margareta ist sozusagen eine Weltbürgerin des 12. Jahrhunderts: In Britannien gezeugt, in Jerusalem während einer Pilgerfahrt geboren, kehrt sie noch als Säugling mit ihren Eltern zurück nach England. Auch in ihrem späteren Leben ist sie – vielleicht aufgrund der ersten Palästinareise noch im Mutterleib, wie Thomas meint – eine begeisterte und unermüdliche Reisende, die mehrfach die wichtigsten Pilgerzentren ihrer Zeit, St. Andrews, Santiago de Compostela, Rom und eben Jerusalem, aufsucht. Als sie 1187 wieder einmal nach Jerusalem pilgert, kommt sie dort im denkbar schlechtesten Moment an, denn die Stadt wird gerade von den Truppen Saladins belagert, der nach dem Sieg in der Schlacht von Hattin am See Genezareth das Heilige Land besetzt. Margareta nimmt selbst aktiv an der Verteidigung Jerusalems teil, statt eines Helms trägt sie einen Kochtopf[5]. Sie wird verwundet und eingekerkert, kann sich später jedoch mit ihrem letzten Goldstück aus der Gefangenschaft freikaufen. Doch auch das ist nicht das Ende der Mühsalen, denn sie wird erneut gefangengenommen und für über ein Jahr zu Zwangsarbeit verurteilt. Auch davon kommt sie schließlich frei und bleibt noch bis 1191 im Heiligen Land. Auf dem Rückweg besucht sie noch rasch die Pilgerorte Rom und Compostela, und reist, als sie zu Hause erfährt, ihr Bruder sei jetzt Mönch in Frankreich, ohne Aufenthalt dort hin. Eine wahrlich unentwegte Reisende.

„An einem Hochsommertag des Jahres 1413 setzte sich Margery Kempe unter einen Baum in ihrem Garten, zitierte ihren Gatten und Vater ihrer vierzehn Kinder herbei und erklärte ihm, sie habe jetzt genug. Endgültig genug. Fortan dürfe er sich um die Kinder kümmern, während sie auf Reisen ginge."[6] Man kann sich gut vorstellen, daß es sich damals so oder ähnlich zugetragen hat, als Margery Kempe ihren Entschluß zur Pilgerfahrt ins Heilige Land ihrer Familie vorträgt. Sie ist eine schwierige Frau mit einem schweren Leben, in dem es gilt, den Mann und die vielen Kinder zu versorgen und selbst etwas zum Lebensunterhalt beizutragen, sei es als Braumeisterin, sei es als Müllerin. Sie ist die Tochter des Bürgermeisters von Norfolk, doch für ihre Ausbildung gab es offenbar nie genug Zeit und vielleicht auch zuwenig Geld – höchstwahrscheinlich ist sie Analphabetin. Trotzdem findet sie Schreiber, die bereit sind, ihre Reiseerlebnisse zu Papier zu bringen, und ohne es zu wissen, diktiert sie so die erste Autobiographie einer Frau in der englischen Literaturgeschichte. Dieser Text wird erst 1934 wiederentdeckt und fasziniert sofort durch Inhalt und Stil. Margery Kempe erweist sich darin als Mystikerin, die sich in ihrer Zeit viele Feinde macht und schließlich sogar in den Ruf der Hexerei gerät, weil sie sich durch Visionen und Hysterie hervortut. Sie hält Zwiesprache mit Christus, den sie in seinem Martyrium imitiert und dem sie in allem nacheifert. Sie wird von ihren Nachbarn deswegen angefeindet und mehrmals verleumdet, was sie nach ihren eigenen Worten schon ausreichend für die Heiligkeit qualifiziert. Trotzdem ist sie eine überaus tatkräftige, praktische Frau, die genau weiß, was sie will und was nicht – kurz nach ihrer Rückkehr aus dem Heiligen Land fällt ihr wieder die Decke auf den Kopf, und sofort macht sie sich auf nach Santiago de Compostela.

Auch in den folgenden Jahrhunderten reisen zahlreiche Frauen in den Orient, man denke nur an Nathalie von Uexküll oder Maria Schuber, die „schwarze Pilgerin auf dem Kamehle"[7], doch bei vielen von ihnen hat die reine Abenteuerlust Vorrang vor der frommen Pilgerfahrt. Dagegen ist dieses Motiv bei der Wienerin Ida Pfeiffer, die sich im Jahre 1842 nach Jerusalem aufmacht, durchaus vorhanden, wenn auch die Flucht aus dem engen Biedermeieralltag sicher eine große Rolle spielt[8]. Sie ist eine einfache Bürgersfrau, die keinen Wert auf schöne Kleidung und kostbaren Schmuck legt, sondern durchwegs praktisch und einfach gekleidet ist und dadurch um Jahre älter wirkt – und sich auch selbst so fühlt – als sie eigentlich ist: Bei ihrer ersten Orientreise ist sie erst 44 Jahre alt, nach heutigen Maßstäben sicher keine „alte Frau". Man(n) hält sie schier für verrückt, als sie ihre Pläne kundtut, nach Jerusalem reisen zu wollen, und so sagt sie selbst bei ihrer Abfahrt nicht die Wahrheit und gibt vor, „nur" Freunde in Constantinopel zu besuchen. Auslöser für diese Reiselust ist der Moment, in dem sie zum ersten Mal das Meer sieht, das von Wien aus gerechnet ja gar nicht so weit weg ist, zumindest die Adria nicht. Doch sie muß warten, bis ihre beiden Söhne alt genug sind, sich selbst zu versorgen, erst dann wagt sie den Sprung ins Ungewisse. Schon damals ist eine Reise ins östliche Mittelmeergebiet aufgrund von politischen Unruhen nicht ohne Gefahren, und erst recht für eine Frau allein nicht unbedingt zu empfehlen. Trotzdem bleibt sie hartnäckig dabei, besucht so viele Sehenswürdigkeiten wie möglich, hält unterwegs eisern jeden Hel-

Bei einer Rast auf einer ihrer Wüstenreisen führt die österreichische Reisende Ida Pfeiffer ihr Tagebuch, das „Reisejournal".

ler zusammen und kehrt schließlich kurz vor Weihnachten 1842 nach neun Monaten wieder nach Wien zurück, nur um sofort ihre nächsten Reisen zu planen. Sie ist eine derjenigen Reisenden, die auch in den fernen Ländern die sozialen Probleme der Menschen sieht, und sie übt Kritik, wo immer dies ihr nötig erscheint. Insbesondere interessiert sie sich für die Frauen in den fremden Ländern, für ihre Lebensweise und ihre Gebräuche. Zwar ist sie während ihrer Reisen stets die von ihrer Überlegenheit überzeugte Europäerin, doch das darf aufgrund ihres bürgerlichen Umfeldes nicht verwundern. Ihre Schilderungen sind auch heute noch sehr bildhaft und anschaulich und berichten so von einer für uns heute schon lange verlorenen Welt.

Spätestens ab der zweiten Hälfte des 19. Jahrhunderts wird die Palästina-Reise zu einem „Muß" in der guten Gesellschaft zu beiden Seiten des Ozeans, und es sind vor allem die Amerikaner, die in Scharen im Heiligen Land einfallen. Von Mark Twain über Herman Melville bis zu Präsident Abraham Lincoln, der noch kurz vor seiner Ermordung mit seiner Gattin Reisepläne schmiedet – alle wollen in den Orient, und die meisten schreiben darüber Reiseberichte. Und bald, schon in den achtziger Jahren des 19. Jahrhunderts, werden durch den Engländer Thomas Cook die ersten größeren Gruppenreisen organisiert, mit „beweglichen Hotels" und großem Troß". Einmal begonnen, ist der Trend zum religiösen Massentourismus – durchaus noch mit der Bibel in der Hand, wie zu Egerias Zeiten – nicht mehr aufzuhalten, und heute ist das ganze Heilige Land von Menschenscharen überfüllt, von Reisebussen verstopft und überhaupt nicht mehr heilig.

Pilgern im 21. Jahrhundert – ein Nachmittag in der Grabeskirche

In den vergangenen Jahren haben sich die Pilgerströme, die nach Jerusalem kommen, um ein Vielfaches vermehrt, und das Millennium, das Heilige Jahr 2000 und besonders der Papstbesuch im Heiligen Land haben das ihre dazu getan. Heute ist es so, daß die Massen sich unablässig durch die Kirchen und Pilgerorte schieben wie am Samstag durch den Ikea-Markt, ein Franziskanerpater steht wie ein Verkehrspolizist am Eingang der Grabeskirche und lenkt die Pilgerströme mit ausladender Gestik in die richtige Richtung – Polen nach rechts, die Treppe hoch zur Golgatha-Kapelle, Portugiesen nach links zum Heiligen Grab. Alle sind da – Italiener, Japaner, Franzosen, Deutsche, Amerikaner. Überhaupt – die Amerikaner. Einer trägt beim Betreten der Grabeskirche seinen üblichen Cowboyhut und wird vom Franziskanerverkehrspolizisten mit einer einfachen Handbewegung Richtung Kopf unmißverständlich darauf aufmerksam gemacht, daß er den jetzt tunlichst abzunehmen habe. In Ruhe etwas betrachten oder gar beten kann man nicht, da von hinten schon die nächsten Pilger drängen, und überall sind Schlangen wie an der Kasse im Supermarkt. Wo auch immer frau hinkommt, sind schon viele vor ihr, und es heißt: Bitte hinten anstellen. Für den Fall, daß man vor lauter Menschen etwas nicht selbst zu Gesicht bekommt – macht nichts, draußen warten schon die Araberjungen, um einem die Postkarten vom Papstbesuch oder dem Sonnenuntergang über dem Felsendom für teures Geld zu verkaufen. Auch die heutigen Pilger brauchen Geld, um sich ihren Wunsch nach einer Reise nach Jerusalem zu erfüllen, doch sie werden inzwischen ganz offen und ohne Scheu so behandelt, als wisse jeder Beteiligte worum es geht, nicht um Religion oder um Andacht, sondern nur um eines – ums Geld, um Shekel und US-Dollar. Im Basar wird man angeredet mit „Lady, Lady" und in jeden kleinen Laden gebeten, nur um billigen Schmuck und unechte Antiken zu erwerben. Hat man das alles hinter sich, geht es mit müden Füßen zurück in den (hoffentlich) klimatisierten Bus, und wenn man wieder daheim ist, fragt man sich: War man wirklich da, im heiligen Jerusalem? Oder war alles nur ein Traum?

Noch einmal: Warum Pilgerinnen?

Fragen wir uns am Schluß dieses Buches noch einmal: Warum sind für uns heutige Leserinnen und Leser die spätantiken Pilgerinnen so interessant? Wir haben gesehen, daß die Frauen der römischen Ober- und Mittelschicht durchaus die Möglichkeit hatten, über ihr Geld selbst zu verfügen und damit anzustellen, was immer sie wollten. Viele wollten nach christlichen Grundsätzen asketisch und wohltätig leben und sich gegebenenfalls auch ins Heilige Land aufmachen, um sich dort einem Kloster anzuschließen oder aber einfach neugierig in der Gegend herumzureisen. Diese Frauen können für uns heute noch ein Vorbild sein, ein Vorbild nicht nur in ihrem unerschütterlichen christlichen Glauben, sondern auch in ihrer Selbstbestimmung und Unabhängigkeit. Gerade heute in unserer von Reizen aller Art überfluteten Zeit ist die persönliche Freiheit der/des Einzelnen wichtiger denn je, und besonders die Frauen müssen auch nach Jahrhunderten der Emanzipation noch um manche ihrer Möglichkeiten kämpfen. Dieses Buch soll ein Ansporn sein, auch einmal seinen eigenen Träumen (und Grenzen) nachzuforschen und einfach neugierig auf Neues zu sein.

Verehrungswürdige Damen Schwestern – macht es Egeria nach!

Anhang

Anmerkungen

Prolog

1 Brooten: Frauen, S. 63.
2 Die Einbeziehung auch der archäologischen Quellen für die althistorische Forschung schlägt schon ebd., S. 85ff. vor, doch leider ist es nach wie vor die Ausnahme.
3 Vgl. Petersen-Szemerédy: Asketinnen, S. 12f.
4 Ebd., Vorwort.

Kapitel 1

1 Zu den politischen Entwicklungen im dritten und besonders vierten Jahrhundert vgl. Demandt: Spätantike, oder Petersen-Szemerédy: Asketinnen, Kap. 3.
2 Vgl. hierzu Demandt: Spätantike, S. 34ff. Barbareneinfälle ab dem dritten Jahrhundert in den Provinzen nördlich der Alpen und deren archäologische Nachweise: Kuhnen: Limesfall; Künzl: Hortfund oder Alamannen.
3 Vgl. Petersen-Szemerédy: Asketinnen, S. 90ff.
4 Vgl. Demandt: Spätantike, S. 56f.
5 Vgl. ebd., S. 61-80 oder Clauss: Konstantin.
6 Engemann: Jerusalem, S. 26ff.; Eusebius, VC 3,31.
7 Vgl. Demandt: Spätantike, S. 80-93.
8 Zu Iulian siehe ebd., S. 93-109.
9 Libanios, or. 18,19, vgl. Demandt: Spätantike, S. 96.
10 Demandt: Spätantike, S. 106.
11 Diese Episode aus dem Jahr 363 wird für die Datierung der Pilgerreise der Gallierin Egeria wichtig sein, vgl. unten. Zu Iovian siehe Demandt: Spätantike, S. 109-111.
12 Vgl. Demandt: Spätantike, S. 111-124.
13 Vgl. ebd., S. 124-137.
14 Vgl. ebd., S. 138 m. Anm. 2.
15 Vgl. Petersen-Szemerédy: Asketinnen, S. 44ff. m. Anm. 19, 21, 36 u. bes. 39.
16 Pacatula: Hier., ep. 128,5; vgl. Petersen-Szemerédy: Asketinnen, S. 47ff.
17 Vgl. Demandt: Spätantike, S. 413-469.
18 Lauer: Helena, S. 32, ohne Angabe der genauen Quelle.
19 Gregor von Nyssa, PG 46,557B; vgl. Demandt: Spätantike, S. 468.

20 Petersen-Szemerédy: Asketinnen, S. 108ff.
21 Demandt: Spätantike, S. 464ff.
22 Petersen-Szemerédy: Asketinnen, S. 109ff.
23 Ebd., S. 114ff.
24 Vgl. ebd., S. 116.
25 Ebd., S. 119ff.
26 Vgl. ebd., S. 123ff.; bes. S. 125 m. Anm. 334. Vgl. auch Demandt: Spätantike, S. 465.
27 Petersen-Szemerédy: Asketinnen, S. 128f.; vgl. unten den Abschnitt zu Paula und Eustochium.
28 Vgl. Petersen-Szemerédy: Asketinnen, S. 22ff.; zur Tatsache, daß viele dieser Briefe bereits für eine Veröffentlichung konzipiert wurden vgl. ebd. S. 35f.
29 Hier., ep. 127,5.
30 Von Hieronymus sind etwa 120 gesicherte Briefe überliefert, von denen etwa ein Viertel an Frauen gerichtet ist. Es sind allein 18 Briefe an Marcella erhalten (ep. 23-29, 32, 34, 37-38, 40-44) sowie einer an Marcella und Pammachius (ep. 97); Nachrufe auf Frauen: ep. 23 über den Tod Leas; ep. 39 ad Paulam de morte Blaesillae; ep. 66 ad Pammachium de dormitione Paulinae; ep. 77 ad Oceanum de morte Fabiolae; ep. 127 auf Marcella, gerichtet an ihre Schülerin Principia. Aufzählung nach Letsch-Brunner: Marcella.
31 Barr: Jerome. Vgl. dagegen Campbell: Attitude, der jede Frauenfeindlichkeit des Hieronymus negiert.
32 Vgl. Wilkinson: Egeria, S. 12f.; dagegen aber Walker: Eusebius.
33 Vgl. Walker: Holy City, S. 22 u. 38, und besonders ders., Eusebius.
34 Vgl. Petersen-Szemerédy: Asketinnen, S. 26; Demandt: Spätantike, S. 29.
35 Vgl. Krumeich: Feminae, S. 111, Anm. 13; Petersen-Szemerédy: Asketinnen, S. 27; Demandt: Spätantike, S. 26.
36 Zu Paulinus von Nola vgl. Krumeich: Feminae, S. 85, Anm. 84 und Petersen-Szemerédy: Asketinnen, S. 26.
37 Demandt: Spätantike, S. 31.
38 Petersen-Szemerédy: Asketinnen, S. 86ff.
39 Ebd., S. 89.
40 Zu dieser Problematik vgl. Deichmann: Kirchen, S. 105-114; eine Liste sämtlicher umgewandelter oder gänzlich zerstörter Tempel im oströmischen Reich in ebd., S. 115-136.
41 Sozomenos, HE V,10 PG 67, Sp. 1243f.
42 Hellenkemper: Wallfahrtsstätten, S. 259; vgl. Albrecht: Makrina.
43 Hellenkemper: Wallfahrtsstätten, S. 260f., 267.
44 Theodoret, HE V,29; Sozomenos PG col. 1454

45 Avi-Yonah: Economics, S. 40-43.
46 Petersen-Szemerédy: Asketinnen, S. 150ff.; Demandt: Spätantike, S. 459f.
47 Vgl. Angenendt: Heilige, S. 35ff.; Petersen-Szemerédy: Asketinnen, S. 142ff; Paula: „longo martyrio coronata est", Hier., ep. 108,26.; Krumeich: Feminae, S. 351f.
48 Krumeich: Feminae, S. 348. – Zur Heiligen Afra vgl. Schimmelpfennig: Afra; zu den übrigen siehe Warncke: Bavaria Sancta, S. 14ff.
49 Vgl. Shaw: Perpetua, S. 13f.
50 Petersen-Szemerédy: Asketinnen, S. 148ff.
51 Zu Thekla vgl. Albrecht: Makrina und Petersen-Szemerédy: Asketinnen, S. 143ff; Lucretia: ebd., S. 133. Weitere Beispiele für mythologische oder historische Frauen, die lieber starben als ihre Jungfräulichkeit zu verlieren, sind die karthagischen Adligen Dido und die nicht namentlich bekannte Frau des Feldherrn Hasdrubal. – Motiv des Selbstmords als Schutz vor Vergewaltigung: ebd., S. 146.
52 Vgl. Rader: Perpetua; Lefkowitz: Töchter, und bes. Shaw: Perpetua.
53 Lefkowitz: Töchter, S. 125ff.; Shaw: Perpetua, S. 10f.
54 Vgl. Shaw: Perpetua, S. 6ff.
55 Beck/Bol: Spätantike, S. 685, Nr. 262.
56 Petersen-Szemerédy: Asketinnen, S. 145; Clark: Piety, S. 43ff.
57 Shaw: Perpetua, S. 14f.
58 Vgl. Petersen-Szemerédy: Asketinnen, S. 150; Shaw: Perpetua, S. 7; Clark: Piety, S. 44ff.
59 Shaw: Perpetua, S. 45.
60 Angenendt: Heilige, S. 149ff.
61 Allgemein zur Reliquienverehrung ab der Spätantike siehe Brown: Saints; Hunt: Traffic; Clark: Bones; Legner: Reliquien und Angenendt: Heilige.
62 Clark: Bones; vgl. auch Hunt: Traffic.
63 Clark: Bones, S. 142, Anm. 11.
64 Legner: Reliquien, S. 109ff., Abb. 62-66; Angenendt: Heilige, S. 37f. – Zum römischen Totenbrauch, der in den ersten Jahrhunderten Brandbestattung, ab dem mittleren 3. Jahrhundert aber Körperbestattung vorsah, vgl. Berger/Martin-Kilcher: Gräber.
65 Paulinus von Nola, Carm. 27, 440/9 (CSEL 30,281f.); Engemann: Jerusalem, S. 31.
66 Vgl. Engemann: Jerusalem, S. 32f.
67 Ambrosius, De obit. Theod. 48 (CSEL 73,396), vgl. Engemann: Übelabwehr, S. 22ff.
68 Engemann: Jerusalem, S. 33.
69 Saxer: Pilgerwesen, S. 50f.; vgl. Hunt: Traffic.

70 Negev: Tempel, S. 177.
71 Vgl. Milano Capitale, S. 122, Nr. 2a.23c; S. 301ff. 4f.7.
72 Allgemein zu frühchristlichen Pilgerfahrten und zu den „Heiligen Orten" vgl. Wilkinson: Egeria, S. 10ff.
73 Nach Dillon: Pilgrims, S. 184.
74 Halfmann: Reisen, S. 257 mit der falschen Provinzangabe Obergermanien.
75 Antike Quellen zum Pilgerwesen sind Pausanias oder Lucian von Samosata. Pausanias führt Heiligtümer und Kulte in Griechenland auf, Lucian beschreibt eine Reihe wichtiger Heiligtümer in Syrien und deren starke Verehrung. Vgl. Dillon: Pilgrims.
76 Holum: Travel, S. 68; Mango: Motivation, S. 1ff.; Engemann: Jerusalem, S. 24f.; Donner: Pilgerfahrt, S. 15.
77 Johannes Chrysostomos, Hom. ad populum Antioch. 3,2 (PG 49,49); weitere Beispiele bei Engemann: Jerusalem, S. 25.
78 Hier., ep. 58,2-4; vgl. Gregor von Nyssa; Kötting: Peregrinatio, S. 421ff.; Donner: Pilgerfahrt, S. 13ff. oder Wilkinson: Egeria, S. 22. Zum gespaltenen Verhältnis des Hieronymus zur Pilgerfahrt an sich siehe Maraval: Jérôme.
79 Donner: Pilgerfahrt, S. 13ff.; Engemann: Jerusalem, S. 25; vgl. bes. Markus: Holy Places.
80 Hier., ep. 46,9; vgl. unten den Abschnitt zu Paula und Eustochium.
81 Mango, Motivation: S. 9; Hier., ep. 58,4.
82 Kötting: Peregrinatio, S. 308, vgl. Krumeich: Feminae, S. 352, Anm. 50.
83 Mango: Motivation, S. 1.
84 Vgl. Engemann: Eulogien, S. 231f., Taf. 17: Terrakotten schwangerer Frauen aus Abu Mina.
85 Heid: Helenalegende, S. 46.
86 Mango: Motivation, S. 7f.
87 Holum: Travel, S. 68ff.
88 Eusebius, Hist. Eccl. 6,11,2; Holum: Travel, S. 69; Engemann: Jerusalem, S. 26.
89 Beda, Hist. eccl. 5,7; vgl. Saxer: Pilgerwesen, S. 37.
90 Konzil von Aquileia 799 n. Chr., vgl. Saxer: Pilgerwesen, S. 39.
91 Bonifatius, Ep. 78, MGH, Epist. 3,354; Saxer: Pilgerwesen, S. 40.
92 Vgl. die Glasgemmen des 11.-13. Jh. aus Venedig und Byzanz: Buckton: Saint.
93 Hahn: Souvenirs; Klausen-Nottmeyer: Eulogien; zum Fortleben im frühen Mittelalter: Weidemann: Reliquie. Allgemein zu Amuletten und Pilgerandenken vgl. Hansmann/Kriss-Rettenbeck: Amulett.
94 Engemann: Jerusalem, S. 33f.
95 Lambert/Pedemonte Demeglio: Ampolle; zu den Glasgefäßchen siehe Barag:

Pilgrim Vessels.
96 Engemann: Jerusalem, S. 34f; vgl. Lambert/Pedemonte Demeglio: Ampolle, Katalog, S. 219ff.
97 Vgl. Hahn: Souvenirs, S. 87ff.
98 Vgl. Vikan: Pilgrim Art, S. 82-85.
99 Vgl. Hahn: Souvenirs, S. 92 m. Anm. 26.
100 Vgl. Dölger: Anhängekreuzchen (Pektoralkreuze); Cambi: Split (Glasmedaillons); Iliffe: Tarshiha; Makhouly: el-Jish oder Magen: Beit 'Einûn (Grabinventare).
101 Mango: Motivation, S. 1.

Kapitel 2

1 Wilson-Kastner: Tradition.
2 Brooten: Frauen, S. 64f.; vgl. Petersen-Szemerédy: Asketinnen, S. 38f.
3 Vgl. hierzu besonders Petersen-Szemerédy: Asketinnen, S. 41ff.
4 Für die folgenden Ausführungen siehe Demandt: Spätantike, S. 297ff.
5 Rowlandson: Egypt, Kap. 4.
6 Hierzu Fantham u.a.: Women, S. 330-344 oder Bernstein: Programmata.
7 Petersen-Szemerédy: Asketinnen, S. 51ff.; vgl. auch Reinsberg: Concordia.
8 Zur Verheiratung römischer Mädchen vgl. Hopkins: Age und Shaw: Age, allgemein zur Ehegesetzgebung Demandt: Spätantike, S. 298ff.
9 Glasgefäße: Auth: Motto glasses; Keramik: Künzl: Spruchbecherkeramik; Kleinkunst: vgl. Follmann-Schulz: Zülpich-Enzen, S. 59, Nr. 25.
10 Zum Schatzfund vom Esquilin siehe Shelton: Esquiline, Cameron: Date und Milano Capitale, S. 80f.
11 Petersen-Szemerédy: Asketinnen, S. 83, Anm. 177.
12 Ebd., S. 72f.
13 Vgl. ebd., S. 72, Anm. 93.
14 Holum: Family Life, S. 286.
15 Petersen-Szemerédy: Asketinnen, S. 74.
16 Trier, S. 228, Nr. 112.
17 Vgl. Demandt: Spätantike, S. 302 oder Krumeich: Feminae, S. 83; zur Villa von Piazza Armerina siehe Carandini u.a.: Filosofiana. Die insgesamt zehn „Bikinimädchen" sind komplett abgebildet bei Ciurca/Bologna: Mosaiken 60-61 oder Thuillier: Sport, Abb. S. 88.
18 Vgl. Krumeich: Feminae, S. 84.
19 Demandt: Spätantike, S. 298.
20 Petersen-Szemerédy: Asketinnen, S. 55.

21 Mosaiken: Dunbabin: Mosaics; Möbel: Richter: Furniture, bes. Abb. 520 u. 531; Möbel aus Herculaneum: Mols: Furniture, bes. S. 115ff.
22 McKay: Häuser; vgl. auch Petersen-Szemerédy: Asketinnen, S. 54f.
23 Zu Piazza Armerina siehe Wilson: Piazza Armerina; Carandini u.a.: Filosofiana oder Ciurca/Bologna: Mosaics. Die „Domina" ist abgebildet bei den letzteren, S. 32.
24 Schatz der Melania: Colini: Caelio, Abb. 215, vgl. unten; Schatz vom Esquilin: Shelton: Esquiline; Kaiseraugst: Cahn/Kaufmann-Heinimann: Silberschatz; Mildenhall: Painter: Mildenhall; „Sevso"-Fund: Mundell Mango: Seuso.
25 Stout: Jewelry.
26 Kapuzenumhänge: Böhme-Schönberger: Kleidung, Abb. 26; zu den Bleitäfelchen vgl. Römer-Martijnse: Handelsstation.
27 Speziell zu römischer Kleidung gibt es zahlreiche Literatur, vgl. Böhme-Schönberger: Kleidung; Croom: Clothing oder Sebesta/Bonfante: Costume; zur Textilherstellung Stauffer: Kleider. Allgemein Balsdon: Frau, S. 279ff. oder Petersen-Szemerédy: Asketinnen, S. 64f.
28 Thomas: Goldgewebe oder Hofmann: Goldfäden; zu Kaiserornat und Militärtracht vgl. Speidel: Tunics; zur Tracht der Aristokraten vgl. Milano Capitale S. 46 u. 181, 1c.3i.
29 Zur Schuhmode siehe Goldmann: Footwear; Lepidia: van Driel-Murray: Women, Abb. 3.
30 Vgl. Wegner: Haartrachten, Wessel: Frauenfrisuren und Ziegler: Frauenfrisuren; zusammenfassend Balsdon: Frau, S. 282ff.
31 Kämme: Zu provinzialrömischen Kämmen gibt es, im Gegensatz zu ihren germanischen Pendants, bisher keine zusammenfassende Übersicht; Nadeln: Ruprechtsberger: Nadeln oder Hagen: Gagatarbeiten, S. 130ff. (F, Haarnadeln); Haarnetze: Bordenache Battaglia: Corredi, S. 79ff. Abb. 3. „Sappho": Böhme-Schönberger: Kleidung, Abb. 39.
32 Vgl. Balsdon: Frau, S. 288ff., speziell zum Schminkgerät: Riha: Toilettgerät; Spiegel: Lloyd-Morgan: Mirrors; Balsamarien: de Tommaso: Ampullae vitreae.
33 Hier., ep. 107; zum römischen Badewesen vgl. Heinz: Thermen oder Brödner: Thermen.
34 Hier., ep. 24,2; Riha: Schmuck, Taf. 29, Nr. 692. Zu klären bliebe noch die zeitliche Differenz von etwa 100 Jahren, die zwischen der Gruppe der erhaltenen Halsbänder und der Zeit der Asella liegt.
35 Beispielsweise in *Vemania*/Isny, Deutschland (Garbsch/Kos: Isny); Šarkamen, Serbien (Popović/Tomović: Jewellery); Thetford, Großbritannien (Biroli Stefanelli: L'oro, Abb. 285-287) oder Karthago, Tunesien (ebd., Abb. 309).
36 Zu dieser speziellen Gruppe von verzierten Elfenbeintafeln vgl. Delbrueck:

Consulardiptychen und Cameron: Diptychs.
37 Ein vergleichbarer Edelsteingürtel – leider wie so oft ohne Fundort – befindet sich heute im J. Paul Getty Museum, Malibu, USA: Deppert-Lippitz: Jewelry.
38 Vgl. Weidemann: Bilder, S. 21 Nr. 9.1.; zu den Zwiebelknopffibeln siehe Pröttel: Zwiebelknopffibel; Knabengräber: Sommer: Beamtengräber.
39 Petersen-Szemerédy: Asketinnen, S. 63f.
40 Allgemein zu spätantiker Bildung und besonders der Ausbildung von Frauen siehe Petersen-Szemerédy: Asketinnen, S. 69ff; Krumeich: Feminae, S. 214ff.; Harris: Literacy, Kap. 8, bes. S. 309f. und vor allem Clark: Jerome, S. 71ff.
41 Vgl. Petersen-Szemerédy: Asketinnen, S. 69f.
42 Walker/Bierbrier: Faces, S. 37ff., Nr. 11.
43 Siehe Petersen-Szemerédy: Asketinnen, S. 69f. und Demandt, Spätantike: S. 352ff.
44 Vgl. unten den Abschnitt zu Paula und Eustochium.
45 Bachiarius, ep. 1 (PL Suppl. 1, 1036).
46 Zum *Cursus honorum* vgl. Böhme: Beamtenkarrieren.
47 Zu Hypatia vgl. unten den Abschnitt zu Eudocia/Athenaïs.
48 Mit dieser Problematik befassen sich Brown: Christianisation; Yarborough: Christianization; Drijvers: Virginity; Simpson: Women oder Bremmer: Christianity, dagegen Salzman: Women und Cooper: Insinuations, die den Anteil der Frauen an der Konversion ihrer Männer geringer einschätzen. Vgl. Steininger: Frau, S. 11.
49 Hier., ep. 127,5; ep. 65,1.1; vgl. Sugano: Marcella, S. 362 m. Anm. 40.
50 Weidemann: Bilder, S. 33f., Sarkophag 2.
51 Yarborough: Christianization, S. 162, vgl. auch Petersen-Szemerédy: Asketinnen, S. 59.
52 Krumeich: Feminae, S. 121; vgl. Sugano: Marcella, S. 360 (Hier., ep. 24,1).
53 Petersen-Szemerédy: Asketinnen, S. 17ff.
54 Sugano: Marcella, S. 366; zu Makrina vgl. Albecht: Makrina.
55 Vgl. Baumann: Stifter für den Osten; Glaser: Christentum, S. 138ff. m. Farbtaf. 13 (Stiftermosaik der Kirche von Teurnia/St. Peter im Holz, Österreich, mit Nennung des Ehepaares Ursus und Ursina); Plesničar-Gec: Emona, S. 57-59 (Stifterinschriften mit Nennung von mehreren Frauen namens Theodora, Honoria, Marcellina und Honorata aus dem Baptisterium von *Emona*/Ljubljana, Slowenien. Die Frauen sind in der Regel zusammen mit ihren Ehemännern und Familien, „cum suis", genannt).
56 Zu Manlia Daedalia vgl. Hunt: Silvia, S. 368 und Milano Capitale, S. 122, Kat. 2a.23d.
57 Petersen-Szemerédy, Asketinnen: S. 55ff.

58 Demandt/Brummer: Serena, S. 491ff.
59 Vgl. unten die Abschnitte zu Melania und Fabiola.
60 Petersen-Szemerédy: Asketinnen, S. 56, Anm. 129.
61 Dietz u.a.: Regensburg, S. 424f., I 29.
62 Bestattungen „ad sanctos": vgl. Paulinus von Nola, Carm. 31, v. 607-610.
63 Trier, S. 221, Nr. 103.
64 Ebd., S. 226f., Nr. 111.
65 Petersen-Szemerédy: Asketinnen, S. 90.
66 Dillon: Pilgrims, Kap. 7.
67 Vgl. Kron: Frauenfeste; Dillon: Pilgrims, S. 186f.
68 Douglass: Look, S. 330.
69 Dillon: Pilgrims, Kap. 7.
70 Mobilität der Oberschicht: Hopkins: Mobility; Lepidia: van Driel-Murray: Women, S. 56f., Abb. 3.
71 Apophthegmata Patrum, Arsenios 28 (PG 65,71/440); 5. Jh.
72 Davies: Pilgrimage, bes. S. 326 mit Beispielen.
73 „Wandering virgins": Elm: Virgins.
74 „Wild monks in the Desert": Yarborough: Christianzation, S. 160, vgl. unten.
75 Vgl. Holum: Travel, S. 76f.
76 Zur geistigen Betätigung der Frauen vgl. Petersen-Szemerédy: Asketinnen, S. 192ff.
77 Krumeich: Feminae, S. 85.
78 Yarborough: Christianization, S. 159f., Übersetzung d. Verf.; vgl. Petersen-Szemerédy: Asketinnen, S. 175.

Kapitel 3

1 Zu Helena gibt es unüberschaubar viel Literatur, am wichtigsten sind die beiden Dissertationen von Borgehammar: Cross und Drijvers: Helena. Vgl. dazu auch die gute Rezension von Taylor: Helena. Informativ sind weiterhin die Beiträge von Hunt: Pilgrimage, Kap. 2 oder Holum: Travel, eher hagiographisch dagegen das Büchlein von Lauer: Helena. Mit dem Weiterleben der Helena-Legende in christlicher Zeit befaßt sich Pohlsander: Helena.
2 Prokop, De aedif. 5,2 nennt Drepanum als Geburtsort der Helena, vgl. Kajava: Remarks 1985.
3 Galerius/Gamzigrad: Srejović: Serbia, S. 28-53 (Felix Romuliana. The Ideological Testament of Emperor Galerius).
4 Vgl. hierzu Lauer: Helena, S. 8ff.; Pohlsander: Helena, Kap. IV-VI.
5 Ambrosius, De obit. Theod. 41ff.

6   Vgl. Hunt: Pilgrimage, S. 32, Anm. 28, der vermutet, die Abstammung der Helena wäre für das Kaiserhaus ein problematischer Punkt gewesen und hätte Anlaß zu Vertuschungsversuchen gegeben: „Helena's background may have been a sensible point".
7   Eutrop, Brev. X,2.
8   Vgl. Debrunner Hall: Männerwelt; van Driel-Murray: Women oder Hassal: Homes. Sie alle beziehen sich auf die Verhältnisse zur Kaiserzeit, die sich aber hinsichtlich der rechtlichen Voraussetzungen auch in der Spätantike kaum änderten; vgl. Demandt: Spätantike, S. 297ff.
9   Clauss: Konstantin.
10 Vgl. Hunt: Pilgrimage, S. 30, Anm. 13.
11 Erhebung zur Augusta: Chron. Min. 2,232; Vgl. Eusebius, VC III.42,47 zum Zugriff auf den Staatsschatz.
12 Zu den sicheren und unsicheren Helena-Porträts siehe Drijvers: Helena, S. 189-194.
13 Zu diesen Bauten siehe Deichmann/Tschira: Mausoleum.
14 Vgl. Hunt: Pilgrimage, S. 32f. m. Anm. 31, der auch rein häusliche Probleme zwischen den beiden *Augustae* als Auslöser der Ereignisse für möglich hält.
15 Taylor: Helena, S. 58.
16 Vgl. Holum: Travel, S. 77.
17 Eusebius, VC III, 44ff.; vgl. Holum: Travel, S. 72f., der das Ganze als „Capital on the move", also als „Hofstaat in Bewegung" bezeichnet.
18 Vgl. Holum: Travel, S. 76, Anm. 45.
19 Eusebius, VC III,42.
20 Rufinus, Hist. Eccl. I,17; vgl. V Mel. 41.
21 Griechisch „Martyrion", also „Zeuge" genannt; vgl. Hunt: Pilgrimage, S. 13. Zur Grabeskirche siehe auch unten, Kap. 5.
22 Vgl. unten den Abschnitt zum Pilger von Bordeaux und Douglass: Look.
23 So fälschlich bei Paulinus von Nola, Ep. 31.4.
24 Eusebius, VC III 33.
25 Vgl. Heid: Helenalegende, S. 66.
26 Catech. 4,10; 10,19; 14,4; Heid: Helenalegende, S. 50 m. Anm. 61.
27 Ambrosius, De obit. Theod. (46 PL 16.1399).
28 Paulinus von Nola, Ep. XXXI (PL 61.325f.).
29 Taylor: Helena, S. 52.
30 Zu den verschiedenen Legendenversionen siehe Borgehammar: Cross, S. 78ff. und Taylor: Helena, S. 55. Es gibt offenbar unterschiedliche Fassungen im Osten und Westen des römischen Reiches, die aber alle ihren Ursprung in Jerusalem selbst haben dürften.
31 Siehe It. Eg., 48,1: „encenia cum summo honore celebrantur, quoniam crux

Domini inventa est ipsa die".
32 It. Eg. 37,2.
33 Inschrift aus Tixter (CIL VIII, 20600), datiert 359, und Inschrift aus Matifou (CIL VIII, 9255), datiert vor 371.
34 Paulinus von Nola, ep. 31,6 (CSEL 29,274); Sulpicius Severus, Chron. 2,33 (CSEL 1,87); vgl. Engemann: Jerusalem, S. 33.
35 Taylor: Helena, S. 59.
36 Ebd., S. 52f.
37 Erschlossen aus der Tatsache, daß um das Jahr 329 ihre Münzprägung abbricht und sich in der Folgezeit keine Porträtmünzen mehr nachweisen lassen; vgl. P.M. Bruun: RIC VII (1966), S. 72-73. Eine weitere Münzlegende, die Helena zusammen mit dem *Caesar* Dalmatius nennt und ins Jahr 335 gehört, ist möglicherweise nach ihrem Tod entstanden, denn es ist anderweitig nicht zu belegen, daß sie 335 noch gelebt hätte.
38 Der in der ägyptischen Wüste gebrochene rote Porphyr galt in der Spätantike als „kaiserliches" Material und durfte von niemand anderem verwendet werden. Neben den Sarkophagen (außer dem der Helena ist ein entsprechender Sarg der Kaisertochter Constantia erhalten) wurden vor allem Kaiserstatuen aus Porphyr hergestellt, man denke nur an die berühmte Tetrarchengruppe in Venedig. Zu Porphyrdenkmälern vgl. Delbrueck: Porphyrwerke.
39 Eusebius, VC III,42-46.
40 Acta Concilium Oecumenicorum (hrsg. v. E. Schwartz, Berlin 1914-1974) II, 2,2 (1936) 9.
41 Vgl. Lauer: Helena, S. 38ff.; Pohlsander: Helena, S. 186ff.
42 Douglass: Look, die in Anm. 11 betont, außer ihr habe bisher nur Joan Taylor (Places, S. 313) überhaupt in Betracht gezogen, daß der Pilger von Bordeaux eine Frau sein könnte.
43 Zu den folgenden Ausführungen siehe Donner: Pilgerfahrt, S. 36ff.
44 Davon gehen Hunt: Pilgrimage, S. 57 und Wisskirchen: Reisebericht, S. 1291 aus.
45 Vgl. Hunt: Pilgrimage, S. 56f.
46 Zu *Burdigala*/Bordeaux in der Spätantike siehe Sivan: Bordeaux.
47 Donner: Pilgerfahrt, S. 39.
48 Ebd., S. 42; vgl. auch Douglass: Look, Anm. 45.
49 Douglass: Look, S. 326 m. Anm. 57; Rivka Gonens „Biblical Holy Places" war den Verfasserinnen nicht zugänglich.
50 Vgl. Douglass: Look, S. 330.
51 Sivan: Egeria, S. 59; von ihr stammen auch die weiter unten beschriebenen neuen Überlegungen zu Herkunft und Stand der Egeria. Maßgebliche Ausgabe des Textes mit reichem Kommentar: Wilkinson: Egeria.

52 Vgl. Donner: Pilgerfahrt, S. 69ff., Wilkinson: Egeria, S. 7ff; siehe auch Wilson-Kastner: Egeria.
53 It.Eg. 3,8 z.B.
54 Zur Verwirrung um den Namen der Pilgerin vgl. Wilkinson: Egeria, S. 235f.
55 Bourbon/Attini: Heiliges Land, S. 44f.
56 Devos: Date; vgl. auch Wilkinson: Egeria, S. 237ff.
57 Hieronymus, comm. Ezech. VII, prol.
58 Hier., ep. 54,13.3 (an Furia).
59 Donner: Pilgerfahrt, S. 75.
60 Sivan: Circle, S. 528, Anm. 3; Paulinus von Nola, ep. 31.1; 5.19.
61 Yarborough: Christianization, S. 162: „providing for surplus daughters without straining the resources of the family".
62 Vgl. auch Sivan: Egeria, S. 63f., Anm. 27.
63 Sivan: Circle, S. 531.
64 Vgl. Petersen-Szemerédy: Asketinnen, S. 116.
65 „Städtische Bourgeoisie" nach Sivan: Egeria, S. 72.
66 Für eine römische Matrone galt es als unschicklich, das Haus ohne Begleitung ihres Gatten oder ohne dessen Erlaubnis zu verlassen. Verheiratete Frauen durften nur zusammen mit ihren Sklavinnen oder Sklaven auf den Markt oder mit ihrem Mann ins Theater gehen. Vgl. Demandt: Spätantike, S. 299 oder Balsdon: Frau, S. 307ff. Die Frau des jüngeren Plinius war sicherlich eine Ausnahme, als sie allein auf Reisen ging, schließlich war diese Tatsache so bemerkenswert, daß ihr Mann sie in einem Brief an Kaiser Trajan erwähnt (Plinius, ep. 10,120); vgl. Douglass: Look, S. 330 m. Anm. 70.
67 Vgl. das Idealbild der christlichen Jungfrau nach Hieronymus, ep. 107 ad Laetam, der seine Schülerinnen als überaus belesen und gebildet schildert.
68 Hier., ep. 127,5.
69 It. Eg. 8,2; vgl. Donner: Pilgerfahrt, S. 77.
70 Donner: Pilgerfahrt, S. 78.
71 Russell: Blessings, S. 90ff.
72 „ut sum satis curiosa", It. Eg. 16,3.
73 Russell: Blessings, S. 30ff.
74 It. Eg. 18,2: „flumen magnum Eufratem"; „et ingens, et quasi terribilis est; iter enim decurrit habens impetum, sicut habet fluvium Rhodanus, nisi quod adhuc maior est Eufrates".
75 Sivan: Egeria, S. 64f.
76 Ausonius, Ordo 10.2, vgl. Sivan: Egeria, S. 65 oder Heijmans: Arles.
77 Vgl. Sivan: Egeria, S. 61 m. Anm. 14; 64, „ut de extremis porro terris venires ad haec loco", It. Eg. 19,5.; sie betont erneut Spannungen zwischen den östlichen und westlichen Provinzen, die sich in solchen Sätzen äußern (und

die schließlich in der Aufspaltung in ein ost- und ein weströmisches Reich nach dem Tod Theodosius' I. 395 enden).
78 Vgl. aber Sivan: Egeria, S. 69f., die mit Hunt: Pilgrimage, S. 59 annimmt, die Militäreskorten wären normaler Bestandteil des gut organisierten *Cursus publicus* gewesen und an den *Mansiones* stationiert gewesen.
79 Sivan: Circle, S. 530f. m. Anm. 20.
80 Vgl. Bolton Holloway: Jerusalem, S. 37ff.
81 Sivan: Circle.
82 Krumeich: Feminae, S. 170ff.; Auch von Algasia wird gesagt, sie stamme von den äußersten Grenzen Galliens („de oceani litore atque ultimis finibus Galliarum"; Hier., ep. 121 Anfang).
83 Sivan: Circle, S. 534f.; vgl. auch Hunt: Gaul.
84 Hier., ep. 108 (Nachruf) und ep. 22 „ad Eustochium". Außerdem befassen sich die Briefe 39 und 46 mit der Familie der Paula. In einer Liste seiner Werke erwähnt Hieronymus zudem Bücher mit Briefen („volumina epistolarum"), die er an Paula geschrieben habe. Leider ist davon nur ein Bruchteil erhalten geblieben, vgl. Petersen-Szemerédy: Asketinnen, S. 35 m. Anm. 181.
85 Zur Familiengeschichte der Paula vgl. Krumeich: Feminae, S. 80ff.; Petersen-Szemerédy: Asketinnen, S. 52ff. und 173f. oder Wittern: Frauen, S. 22ff.
86 Dies ist das übliche Bild bei spätantiken „Mischehen" zwischen Christen und Heiden: Während die männlichen Familienmitglieder oft bis an ihr Totenbett Heiden blieben, waren ihre weiblichen Angehörigen in der Regel von klein auf Christinnen. Vgl. hierzu Brown: Christianisation, S. 6ff. und Grubbs: Marriage.
87 Vgl. etwa die Namenswahl bei der jüngeren Paula, der Tochter des Toxotius und der Laeta, oder bei Melania der Jüngeren, die beide nach ihren Großmüttern benannt wurden; vgl. dazu Petersen-Szemerédy: Asketinnen, S. 68f.
88 Auch hier wird eine Dauer der Ehe von sieben Monaten genannt, eine verdächtig häufig benutzte Zeitangabe, was auf eine topische Verwendung dieser Zahl schließen läßt; vgl. ebd., S. 36 m. Anm. 193; Krumeich: Feminae, S. 72, Anm. 22; so auch bei Marcella.
89 Hier., ep. 39,1.
90 Zu den oftmals extremen Fastengewohnheiten der hier betrachteten Frauen vgl. Petersen-Szemerédy: Asketinnen, S. 181ff.
91 Krumeich: Feminae, S. 85ff.
92 Ebd., S. 107.
93 Klosterregel der Paula: LaPorte: Women, S. 88-92.
94 Vgl. Krumeich: Feminae, S. 108.
95 Ebd., S. 109.
96 Ebd., S. 109; Hier., ep. 147.

97 Hier., ep. 46.; vgl. Krumeich: Feminae, S. 198f.
98 Nur Bolton Holloway: Jerusalem geht auf S. 32ff. von der Authentizität dieses Briefes aus; vgl. auch bes. Petersen-Szemerédy: Asketinnen, S. 18ff., die meint, daß viel für eine Autorenschaft der beiden Frauen spricht, selbst wenn der Fall heute nicht mehr eindeutig zu klären ist.
99 Hier., ep. 46,9: „cur nos putamus absque Athenis nostris quemquam ad studiorum fastigium pervenisse?"
100 „Selbst der pflügende Bauer singt Hallelujah" (ebd., Bolton Holloway: Jerusalem, S. 32).
101 Vgl. Bolton Holloway: Jerusalem, S. 32f.
102 Hier., ep. 127,5; vgl. Krumeich: Feminae, S. 87.
103 Zitiert nach Bolton Holloway: Jerusalem, S. 33f. m. Anm. 13; die entsprechende Stelle im Brief des Valerius lautet: „sie vergaß ihre weibliche Schwachheit und wanderte weiter zum Heiligen Berg Sinai" (ebd. S. 35 m. Anm. 19).
104 Barr: Jerome; Bolton Holloway: Jerusalem, S. 33 m. Anm. 9.12 u. bes. 14, („Is it possible that the Vulgate's translation was made not so much by Jerome as by Paula, and that, after her death, with the loss of his able secretary, Jerome posthumously skewed the text to win his argument?"). Palladius, Hist. Laus 41; vgl. Krumeich: Feminae S. 192f. und Petersen-Szemerédy: Asketinnen, S. 122f.
105 Gorys: Heiliges Land, S. 180-182.
106 Donner: Pilgerfahrt, S. 140.
107 Hier., ep. 108,33; vgl. Petersen-Szemerédy: Asketinnen, S. 39 oder Krumeich: Feminae, S. 110, die Grabplatte selbst ist nicht erhalten.
108 Krumeich: Feminae, S. 86f. und 94ff.
109 Hier., ep. 107,5.
110 Krumeich: Feminae, S. 86f., Hier., ep. 107,5.
111 Hier., ep. 22.
112 Krumeich: Feminae, S. 96-97.
113 Ebd., S. 95 oben.
114 Clark: Piety, S. 29.
115 Vgl. Petersen-Szemerédy: Asketinnen, S. 176.
116 Hier., ep. 66,14.
117 Zu Pachomius siehe Krumeich: Feminae, S. 109, Anm. 3.
118 Hier. ep. 107, zur jüngeren Paula vgl. Krumeich: Feminae, S. 159ff.
119 Ein Verbot des Besuchs öffentlicher Bäder wäre ja nachvollziehbar, nicht aber eine solche für die körperliche Entwicklung schädliche Unreinlichkeit, die wir auch bei den meisten anderen Asketinnen beobachten können, man denke nur an die beiden Melanien (vgl. unten). Zu den „Badegewohnhei-

ten" der Asketinnen vgl. Petersen-Szemerédy: Asketinnen, S. 187.
120 Hier., ep. 107,4; „quod Aristoteles fecit in Philippo filio".
121 Augustinus, De gest. Pel. 66.; vgl. Petersen-Szemerédy: Asketinnen, S. 128f.
122 Zu Melania der Älteren vgl. Petersen-Szemerédy: Asketinnen, S. 173; Krumeich: Feminae, S. 111ff.; Murphy: Melania; Palladius, Hist. Laus. 46.49. Beste Quellen zu ihrem Leben sind Palladius und Paulinus von Nola.
123 Hier., ep. 39,5.
124 Palladius, Hist. Laus. 46; Murphy: Melania, S. 69; Krumeich: Feminae, S. 66.
125 Hier., ep. 57,12, vgl. Krumeich: Feminae, S. 116, Anm. 46: Gemeint ist der assyrische König Assurbanipal (668-626 v. Chr.) der in seiner Persönlichkeit sowohl Bildung, heldenhaften Mut aber auch verweichlichte Dekadenz vereinte und so sein zuvor aufgebautes Lebenswerk wieder zerstörte.
126 Palladius, Hist. Laus. 55.
127 Palladius, Hist. Laus. 54.146.
128 Nach Palladius, Hist. Laus. 54 etwa 406/08? Die Daten dieses Besuchs wie auch Melanias Sterbejahr sind umstritten und von der politischen Situation in Italien abhängig. Als sie nach Palästina zurückkehrt, ist die Gotengefahr schon akut, die 410 in der Belagerung Roms gipfelt. Dies spricht eher für 406/08 als für 399/400 als Jahr ihres Besuchs, denn es ist unwahrscheinlich, daß sie ihrem Sohn schon zehn Jahre vor der konkreten Gefährdung einen Umzug nach Sizilien nahelegt. Beim Angriff Alarichs sind Publicola und Albina bereits in Bethlehem angekommen, während die jüngere Melania mit ihrem Gatten erst knapp vorher Rom verlassen konnte. Zu diesem Zeitpunkt muß die ältere Melania aber schon tot sein.
129 Gemeint ist natürlich eine verheiratete Römerin, die nur aufgrund der ständigen Schwangerschaften eine so geringe Lebenserwartung hatte, ein Umstand, der bei den Asketinnen ja wegfällt. Vgl. Hopkins: Age, S. 323 und oben, Kap. 2.
130 Paulinus von Nola, ep. 29,5-6, PL 20.159-183; vgl. Petersen-Szemerédy. Asketinnen, S. 34 m. Anm. 179; leider sind uns diese Schriften nicht überliefert.
131 Paulinus von Nola, ep. 31, PL 61.325f.; Sulpicius Severus, Chron. ii, 3-4.
132 Hieronymus, Chronici canones 329; vgl. Murphy: Melania, S. 59, Anm. 6.; zu Thekla vgl. Albrecht: Makrina.
133 Paulinus von Nola, ep. 29,14.
134 Das Todesdatum Melanias der Älteren ist umstritten, vgl. Murphy: Melania, S. 76f. und oben, Anm. 128.
135 Passio Perpetuae 10; „facta sum masculus". Vgl. Schmitt Pantel: Frauen, S. 529ff., Shaw: Perpetua, S. 6ff. oder bes. Clark: Piety, S. 43f., die als weiteres Beispiel die Geschichte der stadtrömischen Märtyrerin Agnes beschreibt,

die sich „über ihr Geschlecht und die Natur allgemein herausgehoben" habe, indem sie einen für ein zwölfjähriges Mädchen ungewöhnlichen Mut bewies (vgl. oben, Kap. 2).

136 Hier., ep. 22,30; vgl. Petersen-Szemerédy: Asketinnen, S. 188ff; Krumeich: Feminae S. 111ff. und 141 m. Anm. 181.

137 Hier., ep. 125,18.127,1.133,3; vgl. Krumeich: Feminae, S. 116f.; Petersen-Szemerédy: Asketinnen, S. 119ff.

138 Vgl. hierzu auch die Melania die Jüngere betreffenden Ausführungen bei Clark: Piety, S. 72ff.

139 Gerontius, Vita Melaniae Iunioris, hrsg. v. Rampolla (lateinische Version) und Gorce (griechische Version). Zu Melania der Jüngeren vgl. auch Petersen-Szemerédy: Asketinnen, S. 29ff. und 174; Krumeich: Feminae, S. 117ff., Wittern: Frauen S. 44ff. oder bes. Clark: Melania und dies.: Piety, Propaganda and Politics in the Life of Melania the Younger. In: Clark: Piety, S. 61-94.

140 Vgl. Petersen-Szemerédy: Asketinnen, S. 29; Clark: Melania, S. 2-4.

141 Clark: Melania, S. 13.

142 Vgl. Clark: Melania, S. 170 u. dies.: Piety, S. 64f.

143 Petersen-Szemerédy: Asketinnen, S. 37 m. Anm. 198.

144 Vgl. Krumeich: Feminae, S. 133f. m. Anm. 142ff.

145 Clark: Piety, S. 64.

146 Clark: Melania, S. 95ff.; dies.: Piety, S. 67f.; vgl. auch Petersen-Szemerédy: Asketinnen, S. 177f.; Krumeich: Feminae, S. 234ff.

147 Zu den Ausgrabungen im Palast und den dort gefundenen Gegenständen vgl. De Rossi: Casa; Gatti: Casa; Colini: Caelio. Speziell zum Silbergeschirr siehe Colini: Caelio S. 254-255, Abb. 215; Lampe: De Rossi: Casa, S. 235-238; Gatti: Casa. S. 152. Die Inschrift lautet DOMINVS LEGEM DAT VALERIO SEVERO EVTROPI VIVAS und könnte als Erinnerung an die Taufe des Severus gedient haben; Inschriften: CIL VI.1, 1532; 1684-88.1690-93; Vgl. auch Clark: Melania, S. 97ff.

148 Lt. Krumeich: Feminae, S. 235-240 gab es nur bei Melania und Pinianus öffentlichen Einspruch, nicht aber bei Paula oder Fabiola, was darauf deutet, daß dies von der Höhe des Besitzes abhängig gemacht wurde. Allgemein zum Verkauf des Besitzes vgl. Palladius, Hist. Laus. 61.

149 Demandt/Brummer: Serena; vgl. dagegen Clark: Piety, S. 71 oder Krumeich: Feminae, S. 118, Anm. 53.

150 Palladius, Hist. Laus. 61.

151 VMel 14 (Rampolla).

152 VMel 11 (Gorce).

153 Palladius, Hist. Laus. 58 oder ebd. 10.

154 Petersen-Szemerédy: Asketinnen, S. 59ff., bes. 61.
155 Krumeich: Feminae, S. 135.
156 Der griechische Ausdruck „parthenos", der hier im Sinne von „Nonne" gebraucht wird, bedeutet ursprünglich einfach „Mädchen", „junge Frau", vgl. Reeder: Pandora, S. 32ff.
157 VMel 40, vgl. Clark: Piety, S. 66f. oder Wittern: Frauen, S. 44ff.
158 Vgl. Gorys: Heiliges Land, S. 133. Wie an so vielen christlichen Ausgrabungsstätten im Heiligen Land waren auch hier die Patres des Ordens der Franziskaner involviert, die, beinahe mit göttlicher Eingebung ausgestattet, immer zielsicher die für die Christenheit wichtigsten Orte ausgraben und als solche identifizieren.
159 Zu Volusianus vgl. Krumeich: Feminae, S. 120, Anm. 64.
160 Clark: Piety, S. 62: „As we might expect, Volusian was converted on his deathbed".
161 VMel 56 (Gorce).
162 VMel 63 (Gorce); Krumeich: Feminae, S. 152f.. Allgemein zu römischer Beigabensitte siehe Berger/Martin-Kilcher: Gräber.
163 Zum Streit um Origenes und den wahren, „orthodoxen" Glauben siehe Clark: Controversy.
164 Palladius, Hist. Laus. 54.
165 Vgl. Clark: Piety, S. 72ff.
166 Der neue Name bedeutet soviel wie „Guter Wille", Kastner: Eudokia, S. 135. Über Eudocia/Athenaïs informiert man sich am besten bei Schuller: Frauen oder ausführlicher bei Holum: Empresses, S. 112ff. – Interessant ist auch das Buch Gregorovius': Athenaïs.
167 Holum: Family Life, S. 283.
168 Ebd., S. 285.
169 Eunapius VS 469. – Zu den Philosophinnen und Dichterinnen der Spätantike vgl. die Zusammenfassung bei Demandt: Spätantike, S. 302f.
170 Dzielska: Hypatia; vgl. auch bes. Lefkowitz: Töchter, S. 130-133 und Rowlandson: Egypt, S. 74, Nr. 54. Überliefert ist Hypatias Geschichte und ihr tragisches Ende bei Sozomenos, Hist. Eccl. VII,15.
171 Vgl. Green/Tsafrir: Inscriptions, S. 81f.; Kastner: Eudokia, S. 144ff. und bes. Petersen-Szemerédy: Asketinnen, S. 21f.
172 Krumeich: Feminae, S. 227.
173 Kastner: Eudokia, S. 135-171.
174 Green/Tsafrir: Inscriptions, S. 77-91.
175 Kedeia: vgl. Holum: Empresses, S. 118f. und 123; ders.: Family Life, S. 282.
176 Holum: Empresses, S. 131f.
177 Holum: Family Life, S. 286, Anm. 32. Berühmt ist diese Eudoxia vor allem

durch ihren heftigen Konflikt mit dem Kirchenvater Johannes Chrysostomos, vgl. ebd.

178 VMel (Gorce) 56; vgl. Clark: Piety, S. 61ff.
179 vgl. Demandt: Spätantike, S. 466.
180 Clark: Bones.
181 Psalm 51.18: Anspielung auf ihren christlichen Namen Eudocia: „Tue Gutes für Zion in deinem guten Willen, errichte die Mauern Jerusalems neu". vgl. Green/Tsafrir: Inscriptions, S. 81.
182 Eusebius, VC III,52; Vgl. Taylor: Helena, S. 58f.
183 Elm: Perceptions; der Brief des Athanasius ist veröffentlicht von J. Lebon, Athanasiana Syriaca II. Le Muséon 41, 1928, S. 169-216.
184 Gregor von Nyssa, Ep. 2,18 (GN VIII,2) 16,1 18-20; Hier. ep. 58.
185 Devos: Poemenia, S. 207f.; vgl. auch Petersen-Szemerédy: Asketinnen, S. 154f.
186 Vgl. Devos: Poemenia; Hunt: Pilgrimage, S. 76f.
187 Hier., ep. 54,13,3.: „Vidimus nuper ignominiosum per totum Orientem volitasse; et aetas et cultus et habitus et incessus, indiscreta societas, exquisitae epulae, regius apparatus Neronis et Sardanapalli nuptias loquebantur". Devos: Egeria, S. 182 sieht in diesem Verhalten auch Parallelen zu heutigen Touristinnen, die mit großem Geschnatter irgendwo einfallen und meinen, die ganze Welt gehöre ihnen.
188 Palladius, Hist. Laus. 35; Matthews: Aristocracies, S. 137ff.
189 Hunt: Pilgrimage, S. 76ff. nennt auch „diesen fast aggressiven Eingriff einer aristokratischen panache ins tägliche Leben" als Grund für die Unruhen und nennt den Zwischenfall „Poemenia's Riot".
190 Ebd., S. 77, Anm. 137: „históresai tèn pólin", Palladius, Hist. Laus. 35.
191 Matthews: Aristocracies, S. 137ff.: „she had evidently recovered her nerve".
192 Hunt: Pilgrimage, S. 161ff.
193 Zu Fabiola siehe Petersen-Szemerédy: Asketinnen, S. 174f.; Krumeich: Feminae, S. 157ff.
194 Hier., ep. 66,11.; vgl. Petersen-Szemerédy: Asketinnen, S. 176f.; Krumeich: Feminae, S. 157, Anm. 264.
195 Vgl. Hier, ep. 66,4; Krumeich: Feminae, S. 153ff.
196 Hier., ep. 77,7.
197 Hier., ep. 77,10-11: „non sic Furius de Gallis, non Papirius de Samnitibus, non Scipio de Numantia, non Pompeius de Ponti gentibus triumphavit"; vgl. Krumeich: Feminae, S. 160.
198 Hunt: Silvia, bezieht beispielsweise den Text des Hieronymusbriefs 54.13 auf Silvia, ders., Pilgrimage aber inzwischen auf Poemenia. Und es ist zu bedenken, daß jeder neue Fund einer unbekannten Abschrift alle bisherigen

Erkenntnisse wieder umwerfen kann. Zwei weitere zusammenfassende Artikel zu Silvia bietet Devos: Silvie I und II.

199 Und nicht des Kirchenhistorikers Rufinus von Aquileia, wie Donner: Pilgerfahrt, S. 71 meint.
200 Die Tochter des fränkischen Heermeisters Bauto, Eudoxia, wurde schließlich die Gattin des Arcadius; von ihren Kindern haben wir schon im Abschnitt über Eudocia gehört.
201 Zosimus V 3.1f.; V 8.2.
202 Vgl. Hopkins: Mobility oder Böhme: Beamtenkarrieren
203 Für die folgenden Ausführungen vgl. Hunt: Silvia, S. 363ff.
204 Sugano: Marcella, S. 355.
205 Insgesamt sind 16 Briefe des Hieronymus an Marcella erhalten: Hier., ep. 23-29, 32, 34, 37, 40-44; in einer Liste seiner Werke erwähnt er sogar ein ganzes Buch mit Briefen an sie, das aber verloren ist; vgl. Petersen-Szemerédy: Asketinnen, S. 35 m. Anm. 180. Mit dem Leben der Marcella befassen sich auch viele moderne Autorinnen und Autoren, denen ihre besondere Position im Vergleich zu den anderen *Clarissimae* aufgefallen ist: Letsch-Brunner: Marcella; Sugano: Marcella; Krumeich: Feminae, S. 70ff.; Petersen-Szemerédy: Asketinnen, S. 150f.
206 Auch hier ist wieder von einer siebenmonatigen Ehe die Rede wie bei Blesilla, was daher als literarischer Topos zu werten ist: Krumeich: Feminae, S. 72, Anm. 22.
207 Sugano: Marcella, S. 356.
208 Hier., ep. 127,3.6; vgl. Sugano: Marcella, Anm. 14.
209 Sugano: Marcella, S. 359; Hier., ep. 127,4.
210 z.B. Hier., ep. 44.
211 Vgl. Petersen-Szemerédy: Asketinnen, S. 18ff und oben den Abschnitt zu Paula und Eustochium.
212 Vgl. Petersen-Szemerédy: Asketinnen, S. 44f.

Kapitel 4

1 Vgl. zu diesem Thema besonders Casson: Travel oder Bender: Reiseverkehr.
2 Halfmann: Reisen.
3 Roll: Roads und ders.: Transportation; bei Hieronymus werden die Straßen „viae publicae" genannt (Liber locorum 27, 4-5; 45, 2; 157,19; 163,1.)
4 Wisskirchen: Reisebericht, S. 1299; Halfmann: Reisen.
5 Hunt: Pilgrimage, S. 56.
6 It. Eg., 6,1-2 u. 11,4; vgl. Krumeich: Feminae, S. 353; zur Bedeutung des

Anmerkungen

Kamels in römischer Zeit vgl. Toynbee: Tierwelt, S. 123-126.
7   Der schöne Jüngling Antinoos ist bei einer dieser Reisen im Jahr 130 in Ägypten von Bord des kaiserlichen Schiffes in den Nil gefallen und ertrunken. Ihm zu Ehren wurde in der Nähe die Stadt Antinoopolis gegründet und allerorten Statuen mit seinem Abbild aufgerichtet. Vgl. Lambert: Beloved.
8   Memnons-Kolosse: Eigentlich Sitzstatuen des Pharaos Amenophis III. aus der XVIII. Dynastie, vgl. Baines/Málek: Ägypten, S. 94f. Die nördliche der beiden Statuen soll angeblich bei Sonnenaufgang Töne von sich geben und war daher schon in der Antike ein beliebtes Touristenziel, wie die vielen eingeritzten Graffiti beweisen. Unter diesen ist auch eines einer gewissen Julia Balbilla, die im Gefolge Hadrians dort war; vgl. zu antiken Bildungsreisen Bender: Reiseverkehr und Halfmann: Reisen, S. 257f. Der Ausdruck „Kulturgeier" – *Culture Vulture* stammt aus dem Vortrag von Mango: Motivation.
9   Holum: Travel, S. 72ff.; vgl. auch Halfmann: Reisen.
10 Vgl. Holum: Travel, S. 76 m. Anm. 45; Militäreskorte Egeria: It. Eg. 9.3.
11 Ammianus Marcellinus, 21.16; vgl. Krumeich: Feminae, S. 352f. und Donner: Pilgerfahrt, S. 37.
12 VMel. 52; vgl. Hunt: Pilgrimage, S. 57.
13 Vgl. Wisskirchen: Reisebericht, S. 1292 mit Anm. 23-30.
14 Vgl. Krumeich: Feminae, S. 357ff.; Severin: Herbergen.
15 Gregor von Nyssa, ep. 2,7; Hieronymus, adv. Vigilant. 1 „caupo calagurritanus".
16 Hier., ep. 66,11.
17 Palladius, Hist. Laus. 119, PG 34, Sp. 1230.
18 Saxer: Pilgerwesen, S. 43-45.
19 Severin: Herbergen, S. 330.
20 Ebd., S. 331ff.
21 Zu antiken Seereisen vgl. Hunt: Pilgrimage, S. 72ff. oder allgemein Höckmann: Seefahrt.
22 Zum Hafen vgl. Vann: Harbor.
23 Vgl. Krumeich: Feminae S. 94. Es ist keine genaue Stelle angegeben, möglicherweise handelt es sich um Hier., ep. 39.
24 Hieronymus, V. Hilar. 35.
25 Parker: Shipwrecks.
26 Wisskirchen: Reisebericht, S. 1289 m. Anm. 8.
27 Broshi/Barkay: Excavations.
28 Vikan: Pilgrim Art, S. 77-79; Engemann: Jerusalem, S. 34f.
29 Wisskirchen: Reisebericht, S. 1289 m. Anm. 8.
30 Hunt: Pilgrimage, S. 72.
31 Imperatoris Antonini Augusti Itineraria Provinciarum et Maritimum, In:

Anmerkungen

Cuntz: Itineraria.

32 Weber: Tabula, S. 2-8; Donner: Pilgerfahrt, S. 39, Anm. 13.

33 Zur Kopie der Hieronymus-Karte aus dem 12. Jahrhundert vgl. Nebenzahl: Maps, S. 18f., Tafel 3 oder Miller: Mappae, S. 14f. Konrad Miller zufolge benutzte Hieronymus eine römische Weltkarte als Vorbild, in welcher er besonders die ihm wichtigen biblischen Namen hervorhob, und, wenn nötig, selbst einsetzte. Miller: Mappae, S. 20f.; Zum Thema Kartographie in der Antike und im frühen Christentum allgemein: Külzer: Peregrinatio; Lago/Galliano: Terra Santa.

34 Eusebius, Onomastikon; Ein Verzeichnis und eine Beschreibung biblischer Ortsnamen durch christliche und andere antike Autoren ist zusammengefaßt bei: Baldi: Enchiridion.

35 Krumeich: Feminae, S. 354

36 Klein: Entwicklung, bes. S. 173 f.

Kapitel 5

1 Zur bewegten Geschichte des spätantiken Ägypten vgl. Krause: Ägypten; zu Handel und Wirtschaft vgl. Sidebotham: Straßen; Heimberg: Welthandel; Begley/de Puma: Trade. Zu den Zirkustieren vgl. Bomgardner: Trade. Die Darstellungen der Landgüter sind abgebildet bei Dunbabin: Mosaics.

2 Peacock/Maxfield: Mons Claudianus; Klemm/Klemm: Goldgewinnung. Zu den Klöstern und Heiligtümern vgl. Frankfurter: Pilgrimage, zu den Bauten Krautheimer: Architecture. Zu den Graffiti aus dem Wadi Haggag vgl. Negev: Inscriptions und Eck: Graffiti.

3 Zur Rolle der Mönche vgl. Krause: Ägypten; zu Hypatia vgl. oben den Exkurs im Kapitel über Eudocia.

4 Libanios, or. 30.8.

5 Eine zusammenfassende Darstellung der Geschichte des antiken Palästina und seiner Bevölkerung findet sich bei Kuhnen: Palästina; Avi-Yonah: Economics und ders.: Holy Land sowie bei Stemberger: Juden. Zu den Rebellionen gegen Rom und deren Folgen vgl. Haas: Observations; Kuhn: Der Gekreuzigte; Yadin: Cave of Letters und Kuhnen: Thora. Zu den Pilgerrouten im Heiligen Land siehe Maraval: Itinéraires.

6 Zu Jerusalem vgl. Gorys: Heiliges Land S. 73ff., zur archäologischen Erforschung der Stadt siehe Kuhnen: Palästina, S. 99-101.

7 Ein gutes Beispiel bietet das sogenannte „Grab des Kaiphas", bei dem nicht sicher zu sagen ist, ob es sich um die Grabstätte des aus der Bibel bekannten Mannes handelt oder um die eines Namensvetters. Vgl. Seipel: Land, S. 102ff.,

Kat. 153.
8   Siehe Avigad: Jewish Quarter oder ders.: Jerusalem.
9   Vgl. Pixner: Prätorium; Arubus/Goldfus: Kiln works.
10 Gorys: Heiliges Land: S. 95-104.
11 Taylor: Places, vii. Ein kurzer Vorbericht zu diesen Grabungen findet sich bei Lavas/Mitropoulos: Golgatha.
12 Zu Madaba vgl. Buschhausen: Mosaiken, S. 55-60; Piccirillo: Madaba und Wilkinson: Pilgrims, S. 86-100.
13 Zu Galiläa allgemein vgl. Freyne: Galilee oder Levine: Galilee.
14 Hier., ep. 108, 323.5.
15 Zu Sepphoris vgl. Martin Nagy u.a.: Sepphoris; zu Capharnaum vgl. Taylor: Capernaum; zu Nazareth vgl. Bagatti: Nazareth.
16 Zur Wirtschaft allgemein vgl. Safrai: Economy; Depotfund von Murex-Schnecken, die zur Purpurfärberei dienten: Tzaferis/Peleg: Kefar Nahum, vgl. allgemein Stauffer: Kleider. Glas: Loffreda: Vetro und Weinberg: Jalame. Zu Fischerei, Fischereigerät und dem Boot von Kinneret: Strabo XVI.2.45; Wachsmann: Boat; Fortner: Fishing Implements.
17 Vgl. Isaac: Bandits; Graf: Saracens; Mayerson: Narrative; zu Mavia vgl. Mayerson: Mauia und Bowersock: Mavia; siehe auch Hellenkemper: Isaurien und Röhricht: Wallfahrt, zur Reise der calabresischen Fürstin.

Ausblick

1   Zu mittelalterlichen und frühneuzeitlichen Pilgerberichten vgl. Ganz-Blättler: Andacht; zu Frauenreisen allgemein siehe Deeken/Bösel: Frauenreisen oder Aeckerle: Strapazen.
2   Ganz-Blättler: Andacht, S. 325.
3   Ebd., S. 327.; vgl. oben die Abschnitte zu Egeria und Paula.
4   Schmidt: Peregrinatio.
5   Zu Frauen in Palästina zur Zeit der Kreuzzüge vgl. Luttrell: Englishwomen.
6   Aeckerle: Strapazen, S. 7; Zu Margery Kempe gibt es unendlich viel Literatur, vgl. beispielsweise Atkinson: Mystic; Collins: Leben; McMurray Gibson: St. Margery; Staley: Book.
7   Vgl. Deeken/Bösel: Frauenreisen, Kap. 6: „Pellegrina nach Palästina", bes. S. 156ff. zu Maria Schuber; vgl. auch Uexküll: Blätter und dies.: Orientbriefe.
8   Vgl. Harbinger/Pfeiffer: Reise; Deeken/Bösel: Frauenreisen, u.a. S. 113-116; Mouchard: Welt, S. 221-300.
9   Vgl. Obenzinger: Palestine; Twain: Innocents; zu Th. Cook vgl. Deeken/Bösel: Frauenreisen, S. 138ff.

Bibliographie

Quellen

EUSEBIUS, KIRCHENGESCHICHTE (EUSEBIUS, HIST. ECCL.): Williamson, G.A.: Eusebius: The History of the Church from Christ to Constantine. London 1989.

EUSEBIUS, VITA CONSTANTINI (EUSEBIUS, VC): Winkelmann, Friedhelm (Hg.), GCS. Berlin 1975.

GERONTIUS, VITA MELANIAE IUNIORIS: Gorce, Denys: Vie de Sainte Mélanie (Griechische Fassung). SC 90. Paris 1962. Rampolla del Tindaro, M.: Vita Melaniae Iunioris (Lateinische Fassung). Santa Melania Giuniore, senatrice Romana: Documenti contemporanei e note. Roma 1905.

HIERONYMUS, EPISTULAE (HIER., EP.): Hilberg, Isidor (Hg.): Hieronymus, Epistulae Pars I-III. CSEL 54-56. Wien/Leipzig 1910-1918.

ITINERARIUM EGERIAE (IT. EG.): Wilkinson, John: Egeria's travels to the Holy Land. Jerusalem/Warminster 1981.

PALLADIUS, HISTORIA LAUSIACA (PALLADIUS, HIST. LAUS.): Butler, Cuthbert: Palladius, Historia Lausiaca; The Lausiac History of Palladius. A Critical Discussion together with Notes on Early Egyptian Monasticism II. TaS VI.2. Cambridge 1904. [Hildesheim 1967]

Sekundärliteratur

AECKERLE, SUSANNE (HG.): Strapazen Nebensache. Abenteuerliche Frauen reisen. München 1996.

DIE ALAMANNEN. Ausstellungskatalog. Stuttgart 1997.

ALBRECHT, RUTH: Das Leben der heiligen Makrina auf dem Hintergrund der Thekla-Traditionen. Studien zu den Ursprüngen des weiblichen Mönchtums im 4. Jahrhundert in Kleinasien. Göttingen 1986.

ANGENENDT, ARNOLD: Heilige und Reliquien. Die Geschichte ihres Kultes vom frühen Christentum bis zur Gegenwart. München 1997.

ARUBUS, BENNY/GOLDFUS, HAIM: The Kiln works of the 10th Legion Fretensis. In: Humphrey, John H. (Hg.): The Roman and Byzantine Near East: Some recent archaeological research. Journal of Roman Archaeology, Supplement 14. Ann Arbor 1995, S. 95-107.

ATKINSON, CLARISSA W.: Mystic and Pilgrim. The „book" and the world of Margery Kempe. Ithaca/London 1983.

AUTH, SUSAN HANDLER: „Drink, may you live!" Roman motto glasses in the context of Roman Life and Death. In: Annales de l'Association Internationale pour l'Histoire du Verre 13 (1995) S. 103-112.

AVIAM, MORDECHAI: Christian Galilee in the Byzantine Period. In: Meyers, Eric M.: Galilee through the centuries: confluence of cultures. Duke Judaic Studies Series 1,1. Winona Lake 1999, S. 281-300.

AVIGAD, NAHMAN: Excavations in the Jewish Quarter of the Old City of Jerusalem 1971. In: Israel Exploration Journal 22 (1972) S. 198-200.

DERS.: Discovering Jerusalem. Jerusalem 1983.

AVI-YONAH, MICHAEL: The Economics of Byzantine Palestine. In: Israel Exploration Journal 8 (1958) S. 39-51.

DERS.: The Holy Land from the Persian to Arab Conquest (536 B.C.-A.D. 640). A Historical Geography. Grand Rapids 1977.

BAGATTI, BELLARMINO: Excavations in Nazareth. Vol. I. From the Beginning till the XII Century. Publications of the Studium Biblicum Franciscanum, 27. Jerusalem 1969.

BAINES, JOHN/MÁLEK, JAROMIR: Weltatlas der Alten Kulturen. Ägypten. München 1980.

BALDI, DONATO: Enchiridion Locorum Sanctorum. Documenta S. Evangelii Loca Respicientia. Jerusalem 1982².

BALSDON, DACRE: Die Frau in der römischen Antike. München 1989.

BARAG, DAN: Glass Pilgrim Vessels from Jerusalem I. In: Journal of Glass Studies 12 (1970) S. 35-63 und II/III. ebd. 13 (1971) S. 45-63.

BARR, JANE: The Vulgate Genesis and St. Jerome's Attitude towards women. In: Studia Patristica 18 (1982) S. 268-273; wieder abgedruckt in: Bolton Holloway, Julia/Wright, Constance S./Bechtold, Joan (Hg.): Equally in God's Image. Women in the Middle Ages. New York 1990, S. 122-128.

BAUMANN, PETER: Spätantike Stifter im Heiligen Land: Darstellungen und Inschriften auf Bodenmosaiken in Kirchen, Synagogen und Privathäusern. Wiesbaden 1999.

BECK, HERBERT/BOL, PETER C. (HG.): Spätantike und frühes Christentum. Katalog Liebieghaus. Frankfurt 1983.

BEGLEY, VIMALA/DE PUMA, RICHARD DANIEL (HG.): Rome and India. The Ancient Sea Trade. Madison 1991.

BENDER, HELMUT: Römischer Reiseverkehr. *Cursus publicus* und Privatreisen. Kleine Schriften zur römischen Besetzungsgeschichte Südwestdeutschlands 20. Stuttgart 1978.

BERGER, LUDWIG/MARTIN-KILCHER, STEFANIE: Gräber und Bestattungssitten. In: UFAS – Ur- und Frühgeschichtliche Archäologie der Schweiz V. Römerzeit.

Basel 1975, S. 147-170.

BERNSTEIN, FRANCES: Pompeian Women and the *Programmata*. In: Curtis, Robert I. (Hg.): Studia Pompeiana et Classica in honor of Wilhelmina F. Jashemski. New Rochelle 1988, S. 1-18.

BIROLI STEFANELLI, LUCIA PIRZIO: L'oro dei Romani. Roma 1992.

BÖHME, HORST-WOLFGANG: Römische Beamtenkarrieren. Kleine Schriften zur römischen Besetzungsgeschichte Südwestdeutschlands 16. Stuttgart 1977.

BÖHME-SCHÖNBERGER, ASTRID: Kleidung und Schmuck in Rom und den Provinzen. Schriften des Limesmuseums Aalen 50. Stuttgart 1997.

BOLTON HOLLOWAY, JULIA: Jerusalem. Essays on Pilgrimage and Literature. New York 1998.

DIES./WRIGHT, CONSTANCE S./BECHTOLD, JOAN (HG.): Equally in God's Image. Women in the Middle Ages. New York 1990.

BOMGARDNER, DAVID L.: The Trade in Wild Beasts for Roman Spectacles: A Green Perspective. In: Anthropozoologica 16 (1992) S. 161-166.

BORDENACHE BATTAGLIA, GABRIELLA: Corredi funerari di età imperiale e barbarica nel Museo Nazionale Romano. Roma 1983.

BORGEHAMMAR, STEPHAN: How the Holy Cross was Found: from Event to Medieval Legend. Uppsala 1991.

BOURBON, FABIO/ATTINI, ANTONIO: Das Heilige Land Gestern und Heute. Lithographien und Reisetagebuch von David Roberts. o.O. 1995.

BOWERSOCK, GLEN W.: Mavia, Queen of the Saracens. In: Studien zur antiken Sozialgeschichte. Festschrift für Friedrich Vittinghoff. Köln 1980, S. 477-495.

BREMMER, JAN N.: Why did Early Christianity attract Upper Class Women? In: Bastiaensen, Antonius u.a. (Hg.): FRVCTVS CENTESIMVS. Mélanges Gerard J.M. Bartelink. Steenbrugge/Dordrecht 1989, S. 37-47.

BRÖDNER, ERIKA: Die römischen Thermen und das antike Badewesen. Darmstadt 1983.

BROOTEN, BERNADETTE J.: Frühchristliche Frauen und ihr kultureller Kontext. Überlegungen zu einer historischen Rekonstruktion. In: Einwürfe 2 (1985) S. 62-93.

BROSHI, MAGEN/BARKAY, G.: Excavations in the Chapel of St. Vartan in the Holy Sepulchre. In: Israel Exploration Journal 35 (1985) S. 108-128.

BROWN, PETER: Aspects of the Christianization of the Roman Aristocracy. In: Journal of Roman Studies 51 (1961) S. 1-11.

DERS.: The Cult of the Saints. Its Rise and Function in Latin Christianity. Chicago 1981.

BUCKTON, DAVID: The mass-produced Byzantine Saint. In: Hackel, Sergei (Hg.): The Byzantine Saint. Studies Supplementary to Sobornost 5, 1981, S. 187-189.

BUDDE, HENDRIK/NACHAMA, ANDREAS: Die Reise nach Jerusalem. Geschichte der

Davidsstadt. Ausstellungskatalog Berlin 22.11.1995-29.2.1996. Berlin 1995.

BUSCHHAUSEN, HELMUT (HG.): Byzantinische Mosaiken aus Jordanien. Katalog des niederösterreichischen Landesmuseums, Neue Folge, 178. Wien 1986.

CAHN, HERBERT A./KAUFMANN-HEINIMANN, ANNEMARIE (HG.): Der spätrömische Silberschatz von Kaiseraugst. Basler Beiträge zur Ur- und Frühgeschichte 9. Derendingen 1984.

CAMBI, NEDAD: Certains objets de verre de la Basse Antiquité avec représentations figuratives, au Musée Archéologique de Split. In: Atično steklo v Jugoslaviji – Ancient Glass in Yugoslavia. Arheološki Vestnik 25 (1974) S. 139-157.

CAMERON, ALAN: Consular Diptychs in their social context: new eastern evidence. In: Journal of Roman Archaeology 11 (1998) S. 384-403.

DERS.: The Date and the Owners of the Esquiline Treasure. In: American Journal of Archaeology 89 (1985), S. 135-145.

CAMPBELL, G. J.: St. Jerome's Attitude toward Marriage and Women. In: American Ecclesiastical Review 143 (1960) S. 310-320 und 384-394.

CARANDINI, ANDREA/RICCI, ANDREINA/DE VOS, MARIETTE: Filosofiana. La villa di Piazza Armerina: Immagine di un aristocratico romano al tempo di Costantino. Palermo 1982.

CASSON, LIONEL: Travel in the Ancient World. Toronto 1974.

CIURCA, SALVATORE/BOLOGNA, GIUSEPPE WALTER: Die Mosaiken der „Erculia"-Villa von Piazza Armerina-Morgantina. Bologna o.J.

CLARK, ELIZABETH A.: Jerome, Chrysostom and Friends. Essays and Translations. Studies in Women and Religion 2. New York/Toronto 1979.

DIES.: Claims on the Bones of Saint Stephen: The Partisans of Melania and Eudocia. In: Church History 51 (1982) S. 141-156.

DIES.: The life of Melania the Younger. Studies in Women and Religion 14. New York 1984.

DIES.: Ascetic Piety and Women's faith. Essays on late Ancient Christianity. Studies in Women and Religion 20. Lewiston/Queenston 1986.

DIES.: The Origenist Controversy. The Cultural Construction of an Early Christian Debate. Princeton 1992.

CLARK, GILLIAN: Women in Late Antiquity. Pagan and Christian life-styles. Oxford 1993.

CLAUSS, MANFRED: Konstantin der Große und seine Zeit. München 1996.

COLINI, ANTONIO M.: Storia e topographia del Caelio nell'antichità. Atti della Pontifica Accademia Romana di Archeologia, Memorie 7. Roma 1944.

COLLINS, LOUISE: Leben und Pilgerfahrten der Margery Kempe. Erinnerungen einer exzentrischen Lady. Berlin 1986.

COOPER, KATE: Insinuations of Womanly Influence: An Aspect of the Christianization of the Roman Aristocracy. In: Journal of Roman Studies 82 (1992)

S. 150-164.

CROOM, ALEXANDRA T.: Roman Clothing and Fashion. Stroud 2000.

CUNTZ, OTTO: Itineraria Romana. Stuttgart 1990.

DAUPHIN, CLAUDINE: La Palestine byzantine – peuplement et populations. British Archaeological Reports, International Series 726. Oxford 1998.

DAVIES, STEPHEN: Pilgrimage and the Cult of Saint Thecla in Late Antique Egypt. In: Frankfurter, David (Hg.): Pilgrimage and Holy Space in Late Antique Egypt. Leiden 1998, S. 303-339.

DEBRUNNER HALL, MARGARETHA: Eine reine Männerwelt? Frauen um das römische Heer. In: Dettenhofer, Maria H. (Hg.): Reine Männersache? Frauen in Männerdomänen der antiken Welt. München 1996, S. 207-228.

DEEKEN, ANNETTE/BÖSEL, MONIKA: „An den süßen Wassern Asiens". Frauenreisen in den Orient. Frankfurt/New York 1996.

DEICHMANN, FRIEDRICH WILHELM: Frühchristliche Kirchen in antiken Heiligtümern. In: Jahrbuch des Deutschen Archäologischen Instituts 54 (1939) S. 103-136.

DERS./TSCHIRA, ARNOLD: Das Mausoleum der Kaiserin Helena und die Basilika der Heiligen Marcellinus und Petrus an der Via Labicana vor Rom. In: Jahrbuch des Deutschen Archäologischen Instituts 72 (1957) S. 44-110.

DELBRUECK, RICHARD: Die Consulardiptychen und verwandte Denkmäler. Studien zur spätantiken Kunstgeschichte 2. Berlin 1929.

DERS.: Antike Porphyrwerke. Berlin 1932.

DEMANDT, ALEXANDER: Die Spätantike. Handbuch der Altertumswissenschaft III.6. München 1988.

DERS./BRUMMER, GUNTRAM: Der Prozeß gegen Serena im Jahre 408 n. Chr. In: Historia 26 (1977) S. 479-502.

DEPPERT-LIPPITZ, BARBARA: A Group of Late Antique Jewelry in the Getty Museum. In: Studia Varia from the J. Paul Getty Museum 1 (1993) S. 107-140.

DE ROSSI, G.B.: La Casa dei Valerii sul Caelio e il monastero di San Erasmo. In: Studi e Documenti di Storia e Diritto 7 (1886) S. 235-243.

DEVOS, PAUL: La date du voyage d'Égérie. In: Analecta Bollandiana 85 (1967) S. 165-194.

DERS.: La „servante de Dieu" Poemenia d'après Pallade, la tradition copte et Jean Rufus. In: Analecta Bollandiana 87 (1969) S. 198-212.

DERS.: Silvie la sainte pélérine. In: Analecta Bollandiana 91 (1973) S. 105-120.

DERS.: Silvie la sainte pélérine. II. En occident. In: Analecta Bollandiana 92 (1974) S. 321-343.

DIETZ, KARLHEINZ U.A. (HG.): Regensburg zur Römerzeit. Regensburg 1979.

DILLON, MATTHEW: Pilgrims and Pilgrimage in Ancient Greece. London/New York 1997.

DÖLGER, FRANZ-JOSEF: Das Anhängekreuzchen der heiligen Makrina und ihr Ring mit der Kreuzpartikel. Ein Beitrag zur religiösen Volkskunde des 4. Jahrhunderts nach der Vita Macrinae des Gregor von Nyssa. In: Antike und Christentum 3. Münster 1932, S. 81-116.

DONNER, HERBERT: Pilgerfahrt ins Heilige Land. Die ältesten Berichte christlicher Palästinapilger (4.-7. Jahrhundert). Stuttgart 1979.

DOUGLASS, LAURIE: A New Look at the *Itinerarium Burdigalense*. In: Journal of Early Christian Studies 4/3 (1996) S. 313-333.

VAN DRIEL-MURRAY, CAROL: Women in forts? In: Jahresbericht der Gesellschaft Pro Vindonissa (1997) S. 55-61.

DRIJVERS, JAN WILLEM: Virginity and Ascetism in Late Roman Western Elites. In: Blok, Josine/Mason, Peter (Hg.): Sexual Asymmetry. Studies in Ancient Society. Amsterdam 1987, S. 241-273.

DERS.: Helena Augusta. The Mother of Constantine the Great and the Legend of her finding of the True Cross. Brill's Studies in the Intellectual History 27. Leiden/New York/Kopenhagen/Köln 1992.

DRINKWATER, JOHN/ELTON, HUGH: Fifth-century Gaul: a crisis of identity? Cambridge 1992.

DUNBABIN, KATHERINE M.: The Mosaics of Roman North Africa. Studies in Iconography and Patronage. Oxford 1978.

DZIELSKA, MARIA: Hypatia of Alexandria. Cambridge 1995.

ECK, WERNER: Graffiti an Pilgerorten im Spätrömischen Reich. In: Akten des 12. Internationalen Kongresses für Christliche Archäologie Bonn. Jahrbuch für Antike und Christentum, Ergänzungsband 20/1, 1995, S. 206-222.

ELM, SUSANNA K.: Perceptions of Jerusalem Pilgrimage as Reflected in Two Early Sources on Female Pilgrimage (3rd and 4th centuries A.D.). In: Studia Patristica 20 (1987) S. 219-223.

DIES.: „Virgins of God". The making of asceticism in Late Antiquity. Oxford 1996.

ENGEMANN, JOSEF: Zur Verbreitung magischer Übelabwehr in der nichtchristlichen und christlichen Spätantike. In: Jahrbuch für Antike und Christentum 18 (1975) S. 22-48.

DERS.: Das Jerusalem der Pilger. Kreuzauffindung und Wallfahrt. In: Akten des 12. Internationalen Kongresses für Christliche Archäologie Bonn. Jahrbuch für Antike und Christentum, Ergänzungsband 20/1, 1995, S. 24-35.

DERS.: Eulogien und Votive. In: ebd., S. 223-233.

FANTHAM, ELAINE u.a.: Women in the classical world. Image and text. New York/Oxford 1994.

FOLLMANN-SCHULZ, ANNA BARBARA: Ein römischer Grabfund des 4. Jahrhunderts n. Chr. aus Zülpich-Enzen. In: Kölner Jahrbuch für Vor- und Frühgeschichte 22 (1989) S. 49-68.

FORTNER, SANDRA: The Fishing Implements and Maritime Activities of Bethsaida-

Iulias (et-Tell). In: Arav, Rami/Freund, Richard (Hg.): Bethsaida – A City by the North Shore of the Sea of Galilee II. Kirksville 1999, S. 269-280.

FRANKFURTER, DAVID (HG.): Pilgrimage and Holy Space in Late Antique Egypt. Leiden 1998.

FRENCH, DAVID: Roman Roads and Milestones of Asia Minor I: The Pilgrim's Road. British Archaeological Reports, International Series 105. Oxford 1981.

FREYNE, SEÁN: Galilee from Alexander the Great to Hadrian, 323 B.C.E. to 135 C.E. A Study of Second Temple Judaism. University of Notre Dame Center for the Study of Judaism and Christianity in Antiquity 5. Notre Dame 1980.

GANZ-BLÄTTLER, URSULA: Andacht und Abenteuer. Berichte europäischer Jerusalem- und Santiago-Pilger (1320-1520). Tübingen 1990.

GARBSCH, JOCHEN/KOS, PETER: Das spätrömische Kastell Vemania bei Isny I. Zwei Schatzfunde des frühen 4. Jahrhunderts. Münchner Beiträge zur Vor- und Frühgeschichte 44. München 1988.

GATTI, G.: La Casa caelimontana dei Valerii e il monastero di S. Erasmo. In: Bullettino della Commissione Archeologica Comunale di Roma 30 (1902) S. 145-163.

GLASER, FRANZ: Frühes Christentum im Alpenraum. Eine archäologische Entdeckungsreise. Graz/Wien/Köln 1997.

GOLDMANN, NORMA: Roman Footwear. In: Sebesta, Judith Lynn/Bonfante, Larissa (Hg.): The World of Roman Costume. Madison 1994, S. 101-129.

GORYS, ERHARD: Heiliges Land. Ein 10.000 Jahre altes Kulturland zwischen Mittelmeer, Rotem Meer und Jordan. DuMont Kunstreiseführer. Köln 1999².

GRAF, DAVID F.: The Saracens and the Defense of the Roman Frontier. In: Bulletin of the American Schools of Oriental Research 229 (1978) S. 1-26.

GREEN, JUDITH/TSAFRIR, YORAM: Greek Inscriptions from Hammat Gader: A poem by the Empress Eudocia and two building inscriptions. In: Israel Exploration Journal 32 (1982) S. 77-96.

GREGOROVIUS, FERDINAND: Athenaïs. Geschichte einer byzantinischen Kaiserin. Leipzig 1892.

GRUBBS, JUDITH EVANS: „Pagan" and „Christian" Marriage: The State of the Question. In: Journal of Early Christian Studies 2 (1994) S. 361-412.

HAAS, N.: Anthropological Oberservations on the Skeletal Remains from Giv'at ha-Mivtar. In: Israel Exploration Journal 20 (1970), S. 38-59.

HACKEL, SERGEI (HG.): The Byzantine Saint. Studies Supplementary to Sobornost 5, 1981.

HAGEN, WILHELMINE: Kaiserzeitliche Gagatarbeiten aus dem rheinischen Germanien. In: Bonner Jahrbücher 142 (1937) S. 77-144.

HAHN, CYNTHIA: Loca Sancta Souvenirs: Sealing the Pilgrim's Experience. In: Ousterhout, Robert (Hg.): The Blessings of Pilgrimage. Urbana/Chicago 1990,

S. 85-96.

HALFMANN, HELMUT: Reisen in der Kaiserzeit und Reisen zu heidnischen Kultstätten. In: Akten des 12. Internationalen Kongresses für Christliche Archäologie Bonn. Jahrbuch für Antike und Christentum, Ergänzungsband 20/1, 1995, S. 249-258.

HANSMANN, LISELOTTE/KRISS-RETTENBECK, LENZ: Amulett und Talisman. Erscheinungsform und Geschichte. München 1966.

HARBINGER, GABRIELE (HG.)/PFEIFFER, IDA: Reise in das Heilige Land. Konstantinopel, Palästina, Ägypten im Jahre 1842. Edition Frauenfahrten. Wien 1995.

HARRIS, WILLIAM V.: Ancient Literacy. Cambridge 1989.

HASSAL, MARK: Homes for Heroes: married quarters for soldiers and veterans. In: Goldsworthy, Adrian/Haynes, Ian (Hg.): The Roman Army as a Community. Journal Roman Arch. Suppl. 34. Portsmouth 1999, S. 35-40.

HEID, STEFAN: Der Ursprung der Helenalegende im Pilgerbetrieb Jerusalems. In: Jahrbuch für Antike und Christentum 32 (1989) S. 41-71.

HEIJMANS, MARC: La topographie de la ville d'Arles durant l'Antiquité tardive. In: Journal of Roman Archaeology 12/1 (1999) S. 142-167.

HEIMBERG, URSULA: Gewürze, Weihrauch, Seide. Welthandel in der Antike. Kleine Schriften zur römischen Besetzungsgeschichte Südwestdeutschlands 27. Stuttgart 1981.

HEINZ, WERNER: Römische Thermen. Badewesen und Badeluxus. München 1983.

HELLENKEMPER, HANSGERD: Legionen im Bandenkrieg – Isaurien im 4. Jahrhundert. In: Studien zu den Militärgrenzen Roms III. 13. Internationaler Limeskongreß Aalen 1983. Stuttgart 1986, S. 625-634.

DERS.: Frühe Christliche Wallfahrtsstätten in Kleinasien. In: Akten des 12. Internationalen Kongresses für Christliche Archäologie Bonn. Jahrbuch für Antike und Christentum, Ergänzungsband 20/1, 1995, S. 259-271.

HÖCKMANN, OLAF: Antike Seefahrt. München 1985.

HOFMANN, GÜNTHER: Goldfäden in einer römischen Urne aus Mainz-Weisenau. In: Mainzer Zeitschrift 84/85 (1989/90) S. 253-255.

HOLUM, KENNETH G.: Family Life in the Theodosian House. In: Kleronomia 7 (1975) S. 280-292.

DERS.: Theodosian Empresses. Women and Imperial Dominion in Late Atiquity. Berkeley/Los Angeles/London 1982.

DERS.: Hadrian and St. Helena: Imperial Travel and the Origins of Christian Holy Land Pilgrimage. In: Ousterhout, Robert (Hg.): The Blessings of Pilgrimage. Urbana/Chicago 1990, S. 66-81.

HOPKINS, KEITH: Elite Mobility in the Roman Empire. In: Finley, Moses I. (Hg.): Studies in Ancient Society. London/Boston 1974, S. 103-120.

HOPKINS, M. K.: The Age of Roman girls at marriage. In: Population Studies 18/3

(1965) S. 309-327.

HUNT, EDWARD D.: St. Silvia of Aquitaine: The role of a Theodosian pilgrim in the society of East and West. In: Journal of Theological Studies 23 (1972) S. 351-373.

DERS.: The traffic in relics: some late Roman Evidence. In: Hackel, Sergei (Hg.): The Byzantine Saint. Studies Supplementary to Sobornost 5, 1981, S. 171-180.

DERS.: Holy Land Pilgrimage in the Later Roman Empire AD 312-460. Oxford 1982.

Ders.: Gaul and the Holy Land in the Early fifth century. In: Drinkwater, John/Elton, Hugh: Fifth-century Gaul: a crisis of identity? Cambridge 1992, S. 264-274.

ILIFFE, J.H.: Rock-cut tomb at Tarshiha. In: Quarterly of the Department of Antiquities in Palestine 3 (1934) S. 9-16.

ISAAC, BENJAMIN: Bandits in Judaea and Arabia. In: Harvard Studies in Classical Philology 88 (1984) S. 171-203.

KAJAVA, MIKA: Some remarks of the name and origin of Helena Augusta. In: Arctos. Acta Philologica Fennica 19 (1985) S. 41-53.

KASTNER, G. RONALD: Introduction to Eudokia's „Martyrdom of St. Cyprian". In: Wilson-Kastner, Patricia (Hg.): A Lost Tradition: Women writers of the Early church. New York/London 1981, S. 135-171.

KLAUSEN-NOTTMEYER, BRIGITTE: Eulogien – Transport und Weitergabe von Segenskraft. In: Akten des 12. Internationalen Kongresses für Christliche Archäologie Bonn. Jahrbuch für Antike und Christentum, Ergänzungsband 20/2, 1995, S. 922-927.

KLEIN, R.: Die Entwicklung der christlichen Palästinawallfahrt in konstantinischer Zeit. In: Römische Quartalschrift 85 (1990) S. 145-181.

KLEMM, ROSEMARIE/KLEMM, DIETRICH D.: Chronologischer Abriß der antiken Goldgewinnung in der Ostwüste Ägyptens. In: Mitteilungen des Deutschen Archäologischen Instituts, Abteilung Kairo 50 (1994) S. 189-222.

KÖTTING, BERNHARD: Peregrinatio religiosa. Wallfahrten in der Antike und das Pilgerwesen in der alten Kirche. Münster 1980².

KONGRESS BONN 1995: Akten des 12. Internationalen Kongresses für Christliche Archäologie Bonn. Jahrbuch für Antike und Christentum, Ergänzungsband 20/1-2, 1995.

KRAUSE, MARTIN: Bemerkungen zum spätantiken und koptischen Ägypten. In: Ägypten, Schätze aus dem Wüstensand: Kunst und Kultur der Christen am Nil. Wiesbaden 1996, S. 17-29.

KRAUTHEIMER, RICHARD: Early Christian and Byzantine Architecture. London 1979³.

KRON, UTA: Frauenfeste in Demeterheiligtümern: das Thesmophorion von Bitalemi. In: Archäologischer Anzeiger 1992, S. 611-650.

KRUMEICH, CHRISTA: Hieronymus und die christlichen *feminae clarissimae*. Bonn

1993.

KÜLZER, ANDREAS: Peregrinatio graeca in Terram Sanctam. Studien zu Pilgerführern und Reisebeschreibungen über Syrien, Palästina und den Sinai aus byzantinischer und metabyzantinischer Zeit. Studien und Texte zur Byzantinistik 2. Frankfurt a.M. u.a. 1994.

KÜNZL, ERNST: Anmerkungen zum Hortfund von Weißenburg. In: Germania 74/2 (1996) S. 453-476.

KÜNZL, SUSANNA: Die Trierer Spruchbecherkeramik: dekorierte Schwarzfirniskeramik des 3. und 4. Jahrhunderts n. Chr. Trierer Zeitschrift, Beiheft 21. Trier 1997.

KUHN, HEINZ-WOLFGANG: Der Gekreuzigte von Giv'at ha-Mivtar. Bilanz einer Entdeckung. In: Andresen, Carl/Klein, Günter: Theologia Crucis – Signum Crucis. Festschrift für Erich Dinkler zum 70. Geburtstag. Tübingen 1979, S. 303-334.

KUHNEN, HANS-PETER: Palästina in griechisch-römischer Zeit. Mit Beiträgen von Leo Mildenberg u. Robert Wenning. Handbuch der Archäologie, Vorderasien II,2. München 1990.

DERS. (HG.): Gestürmt – geräumt – vergessen? Der Limesfall und das Ende der Römerherrschaft in Südwestdeutschland. Württembergisches Landesmuseum Stuttgart, Archäologische Sammlung, Führer u. Bestandskataloge 2. Stuttgart 1991.

DERS.: Mit Thora und Todesmut – Judäa im Widerstand gegen die Römer von Herodes bis Bar Kochba. Württembergisches Landesmuseum Stuttgart, Archäologische Sammlung, Führer u. Bestandskataloge 3. Stuttgart 1994.

LAGO, LUCIANO/GALLIANO, GRAZIELLA: La terra santa e la sua immagine nella cartografia antica. Ausstellungskatalog. Triest/Florenz 1995.

LAMBERT, CHIARA/PEDEMONTE DEMEGLIO, PAOLA: Ampolle devozionali ed itinerari di pellegrinaggio tra IV e VII secolo. In: Antiquité Tardive 2 (1994) S. 205-231.

LAMBERT, ROYSTON: Beloved and God: The story of Hadrian and Antinous. New York 1984.

LAPORTE, JEAN: The Role of Women in Early Christianity. Studies in Women and Religion 7. New York/Toronto 1982.

LAUER, HANS-HENNING: Kaiserin Helena – Leben und Legenden. München 1967.

LAVAS, GEORGE/MITROPOULOS, TH.: Golgotha, Jerusalem. Die Aufdeckung der Kreuzigungsstelle Christi. In: Akten des 12. Internationalen Kongresses für Christliche Archäologie Bonn. Jahrbuch für Antike und Christentum, Ergänzungsband 20/1, 1995, S. 964-968.

LEFKOWITZ, MARY R.: Die Töchter des Zeus. Frauen im alten Griechenland. München 1995.

LEGNER, ANTON (HG.): Reliquien. Verehrung und Verklärung. Skizzen und Noten zur Thematik und Katalog zur Ausstellung der Kölner Sammlung Louis Peters im Schnütgen-Museum. Köln 1989.

LETSCH-BRUNNER, SILVIA: Marcella – Discipula et Magistra. Auf den Spuren einer römischen Christin des 4. Jahrhunderts. Beihefte zur Zeitschrift für die neutestamentliche Wissenschaft und die Kunde der älteren Kirche 91. Berlin/New York 1998.

LEVINE, LEE ISRAEL: The Galilee in Late Antiquity. New York 1992.

LLOYD-MORGAN, GLENYS: The mirrors. Description of the Collections in the Rijksmuseum G. M. Kam at Nijmegen 9. Nijmegen 1981.

LUTTRELL, ANTHONY: Englishwomen as Pilgrims to Jerusalem: Isolda Parewastell, 1365. In: Bolton Holloway, Julia/Wright, Constance S./Bechtold, Joan (Hg.): Equally in God's Image. Women in the Middle Ages. New York 1990, S. 184-197.

MAGEN, Y.: A Byzantine Church at Beit'Einûn (Beth 'Anoth) in the Hebron Hills. In: Bottini, Giovanni C./di Segni, Leah/Alliata E.: Christian Archaeology in the Holy Land. Essays in honour of Virgilio C. Corbo, OFM. Studium Biblicum Franciscanum, Collectio Maior 36. Jerusalem 1990, S. 275-286.

MAKHOULY, N.: Rock-cut tombs at el-Jish. In: Quarterly of the Department of Antiquities in Palestine 8 (1939) S. 45-50.

MANGO, CYRIL: The Pilgrim's Motivation. In: Akten des 12. Internationalen Kongresses für Christliche Archäologie Bonn. Jahrbuch für Antike und Christentum, Ergänzungsband 20/1, 1995, S. 1-9.

MARAVAL, PIERRE: Lieux saints et pèlerinages d'Orient. Paris 1985.

DERS.: Saint Jérôme et le pèlerinage aux lieux saints de Palestine. In: Duval, Yves-Marie (Hg.): Jérôme entre l'Occident et l'Orient. XVIe centenaire du départ de saint Jérôme de Rome et de son installation à Bethléem. Paris 1988, S. 347-353.

DERS.: Les Itinéraires de Pèlerinage en Orient (entre le 4e et le 7e s.). In: Akten des 12. Internationalen Kongresses für Christliche Archäologie Bonn. Jahrbuch für Antike und Christentum, Ergänzungsband 20/1, 1995, S. 291-300.

MARKUS, R.A.: How on Earth Could Places Become Holy? Origins of the Christian Idea of Holy Places. In: Journal of Early Christian Studies 2 (1994) S. 257-271.

MARTIN-NAGY, REBECCA U.A. (HG.): Sepphoris in Galilee: Crosscurrents of Culture. Winona Lake 1996.

MATTHEWS, JOHN F.: Western Aristocracies and Imperial Court AD 353-425. Oxford 1975.

MAYERSON, PHILIP: The Ammonius Narrative: Bedouin and Blemmye Attacks in Sinai. In: Rendsburg, Gary A. u.a. (Hg.): The Bible World: Essays in Honor of Cyrus H. Gordon. New York 1980, S. 133-148.

DERS.: Mauia, Queen of the Saracens – A Cautionary Note. In: Israel Exploration

Journal 30 (1980) S. 123-131.

DERS.: The Pilgrim Routes to Mount Sinai. In: Israel Exploration Journal 32 (1982) S. 44-57.

MCKAY, ALEXANDER G.: Römische Häuser, Villen und Paläste. Feldmeilen 1980.

MCMURRAY GIBSON, GAIL: St. Margery: The Book of Margery Kempe. In: Bolton Holloway, Julia/Wright, Constance S./Bechtold, Joan (Hg.): Equally in God's Image. Women in the Middle Ages. New York 1990, S. 144-163.

MILANO CAPITALE DELL'IMPERO ROMANO 286-402 D.C. Milano 1990.

MILLER, KONRAD: Mappae Mundi. Die ältesten Weltkarten III. Heft: Die kleineren Weltkarten. Stuttgart 1895.

MOLS, STEPHAN T.A.M.: Wooden Furniture in Herculaneum. Form, Technique and Function. Circumvesuviana 2. Amsterdam 1999.

MOUCHARD, CHRISTEL: Es drängte sie, die Welt zu sehen. Unentwegte Reisende des 19. Jahrhunderts. Hannover 1987.

MUNDELL MANGO, MARLIA: Der Seuso-Schatzfund. Ein Ensemble westlichen und östlichen Kunstschaffens. In: Antike Welt 21/2 (1990) S. 70-88.

MURPHY, FRANCIS X.: Melania the Elder: A biographical note. In: Traditio 5 (1947) S. 59-78.

NEBENZAHL, KENNETH: Maps of the Bible Lands. London 1986.

NEGEV, AVRAHAM: The inscriptions of Wadi Haggag, Sinai. Qedem 6. Jerusalem 1977.

DERS.: Tempel, Kirchen und Zisternen: Ausgrabungen in der Wüste Negev. Die Kultur der Nabatäer. Stuttgart 1983.

OBENZINGER, HILTON: American Palestine. Melville, Twain, and the Holy Land Mania. Princeton/New Jersey 1999.

OUSTERHOUT, ROBERT (HG.): The Blessings of Pilgrimage. Urbana/Chicago 1990.

OVADIAH, ASHER: Corpus of the Byzantine Churches in the Holy Land. Theophaneia. Bonn 1970.

PAINTER, KENNETH S.: Der Schatz von Mildenhall. In: Antike Welt (1975) S. 2-13.

PARKER, A.J.: Ancient Shipwrecks of the Mediterranean & the Roman Provinces. British Archaeological Reports, International Series 580. Oxford 1992.

PEACOCK, DAVID P.S./MAXFIELD, VALERIE A.: Mons Claudianus, Survey and Excavation 1987-1993. I. Topography and Quarries. Institut Français d'Archéologie Orientale. FIFAO 37. Le Caire 1997.

PETERSEN-SZEMERÉDY, GRIET: Zwischen Weltstadt und Wüste: Römische Asketinnen in der Spätantike. Göttingen 1993.

PICCIRILLO, MICHELE: Chiese e mosaici di Madaba. Studium Biblicum Franciscanum, Collectio Maior 34. Jerusalem 1989.

DERS.: Mount Nebo. New Archaeological Excavations 1967-97. Jerusalem 1998.

PIXNER, BARGIL: Noch einmal das Prätorium. Versuch einer neuen Lösung. In: Zeitschrift des Deutschen Palästina-Vereins 95 (1979) S. 56-86.

PLESNIČAR-GEC, LJUDMILA: Starokrščanski Center v Emoni – Old Christian Center in Emona. Ljubljana 1983.

POHLSANDER, HANS A.: Helena – Empress and Saint. Chicago 1995.

POPOVIĆ, IVANA/TOMOVIĆ, MIODRAG: Golden Jewellery from the Imperial Mausoleum at Šarkamen (Eastern Serbia). In: Antiquité Tardive 6 (1998) S. 287-312.

PRÖTTEL, PHILIPP: Zur Chronologie der Zwiebelknopffibel. In: Jahrbuch des Römisch-Germanischen Zentralmuseums 35/1 (1988) S. 347-372.

RADER, ROSEMARY: The Martyrdom of Perpetua: A Protest Account of third-century Christianity. In: Wilson-Kastner, Patricia (Hg.): A Lost Tradition: Women writers of the Early church. New York/London 1981, S. 1-32.

REEDER, ELLEN D.: Pandora. Frauen im klassischen Griechenland. Mainz/Baltimore 1996.

REINSBERG, CAROLA: Concordia – Die Darstellung von Hochzeit und ehelicher Eintracht in der Spätantike. In: Beck, Herbert/Bol, Peter C. (Hg.): Spätantike und frühes Christentum. Katalog Liebieghaus. Frankfurt a.M. 1983, S. 312-317.

RICHTER, GISELA M.A.: The furniture of the Greeks, Etruscans and Romans. London 1966.

RIHA, EMILIE: Römisches Toilettgerät und medizinische Instrumente aus Augst und Kaiseraugst. Forschungen in Augst 6. Augst 1986.

DIES.: Der römische Schmuck aus Augst und Kaiseraugst. Forschungen in Augst 10. Augst 1990.

RÖHRICHT, REINHOLD: Die Wallfahrt der Herzogin Maria Hippolyta von Calabrien nach dem Heiligen Lande (1474). In: Zeitschrift des Deutschen Palästina-Vereins 14 (1893), S. 12-16.

RÖMER-MARTIJNSE, ELIZABETH: Eine frühkaiserzeitliche Handelsstation an der Via Claudia Augusta im Forggensee bei Dietringen, Lkr. Ostallgäu (Teil II). Die beschrifteten Bleietiketten. In: Alt-Füssen 1997 (1998) S. 5-48.

ROLL, ISRAEL: Roman Roads. In: Tsafrir, Yoram/di Segni, Leah/Green, Judith: Tabula Imperii Romani: Iudaea – Palaestina. Eretz Israel in the Hellenistic, Roman and Byzantine Periods. Maps and Gazetteer. Jerusalem 1994, S. 21-22.

DERS.: Roman Roads and Transportation in the Holy Land in the Early Christian and Byzantine Times. In: Akten des 12. Internationalen Kongresses für Christliche Archäologie Bonn. Jahrbuch für Antike und Christentum, Ergänzungsband 20/2, 1995, S. 1166-1170.

ROWLANDSON, JANE (HG.): Women & Society in Greek & Roman Egypt. A Sourcebook. Cambridge 1998.

RUBIN, ZEEV: Sinai in the Itinerarium Egeriae. In: Atti del Convegno Internazionale sulla Peregrinatio Egeriae. Nel centenario della pubblicazione del Codex Arctinus 405 (già Aretinus VI,3) (Arezzo 1987). Città del Castello 1990, S. 177-191.

RUPRECHTSBERGER ERWIN M.: Die römischen Bein- und Bronzenadeln aus den

Museen Enns und Linz. Linz 1978f.

RUSSELL, MARY: The blessings of a good thick skirt. Women travellers and their world. London 1988.

SAFRAI, ZE'EV: The Economy of Ancient Palestine. London, New York 1994.

SALZMAN, MICHELE RENÉE: Aristocratic women: conductors of Christianity in the fourth Century. In: Helios 16/2 (1989) S. 207-220.

SAXER, VICTOR: Pilgerwesen in Italien und Rom im späten Altertum und Frühmittelalter. In: Akten des 12. Internationalen Kongresses für Christliche Archäologie Bonn. Jahrbuch für Antike und Christentum, Ergänzungsband 20/1, 1995, S. 36-57.

SCHIMMELPFENNIG, BERNHARD: Afra und Ulrich. Oder: Wie wird man heilig? In: Zeitschrift des Historischen Vereins Schwaben 86 (1993) S. 23-44.

SCHMIDT, PAUL GERHARD: „Peregrinatio periculosa". Thomas von Froidmont über die Jerusalemfahrten seiner Schwester Margareta. In: Stache, Ulrich Justus/Maaz, Wolfgang/Wagner, Fritz: Kontinuität und Wandel. Lateinische Poesie von Naevius bis Baudelaire. Festschrift für Franco Munari. Hildesheim 1985f., S. 461-485.

SCHMITT-PANTEL, PAULINE (HG.): Antike. In: Duby, Georges/Perrot, Michelle: Geschichte der Frauen Bd. 1. Frankfurt a.M. 1993.

SCHULLER, WOLFGANG: Frauen in der römischen Geschichte. Konstanz 1987.

SEBESTA, JUDITH LYNN/BONFANTE, LARISSA (HG.): The World of Roman Costume. Madison 1994.

SEIPEL, WILFRIED: Land der Bibel. Schätze aus dem Israel Museum Jerusalem. Mailand/Wien/Jerusalem 1997.

SEVERIN, HANS-GEORG: Pilgerwesen und Herbergen. In: Akten des 12. Internationalen Kongresses für Christliche Archäologie Bonn. Jahrbuch für Antike und Christentum, Ergänzungsband 20/1, 1995, S. 329-339.

SHAW, BRENT D.: The Age of Roman Girls at Marriage: Some Reconsiderations. In: Journal of Roman Studies 77 (1987) S. 30-46.

DERS.: The passion of Perpetua. In: Past & Present 139 (1993) S. 3-45.

SHELTON, KATHERINE J.: The Esquiline Treasure. British Museum. London 1981.

SIDEBOTHAM, STEVEN E.: Römische Straßen in der ägyptischen Wüste. In: Antike Welt 22/3 (1991), S. 177-189.

SIMPSON, JANE: Women and Ascetism in the Fourth Century: A question of Interpretation. In: Journal of Religious History 15 (1988) S. 38-60.

SIVAN, HAGITH S.: Holy Land Pilgrimage and Western Audiences: Some Reflections on Egeria and her Circle. In: Classical Quarterly 38 (1988) S. 528-535.

DIES.: Who was Egeria? Pilgrimage and Piety in the Age of Gratian. In: Harvard Theological Review 81 (1988) S. 59-72.

DIES.: Town and country in late antique Gaul: the example of Bordeaux. In:

Drinkwater, John/Elton, Hugh: Fifth-century Gaul: a crisis of identity? Cambridge 1992, S. 132-143.

SOMMER, MARKUS: Spätrömische Beamtengräber. In: Pellenz Museum 5 (1991) S. 39-54.

SPEIDEL, MICHAEL P.: Late-Roman Military Decorations II: Gold-embroidered Capes and Tunics. In: Antiquité Tardive 5 (1997) S. 231-237.

SREJOVIĆ, DRAGOSLAV: Roman Imperial Towns and Palaces in Serbia. Belgrad 1993.

STALEY, LYNN (HG.): The Book of Margery Kempe. Kalamanzoo 1996.

STAUFFER, ANNEMARIE: Kleider, Kissen, bunte Tücher. Einheimische Textilproduktion und weltweiter Handel. In: Schmidt-Colinet, Andreas (Hg.): Palmyra. Kulturbegegnung im Grenzbereich. Mainz 1995, S. 57-71.

STEININGER, CHRISTINE: Die ideale christliche Frau. *virgo – vidua – nupta*. Eine Studie zum Bild der idealen christlichen Frau bei Hieronymus und Pelagius. St. Ottilien 1997.

STEMBERGER, GÜNTER: Juden und Christen im Heiligen Land. Palästina unter Konstantin und Theodosius. München 1987.

STOUT, ANN M.: Jewelry as a Symbol of Status in the Roman Empire. In: Sebesta, Judith Lynn/Bonfante, Larissa (Hg.): The World of Roman Costume. Madison 1994, S. 101-129.

SUGANO, KARIN: Marcella in Rom. Ein Lebensbild. In: Wissemann, Michael: Roma renascens. Beiträge zur Spätantike und Rezeptionsgeschichte. Festschrift für Ilona Opelt. Frankfurt a.M. 1988, S. 355-370.

TAYLOR, JOAN E.: Capernaum and its „Jewish-Christians": A Re-examination of the Franciscan Excavations. In: Bulletin of the Anglo-Israel Archaeological Society 9 (1989/90) S. 7-28.

DIES.: Helena and the Finding of the Cross. In: Bulletin of the Anglo-Israel Archaeological Society 12 (1992/93) S. 52-60.

DIES.: Christians and the Holy Places. The Myth of Jewish-Christian Origin. Oxford 1993.

THOMAS, EDIT B.: Severisches Goldgewebe im Ungarischen Nationalmuseum aus Viminacium. In: Studien zur Geschichte u. Philosophie des Altertums (1968) S. 337-346.

THUILLIER, JEAN-PAUL: Le sport dans la Rome antique. Paris 1996.

DE TOMMASO, GIANDOMENICO: Ampullae Vitreae. Contenitori in vetro di unguenti e sostanze aromatiche dell'Italia Romana. I sec. a. C. - III sec. d. C. Roma 1990.

TOYNBEE, JOCELYN MARY CATHERINE: Tierwelt der Antike. Kulturgeschichte der Antiken Welt 17. Mainz 1983.

TRIER – KAISERRESIDENZ UND BISCHOFSSITZ. Die Stadt in spätantiker und frühchristlicher Zeit. Mainz 1984.

TSAFRIR, YORAM/DI SEGNI, LEAH/GREEN, JUDITH: Tabula Imperii Romani: Iudaea –

Palaestina. Eretz Israel in the Hellenistic, Roman and Byzantine Periods. Maps and Gazetteer. Jerusalem 1994.

TWAIN, MARK: The Innocents Abroad. Mit einem Vorwort von Fisher Fishkin, Shelley. New York/Oxford 1996.

TZAFERIS, VASSILIOS/PELEG, MICHAL: Kefar Nahum – 1986/1987. In: Excavations and Surveys in Israel (1988/89), S. 108-109.

VON UEXKÜLL, NATALIE: Lose Blätter aus der Satteltasche einer Pilgerin. Hamburg 1906.

DIES.: Rom und der Orient: Ägypten, Palästina, Syrien. Orientbriefe einer deutschen Frau. Lugano 1925.

VANN, ROBERT L.: The Pilgrim's Harbor at Caesarea Maritima: When did it cease to function? In: Akten des 12. Internationalen Kongresses für Christliche Archäologie Bonn. Jahrbuch für Antike und Christentum, Ergänzungsband 20/2, 1995, S. 1239-1246.

VIKAN, GARY: „Guided by Land and Sea". Pilgrim art and pilgrim travel in early Byzantium. In: Tesserae. Festschrift für Josef Engemann. Jahrbuch für Antike und Christentum, Ergänzungsband 18. Münster 1991, S. 74-92.

WACHSMANN, SHELLEY: The Excavations of an Ancient Boat in the Sea of Galilee (Lake Kinneret). In: Atiqot 19 (1990).

WALKER, PETER W.L.: Eusebius, Cyril and the Holy Places. In: Studia Patristica 20 (1987) S. 306-314.

DERS.: Holy City, Holy Places? Christian Attitudes to Jerusalem and the Holy Land in the 4th century. Oxford 1990.

WALKER, SUSAN/BIERBRIER, MORRIS: Ancient faces: mummy portraits from Roman Egypt. London 1997.

WARNCKE, CARSTEN-PETER: Bavaria Sancta – Heiliges Bayern. Dortmund 1981.

WEBER, EKKEHARD: Die Tabula Peutingeriana. In: Antike Welt 15/1 (1984) S. 2-8.

WEGNER, MAX: Datierung römischer Haartrachten. In: Archäologischer Anzeiger (1938) sp. 276-325.

WEIDEMANN, KONRAD: Spätantike Bilder des Heidentums und Christentums. Mainz 1990.

WEIDEMANN, MARGARETE: Reliquie und Eulogie. Zur Begriffsbestimmung geweihter Gegenstände in der fränkischen Kirchenlehre des 6. Jahrhunderts. In: Werner, Joachim (Hg.): Die Ausgrabungen in St. Ulrich und Afra in Augsburg 1961-1968. Münchner Beiträge zur Vor- u. Frühgeschichte 23. München 1977, S. 353-373.

WEINBERG, GLADYS DAVIDSON (HG.): Excavations at Jalame. Site of a Glass factory in Late Roman Palestine. Columbia 1988.

WESSEL, KLAUS: Römische Frauenfrisuren von der severischen bis zur konstantinischen Zeit. In: Archäologischer Anzeiger (1946/47) sp. 62-76.

WILKINSON, JOHN: Christian Pilgrims in Jerusalem during the Byzantine Period. In: Palestine Exploration Quarterly 108 (1976) S. 75-101.

DERS.: Jerusalem Pilgrims before the Crusades. Warminster 1977.

DERS.: Egeria's travels to the Holy Land. Jerusalem/Warminster 1981.

WILSON, R.J.A.: Piazza Armerina. London u.a. 1983.

WILSON-KASTNER, PATRICIA (HG.): A Lost Tradition: Women writers of the Early church. New York/London 1981.

DIES.: The Pilgrimage of Egeria. In: Dies.: A Lost Tradition: Women writers of the Early church. New York/London 1981, S. 71-134.

WISSKIRCHEN, ROTRAUT: Der Reisebericht des Pilgers von Bordeaux: Wirtschaftliche und rechtliche Überlegungen. In: Akten des 12. Internationalen Kongresses für Christliche Archäologie Bonn. Jahrbuch für Antike und Christentum, Ergänzungsband 20/2, 1995, S. 1289-1294.

WITTERN, SUSANNE: Frauen, Heiligkeit und Macht. Lateinische Frauenviten aus dem 4. bis 7. Jahrhundert. Ergebnisse der Frauenforschung 33. Stuttgart/Weimar 1994.

YADIN, YIGAEL: The finds from the Bar Kokhba Period in the Cave of Letters. Jerusalem 1963.

YARBOROUGH, ANNE: Christianization in the Fourth Century: The example of Roman Women. In: Church History 45 (1976) S. 149-165.

ZIEGLER, DANIELA: Frauenfrisuren in der römischen Antike – Abbild und Realität. Berlin 2000.

Bildnachweis

Sämtliche Abbildungen stammen aus Privatbesitz, mit Ausnahme von

S. 12: Atelier Harald Bukor, Eltville
S. 36: Römisch-Germanisches Museum, Köln
S. 54: British Museum, London
S. 64/65: Museo del Tesoro del Duomo, Monza
S. 70: Tesoro del Duomo, Mailand
S. 72: Museen der Stadt Regensburg, Regensburg
S. 81: Slavisches Institut, München
S. 171: Studium Biblicum Franciscanum, Jerusalem
S. 178: Bildarchiv Preußischer Kulturbesitz, Berlin

Die Autorinnen danken Frau Nadja Pöllath M.A., die im Zuge der Recherchen für ihre Dissertation über spätantike und mittelalterliche Frauendarstellungen die als Titelbild verwendete Buchmalerei mit der Kreuzauffindung durch Helena aufgespürt hat.

Die ägyptische Königin Kleopatra ist die wohl prominenteste Frauengestalt der römischen Antike. Die Geliebte Cäsars und Gattin seines Nachfolgers Marcus Antonius wurde schon für die Zeitgenossen zu einem Mythos. Wer war diese Frau wirklich, die mit Intelligenz, List und großem Machtbewußtsein versuchte, ihr Königreich durch die Umwälzungen am Ende der römischen Republik zu retten?

Pat Southern

Kleopatra
Ein Lebensbild

EDITION TEMPUS

ISBN 3-89702-229-X •

DM 29,80 • öS 218,- • sFr 27,50 •

160 S. •

33 Abb. •

Marcus Antonius ist vielen nur als einer der großen Verlierer der Weltgeschichte bekannt. Im Kampf um Cäsars Erbe unterlag er Augustus. Sein Gegner tilgte die Leistungen seines Rivalen Antonius, des fähigsten Generals Cäsars, aus den Chroniken. Der vorliegenden Biographie gelingt die längst überfällige objektive Würdigung von Antonius' Person und Schicksal.

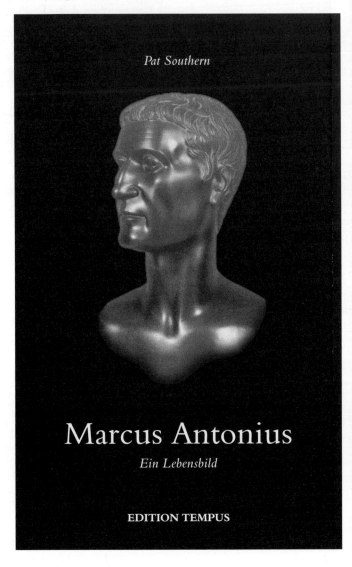

Pat Southern

Marcus Antonius
Ein Lebensbild

EDITION TEMPUS

ISBN 3-89702-230-3 •
DM 29,80 • öS 218,- • sFr 27,50 •
192 S. •
35 Abb. •